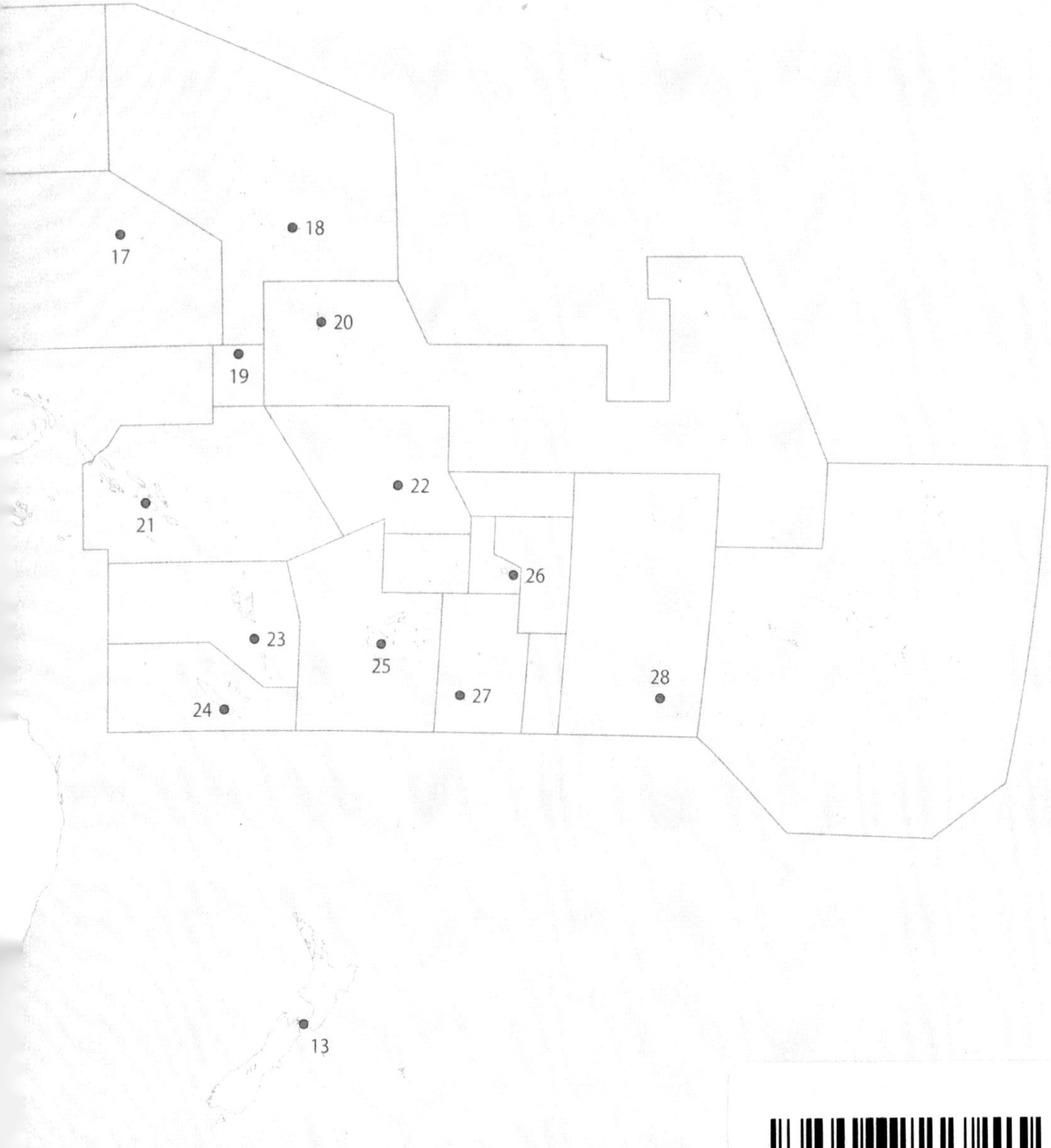
17
18
19
20
21
22
23
24
25
26
27
28
13

①ウードンターニー県のパラゴムノキ農園（2012年9月横山撮影）
②バンコク・チャイナタウン中心部のヤワラー通り（2011年7月山下撮影）
③キャメロンハイランドの山地斜面に広がる茶畑（2013年3月菊地撮影）
④サパの棚田（2012年8月横山撮影）
⑤シンガポールにおけるインド人観光客（2011年9月生田撮影）
⑥ダバオのサマ族の水上家屋群（1998年1月小田撮影）
⑦マニラ市トンド地区のスモーキーマウンテン（2004年10月貝沼撮影）
⑧クアラルンプルの新都心とペトロナスツインタワー（2012年4月菊地撮影）
⑨港湾都市シドニー（2009年3月有馬撮影）
⑩メルボルン中央駅（2011年3月菊地撮影）
⑪ケアンズ（2006年7月菊地撮影）
⑫ドイツ移民の面影が残るアデレード郊外都市（2005年9月菊地撮影）
⑬西海岸の中心都市パース（2002年8月堤撮影）
⑭世界最大のポリネシアンシティであるオークランド（2005年2月菊地撮影）
⑮ケーブルカーで海岸と丘を結ぶ坂の街，ウェリントン（2005年2月菊地撮影）

世界地誌シリーズ

東南アジア・オセアニア

菊地 俊夫・小田 宏信 編

朝倉書店

編集者

菊地俊夫（きくち としお）　首都大学東京大学院都市環境科学研究科
小田宏信（おだ ひろのぶ）　成蹊大学経済学部

執筆者
( ) は担当

有馬貴之（ありま たかゆき）　帝京大学経済学部（12章）
生田真人（いくた まさと）　立命館大学文学部（6章）
井田仁康（いだ よしやす）　筑波大学人間系（8章）
宇根義己（うね よしみ）　広島大学現代インド研究センター（コラム5）
大石太郎（おおいし たろう）　関西学院大学国際学部（9章）
小田宏信（おだ ひろのぶ）　成蹊大学経済学部（3章，13.4, 13.5, 13.6節，コラム3）
貝沼恵美（かいぬま えみ）　立正大学地球環境科学部（5章）
菊地俊夫（きくち としお）　首都大学東京大学院都市環境科学研究科（2, 10章，13.1, 13.2, 13.3節）
堤　純（つつみ じゅん）　筑波大学生命環境系（11章，コラム8）
内藤暁子（ないとう あきこ）　武蔵大学社会学部（コラム7）
沼田真也（ぬまた しんや）　首都大学東京大学院都市環境科学研究科（コラム6）
松山　洋（まつやま ひろし）　首都大学東京大学院都市環境科学研究科（1章，コラム1, 9）
森島　済（もりしま わたる）　日本大学文理学部（7章）
山下清海（やました きよみ）　筑波大学生命環境系（コラム2）
横山　智（よこやま さとし）　名古屋大学大学院環境学研究科（4章，コラム4）

(50音順)

まえがき

　「地誌」，あるいは「地誌学」とは何かという質問は多く，それに的確に答えることは難しいかもしれない．それは，「地誌」や「地誌学」の目的や対象，および方法が漠然とした学問だからである．そもそも，「地誌」や「地誌学」は地理学の代表的なアプローチの1つであり，それは地域地理学と呼ばれるもので，系統地理学とともに地理学を支える両輪の1つでもある．系統地理学が地形や気候，あるいは都市や農村，農業や工業などのテーマに基づいて地域や土地を理解するのに対して，地域地理学（地誌学）は地域に基づいてその地域を理解することになる．地域に基づいて地域を理解するとは，東アジアや日本，あるいは関東地方や横浜市というように地域を決めて，その地域の範囲に含まれる自然や歴史・文化，あるいは社会・経済や政治・政策を総合的に判断して，地域の性格を明らかにすることである．地域の性格を総合的に理解する地域地理学の典型的な方法は，地域のさまざまな要素を記述することであり，「地（ち）」を「誌（しるす）」ことである（記述して記録することである）．その意味で，地域地理学は「地誌学」と呼ばれるのかもしれない．

　「地誌学」の典型的な方法は，地表で生じる現象を根こそぎ記述することであり，そのためには自然や歴史・文化，社会・経済，政治・政策などの項目に沿って丹念に記述することが求められた．そのような「地誌学」は静態地誌と呼ばれ，長い間，「地誌学」の主流であった．しかし，静態地誌の羅列的，総花的な記述や記載はややもすれば冗長となり，地域の性格を解明する本来の目的から遠ざかる傾向が強くなっている．そのような反省から，地域におけるさまざまな事象や現象を体系的に，あるいはそれらの相互関連性を重視した記述や記載を行うことにより，地域をダイナミックに描き，地域の性格を理解しようとする試みが多くみられるようになった．それは，動態地誌と呼ばれる方法として周知されるようになった．一方，同じ方法で記述した地域を比較し，それぞれの共通性・類似性や異質性を考慮して，それぞれの地域の性格を理解する比較地誌の試みも多くなっている．

　本書は，基本的には動態地誌と比較地誌の立場で執筆を行い，編集作業を進めたつもりである．東南アジアとオセアニアを1冊の地誌にまとめることは大きな冒険であった．多分，東南アジアとオセアニアの「地誌」をそれぞれのパートに分けて脈絡もなく記述することは可能であるし，そのような地誌の書物は少なくない．しかし，本書は何らかの脈絡で東南アジアとオセアニアを1つのまとまりある地域として捉えられないかと模索した．その結果，本書の構成は大きく4つのパートに分けられた．最初のパートは，東南アジアとオセアニアを1つの地域として捉えて，自然や歴史・文化，あるいは社会・経済を切り口に動態地誌のアプローチで地域全体の性格を明らかにした．同様に，第2のパートと第3のパートは，東南アジアとオセアニアそれぞれの自然や歴史・文化，あるいは社会・経済に切り口に動態地誌のアプローチで地域の性格を明らかにした．第2・第3のパートと最初のパートの違いは，取り扱う地域のスケールであり，それは州・大陸規模の地域スケールと複数の州・大陸を合わせたグローバルなスケールの違いでもある．地誌学では取り扱う地域のスケールも重要であり，そのスケールにおいて地誌のアプローチの仕方（静態地誌が適しているのか，動態地誌が適しているのか）も異なってくる．一般に，地域スケールが小さくなれば，羅列的・総花的な記述よりも，特定のテーマを切り口にした地域の記述が適している場合が多い．

最後のパートは東南アジアとオセアニアの比較地誌を試みており，それぞれの自然と歴史・文化，および社会・経済の地域的な特徴を比較し，それらの類似性・共通性と異質性を明らかにしている．正直なところ，比較地誌の方法は確立されているわけではない．本書は，同じ地域スケールの地誌を比較することと，同じ項目（自然と歴史・文化，および社会・経済など）を比較することを基本的な方法とした．そして，本書は両地域における類似性・共通性と異質性を引き出す内的な条件と外的な条件を見出そうとした．結果的には，東南アジアとオセアニアの比較地誌のかたちはできたと自負している．しかし，比較地誌のアプローチは発展途上であり，今後も改善・改良が必要である．

　東南アジアとオセアニアを1つの地誌としてまとめる意義は大きい．なぜならば，東南アジアとオセアニアは海洋を介して隣り合った地域であり，密接な関係を構築しつつある地域だからである．例えば，東南アジアの観光地の多くは，近接性を考慮して，オーストラリアからの観光客の来訪に大きな期待を寄せている．実際，東南アジアにおけるオーストラリア人観光客は予想以上に多い．他方，オーストラリアの経済は距離的に近い東南アジアの巨大な市場をターゲットの1つにしつつある．また，オーストラリアの産業・経済を支えるため，東南アジアの華人・華僑からの投資も少なくない．つまり，私たちが現在，密接な関係にある東南アジアとオセアニアの地誌をまとめて学ぶことは，これらの地域と関係をもつ日本にとっても適切な方法と考える．そして，地誌を学ぶことで地域を比較する視点をもつことは，今後，私たちが国際的な視点や視野をもつことにもなる．

　最後になってしまったが，朝倉書店の編集部には，企画から刊行まで大変お世話になった．記して，深謝したい．

2014年2月
　珍しく多摩に大雪が降った日に

菊地俊夫・小田宏信

目　　　次

1. 連動する東南アジアとオセアニアの自然環境 …………………………………………………… 1
　1.1　東南アジアからオセアニアにかけての地形の成り立ち　1
　1.2　東南アジアからオセアニアにかけての気候の特徴　4
　1.3　その他の特徴的な自然環境　12
　　コラム1　エルニーニョ現象の影響　16

2. 遠くて近い東南アジアとオセアニア——歴史・文化の異質性と共通性 …………………… 17
　2.1　ヨーロッパ文化の影響とその歴史的葛藤　17
　2.2　インドや中国の文化的な影響——葛藤と受容の歴史　23
　　コラム2　東南アジアとオセアニアの華人社会　31

3. 多くの資源と大きな市場の魅力——世界経済のなかでの東南アジアとオセアニア ……… 33
　3.1　東南アジアの植民地化とプランテーション　33
　3.2　ディアスポラ国家の形成と産業発展　38
　3.3　第2次世界大戦後の東南アジアとオセアニア　42
　3.4　今日の東南アジア・オセアニア経済地理　48
　　コラム3　国境を越えた地域経済連携　52

4. 東南アジア大陸部の村落と農民の変容 …………………………………………………………… 53
　4.1　東南アジアの村落像　53
　4.2　東南アジア大陸部の農地と稲作　54
　4.3　緑の革命と農民　56
　4.4　環境保護政策と焼畑農業の衰退　57
　4.5　農業の資本主義化の進展とグローバル化時代の農民　59
　　コラム4　ラオス農山村地域の生業複合　63

5. グローバル化の下での都市と農村の経済的関係 ………………………………………………… 64
　5.1　経済的自立に向けた試み　64
　5.2　首都および首都近郊の経済的優位性　64
　5.3　グローバル化と人口移動パターンの変化　67
　5.4　変わりゆく国境を越える労働形態　70
　　コラム5　タイの自動車産業集積　74

6. 都市の拡大と地域構造の再編 ……………………………………………………………………… 75
　6.1　東南アジアの独立と都市成長　75
　6.2　都市開発と産業成長　79
　6.3　地域構造の形成と再編　81

7. 開発にともなう自然環境の変化と保全 ……………………………………………… 86

- 7.1 東南アジアにおける森林被覆面積の変化　86
- 7.2 第2次世界大戦後の森林開発　89
- 7.3 近年における違法伐採と認証制度　90
- 7.4 農業開発と「緑の革命」　91
- 7.5 拡大するプランテーション　93
- 7.6 現場目線での課題解決に向けて　94
  - **コラム6　マレーシアのエコツーリズム**　96

8. オセアニアの地域形成とその歴史的経緯 ………………………………………… 97

- 8.1 オーストラリアの地域形成とその歴史的経緯　97
- 8.2 ニュージーランドの地域形成とその歴史的経緯　99
- 8.3 南太平洋ミクロネシアの地域形成とその歴史的経緯　101
- 8.4 オセアニアの地域形成　103

9. オセアニアにおける伝統文化の変容 ……………………………………………… 104

- 9.1 オセアニアの伝統文化　104
- 9.2 ヨーロッパ人との接触とキリスト教　107
- 9.3 プランテーションの導入と欧米列強による植民地化　109
- 9.4 開発と観光の影響　111
  - **コラム7　ニュージーランドにおけるマオリ文化**　114

10. オセアニアにおけるグローバル化と経済活動の変化 ………………………… 115

- 10.1 オセアニア経済の特徴とグローバル化　115
- 10.2 ニュージーランド農業の再編　115
- 10.3 オーストラリアにおける食料生産の再編　123

11. オーストラリアの都市域の拡大と地域構造の変化 …………………………… 129

- 11.1 オーストラリアの都市　129
- 11.2 シドニー大都市圏の拡大と多民族化の進展——アジアへの玄関口と世界都市としての発展　132
- 11.3 メルボルン大都市圏の拡大と多民族化の進展——郊外開発とモータリゼーション　133
- 11.4 地域構造の変化と多文化社会　135
- 11.5 多文化社会の今後　136
  - **コラム8　森に囲まれた暮らし——豊かなサバービア**　139

12. 観光による自然環境への影響とその対策 ……………………………………… 140

- 12.1 オーストラリアの自然環境の特色　140
- 12.2 オーストラリアの観光　141
- 12.3 観光による自然環境への影響　143
- 12.4 負の影響を最小限にとどめる試み　146
  - **コラム9　ツバルにおける地球温暖化の影響**　149

13. 東南アジアとオセアニアの比較地誌 …… *150*

13.1 東南アジアとオセアニアにおける比較地誌の視点　150
13.2 自然環境からみた東南アジアとオセアニアの比較地誌　151
13.3 歴史・文化環境からみた東南アジアとオセアニアの比較地誌　153
13.4 社会環境からみた東南アジアとオセアニアの比較地誌　155
13.5 経済環境からみた東南アジアとオセアニアの比較地誌　156
13.6 地誌から学ぶ東南アジアとオセアニアの地域的性格と将来像　158

さらなる学習のための参考図書　161
付録　統計資料　164
索　　引　166

1 連動する東南アジアとオセアニアの自然環境

東南アジアでみられるゴムのプランテーション
(2012年4月)

東南アジアとは，インドシナ半島からマレー半島，フィリピン諸島からニューギニア島西部にかけての領域をさす．また，オセアニアは，北はミッドウェー諸島，南はニュージーランド，西はオーストラリア，東はイースター島に及ぶ広大な地域である（図1.1）．高校の地理の授業では，東南アジアとオセアニアは別々に学習することが多いが，ニューギニア島付近で両者の範囲は重なっているし，そもそも両者の自然環境には共通点が多い．本章では，連動する東南アジアとオセアニアの自然環境について，特に地形と気候に重点をおきながら概観する．

1.1 東南アジアからオセアニアにかけての地形の成り立ち

1.1.1 大半の地域は新期造山帯

物質が堆積した地層に水平方向の力がはたらいて押し曲げられることを褶曲といい，1つの面を境に地層がずれることを断層という．そして，褶曲や断層，火山活動によって山地がつくられることを造山運動といい，過去に造山運動が起こった地域，または現在も造山運動が継続している地域を造山帯という．

東南アジアからニュージーランド付近のオセアニア西部にかけて，大半の地域は新期造山帯に位置している．新期造山帯とは，中生代後期（約1億3500万年前）から現在にかけての造山運動によってつくられたものであり，ここに位置する山地には険しいものが多い．新期造山帯には環太平洋造山帯とアルプス＝ヒマラヤ造山帯があり，これらは大きな地震が起こるところや火山帯の分布とよく対応する．図1.2の丸印は1981〜2010年に世界各地で発生したマグニチュード5以上の地震の分布を示したものであり，この図より，太平洋を取り巻く地域と，アルプス山脈からチベット・ヒマラヤ山塊を経て東南アジアに至る地域で大きな地震が頻発していることがわかる．しかも，これら環太平洋造山帯とアルプス＝ヒマラヤ造山帯は，東南アジアとオセアニアをつなぐニューギニア島西側の海域で接合しているのである．

図1.2にはプレートの境界も太線で示されている．プレートとは地球表面を覆う複数の岩板のことであり，その地下にはマントルと呼ばれる岩石の一部が高温で融けている層がある．プレートの境界付近には火山が多く分布し，地震もよく発生するが（図1.2），これは，大陸と海洋をのせたプレートがマントルの上を動くことで説明できる．このような考え方をプレートテクトニクスといい，密度の大きい海洋プレートが密度の小さい大陸プレートに沈み込む（太平洋プレートはフィリピン海プレートに沈み込むが，なぜ海洋プレートどうしでこのようなことが起こるかは，未解明の問題である）．海洋プレートが沈み込むところは海溝と呼ばれ，水深が大きくなっている．そして，プレートが運動する際に，プレートの境界で大きな地震が起こるのである．

東南アジア・オセアニア付近には太平洋プレート，フィリピン海プレート，ユーラシアプレート，インド＝オーストラリアプレートという4枚

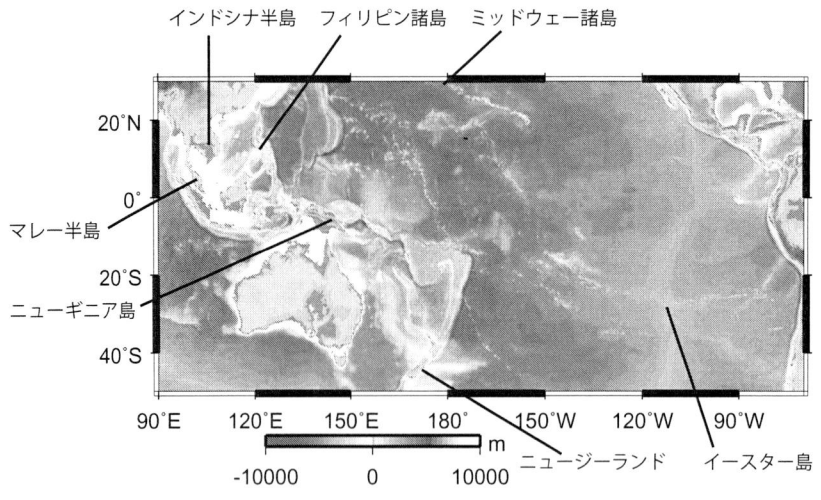

図 1.1 東南アジアからオセアニアの地形
NOAA/NGDC (National Oceanic and Atmospheric Administration/National Geophysical Data Center) が提供している，陸地の標高と海洋の水深を空間分解能5分で表現した全球データ (TerrainBase) より作成．

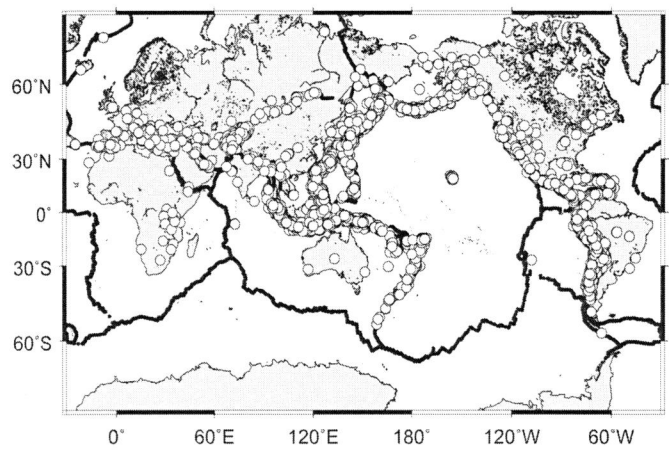

図 1.2 世界各地で1981～2010年に発生したマグニチュード5以上の震源の分布（○）とプレートの境界（太線）
震源の分布は，USGS (United States Geological Survey) National Earthquake Information Center が提供している Global Earthquake Search による．プレート境界のデータは The University of Texas による．

のプレートが接している．そして，プレート境界の海洋上には，島々が弓なりに連なる弧状列島が形成される．弧状列島は海溝の陸側に形成され，東南アジアからオセアニアにかけての地域だと，フィリピン諸島が典型的な例である．海溝付近は火山活動や地震活動が活発であり，特に，ユーラシアプレートにインド＝オーストラリアプレートが沈み込むジャワ海溝付近や，ユーラシアプレートにフィリピン海プレートが沈み込むフィリピン海溝付近では，しばしば火山災害や地震・津波の災害に見舞われる．2004年に起きたスマトラ沖地震（震源はジャワ海溝付近）ではインド洋大津波が引き起こされ，多くの死者・行方不明者を出した．また，2011年2月にはプレート境界が国内を通っているニュージーランドで大地震が発生し，日本人を含む多くの方が犠牲になった．

もう1つ，ハワイ諸島やタヒチなどポリネシアの島々は，太平洋プレートのマグマ溜まりからマ

グマが上昇し，火山活動が起こることによってつくられた火山島になっている．マグマとは地下にあって流動している高温の物体のことであり，これが地下深部（プレートとマントルの境界）で溜まっている場所をマグマ溜まりという．マグマ溜まりは新期造山帯の火山の下にもみられるが，特に，海洋上の島（火山島）でマグマが上昇しているところをホットスポットという．前述したように，海洋プレート自体が移動しているため，ホットスポットでは，ここから遠ざかるにつれて古い時代に形成されたことになる．例えばハワイ諸島の場合，太平洋プレートがユーラシアプレートに向かって年間約10cmの速度で移動して沈み込んでいるため，年代は西に行くほど古くなる．そのため，現在，火山活動が活発なのは，ハワイ諸島の東端にあるハワイ島である．

新期造山帯では，石油，金，銀，銅などの鉱産資源（非鉄金属）が豊富に産出される．石油はマレーシア，インドネシア，ブルネイなどで，金はインドネシアやパプアニューギニアで，銅はフィリピンやパプアニューギニアで，それぞれ産出される．マレーシアやインドネシアではスズが有名であり，レアメタルの一種であるニッケルは，インドネシアやニューカレドニアで産出される．

1.1.2 新期造山帯でないところ

前項で述べたように，東南アジアからニュージーランド付近までのオセアニア西部にかけて，大半の地域は新期造山帯に位置している．その一方，インドシナ半島の東部は古期造山帯であり，地震の発生は比較的少ない（図1.2）．古期造山帯とは，古生代（約5億4000万年前〜2億5200万年前）の造山運動によってつくられたものであり，中生代以降（約2億5200万年前〜現在）は造山運動を受けずに侵食され続けてきた．そのため，ここにはなだらかで比較的標高の低いアンナン山脈が連なっている．

オーストラリアは，大陸東部のグレートディバイディング山脈が古期造山帯，それより西の地域が安定陸塊になっている．安定陸塊とは，先カンブリア代（約5億4000万年前より昔の時代）に造山運動を受け，その後侵食され続けてきた地域のことをいう．先カンブリア代にできた大山脈は，古生代以降（約5億4000万年前〜現在）に侵食され続けたため，地表は平坦化している．特に，大陸の中央部では気温の日較差による岩石の風化や風などによる侵食によって，平らで起伏にとぼしい地形がつくられた．この侵食から取り残されたかたい岩塊は，エアーズロック（ウルル）などの残丘となっている（写真1.1）．エアーズロックはオーストラリア中央部の砂漠地域に突出する巨大な一枚岩である．ここは，オーストラリアの先住民（アボリジニ）の聖地にもなっている．

古期造山帯には炭田が多く分布する．これは，古生代に地球上に出現したシダ植物の大森林が倒れ，この時代の造山運動によって地中深くに埋もれたものが，長い年月をかけて熱と圧力を受けたことにより石炭に変わったものである．東南アジアからオセアニアにかけての地域では，古期造山帯に位置するベトナムとオーストラリア東部で石炭が産出する．

安定陸塊には鉄山が多く分布する．これは，かつて海に鉄分が大量に溶けていたところに，先カンブリア代に酸素を生みだす微生物が発生し，酸素と鉄分が結びついて海底に堆積したためである．鉄が堆積したこの地層はその後隆起して安定陸塊になった．そのため，オーストラリア北西部には多くの鉄山が分布している．このほか，オーストラリアでは内陸の乾燥地域でニッケル，ウラン，金，マンガン，スズ，鉛などが産出される．また，オーストラリア北部では，熱帯に特有のボ

写真1.1 侵食の結果つくられた残丘であるエアーズロック（2000年8月，菊地俊夫撮影）

ーキサイトも産出される．これら，地下資源のあるところは乾燥地域に分散しているため，大平原に孤立した鉱山集落がみられる（図8.2参照）．

1.1.3 河川がつくる地形

地表に到達した降水の一部は，河川として地表を流れる．河川は，勾配が急な山地では盛んに大地を侵食する．一方，山地から平野に出る場所などでは，勾配が緩くなるために流速が小さくなり，土砂は大きいものから堆積していく．そして，河川が海や湖に注ぐところでは，流れがいくつにも枝分かれし，細かな土砂が堆積して三角州が形成される．

このような河川による地形形成作用は，一般に，山地の隆起が盛んな新期造山帯や降水量が多い地域で活発である．降水量については1.2節で詳述するが，東南アジアからオセアニアにかけての多くの地域では，河川による山地の侵食と下流での土砂の堆積が活発に行われている．インドシナ半島では山脈が発達し，谷にはエーヤワディー川，チャオプラヤ川，メコン川などの大河川が流れている．これらの河口部には肥沃な三角州がつくられ，世界でも屈指の稲作地帯になっている．

これら，東南アジアを流れる河川の特徴として，河川勾配が小さいことがあげられる．ただし，これは日本の河川と比較しての話であり，日本の河川が特殊すぎるのかもしれない．例えば，メコン川は全長4350 km，世界第12位の大河川であるが（国立天文台，2011），河口から1000 kmさかのぼっても標高は100 mを少し超えるぐらいである．これに比べると日本の河川はもっと急流であり，そもそも長さ1000 kmという河川が日本には存在しない．

河川による流送土砂量の指標の1つに侵食速度（単位mm/年）がある．これは，ダムなどに1年当たりに堆積する土砂量（体積）を，ダムより上流の流域面積で割った値である．新期造山帯かつ降水量が多いところでは侵食速度は大きくなる傾向があり，東南アジアの河川におけるそれは，世界の他の地域に比べると比較的大きい（1年に0.5～1.0 mm，Ohmori, 1983）．ただし，日本の中部山岳地帯から流れてくる河川の侵食速度は数mm/年となるため，日本の河川のそれと比較すると相対的に小さくなる．

この点で，オセアニアの河川の特徴は両極端である．オーストラリアを流れるマーレー川は長さ2739 km（世界第39位），ダーリン川は長さ2589 km（世界第45位）という大河川である（国立天文台，2011）．しかしながら，これらの流域の大部分が乾燥地域であるため，侵食速度は0.01 mm/年程度と，東南アジアの河川のそれに比べると1桁小さくなっている（Ohmori, 1983）．一方，環太平洋造山帯に位置するニュージーランドでは，山は急峻で，火山や氷河地形がみられるなど日本との共通点が多い．そのため，ここを流れる河川も短く急流であり，侵食速度も1.0 mm/年よりも大きいなど（Ohmori, 1983），ニュージーランドの河川の特徴は，日本の河川のそれに似ている．

1.2 東南アジアからオセアニアにかけての気候の特徴

1.2.1 大半の地域はモンスーン気候

東南アジアからオセアニアにかけての気候の特徴として，世界的にみても年降水量が多いことがあげられる（図1.3 (a)）．最も降水量が多いところは海上にみられ，年降水量4000 mm以上になっている．なお，この図を作成するもとになった降水量データ（Xie and Arkin, 1997）は基本的に，陸上については雨量計のデータ，海上については衛星データを用いて降水量を推定しているため，海上のデータも陸上の観測値を空間外挿したものではなく，物理的に根拠のある値になっている．

年降水量の多いところは，フィリピン付近から赤道の少し北側を通って太平洋東部まで連なっており，これを熱帯収束帯という．一方，陸上についても，マレー半島からニューギニア島にかけて，年降水量2000 mm以上と比較の降水量の多い地域が連なっている．この年降水量の分布は，以下のように説明される．まず，西部熱帯太平洋は，海面水温が29℃以上と，世界のなかでも海面水温が最も高い海域である（図1.3 (b)）．海面水温が高いと海からの蒸発量も多くなる．そこへ，北太平洋および南太平洋から貿易風（東風）

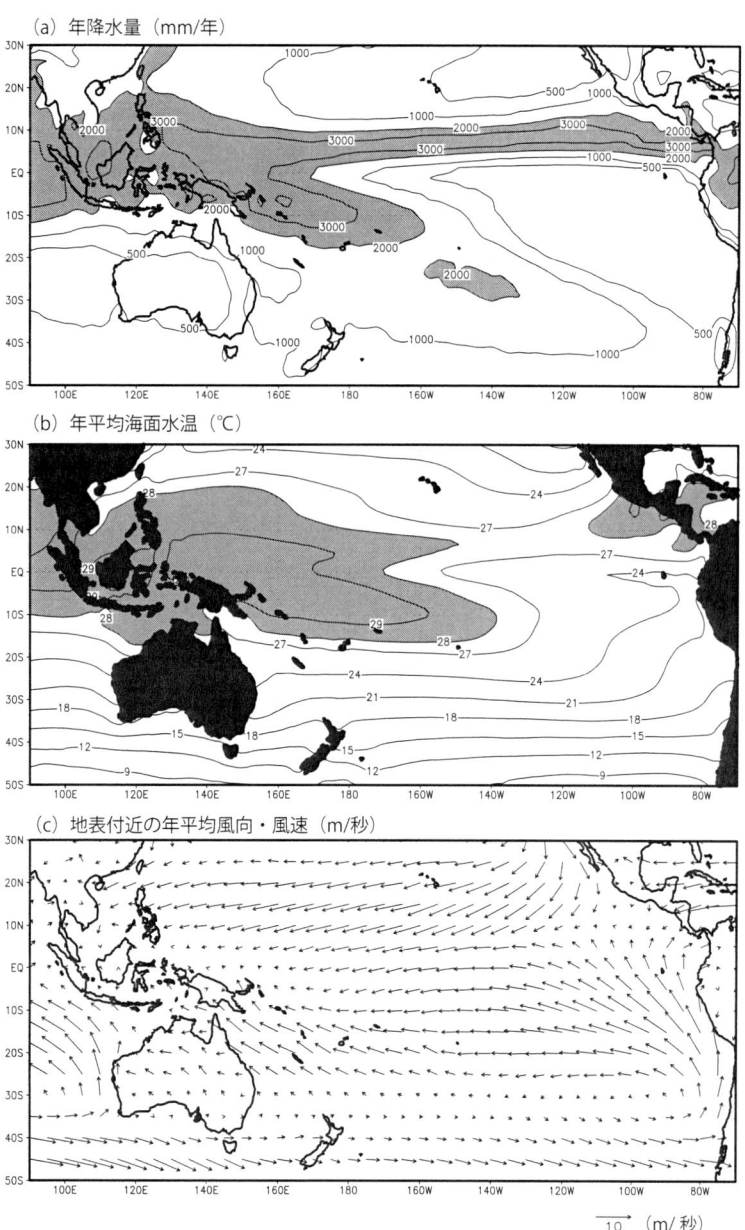

図1.3 東南アジアからオセアニアにおける (a) 年降水量, (b) 年平均海面水温, および (c) 地表付近の年平均風向・風速の分布 (a：Xie and Arkin, 1997, b：Reynolds *et al.*, 2002, c：Kalnay *et al.*, 1996)
平均期間はいずれも 1981〜2010 年. (a) では年降水量 2000 mm 以上の領域, (b) では年平均海面水温 28℃ 以上の海域を, それぞれ灰色で示した. NOAA/ESRL (National Oceanic and Atmospheric Administration / Earth System Research Laboratory) Physical Science Division のウェブサイトにて作成.

が吹き込み，両者は赤道付近で収束する（図1.3 (c)）．収束した風は上昇気流となり，この気流は湿っているために雲が発達し，ここで多くの降水がみられる．

　年降水量，年平均海面水温，年平均風向・風速の関係はここで述べたとおりであるが，季節によって降水量，海面水温，風向・風速の分布は異なる．図1.4 は 1 月 (a) と 7 月 (b) の例を示すが，1 月はオーストラリアからオセアニア西部にかけての雨季，7 月は東南アジアの雨季にそれぞ

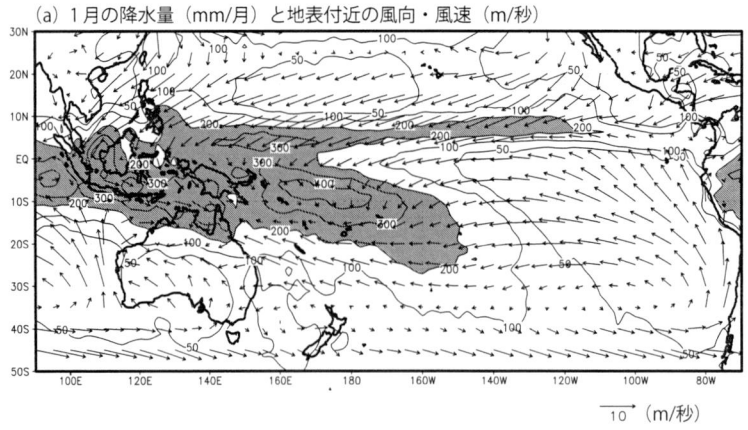

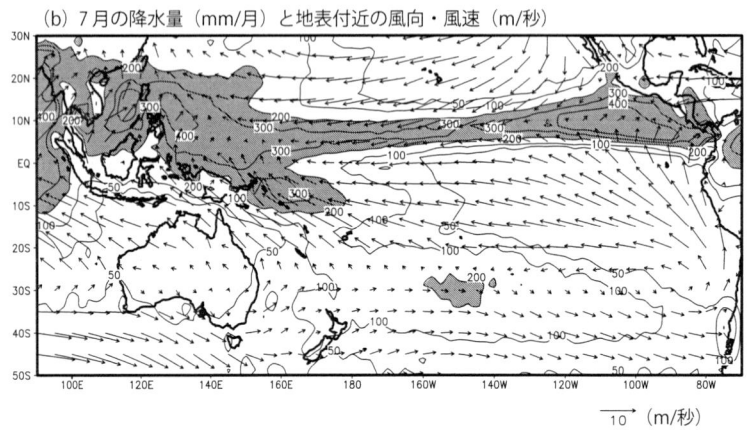

図 1.4 東南アジアからオセアニアにおける (a) 1 月と (b) 7 月の降水量および地表付近の風向・風速の分布
(a), (b) とも, 月降水量 200 mm 以上の領域を灰色で示した. 平均期間, データソース, 図の作成方法は図 1.3 と同じ.

れ対応する. (a), (b) ともに赤道北部に熱帯収束帯がみられるが, 1 月には降水量の多い地域が南半球側に移動し, 赤道より少し南側の日付変更線付近で降水量が最も多くなっている (図 1.4 (a)). 風も, 降水量が多いところで収束するような分布になっている. 一方, 7 月には降水量の多い地域が北半球側に移動し, フィリピン付近で降水量が最も多くなっている (図 1.4 (b)). 図 1.4 (b) の範囲では, 中部アメリカの太平洋沖でも降水量が多くなっており, 風の収束域も 1 月に比べて北上している. なお, 1 月と 7 月の海面水温の違いは小さかったため, あえて図は用意しなかったが, 年間を通じて水温 29℃ 以上の海域が西部熱帯太平洋に分布している.

季節によって, 降水量が多いところと風が収束するところが北上したり南下したりするのは, 太陽からの日射量の季節変化で説明される. 1 月には南半球で日射量が多く, 7 月には北半球で日射量が多い. 特に 7 月には, 陸地面積の広い北半球側で日射量が多いため, ユーラシア大陸が暖まり, ここに向かって海洋から風が吹き込む (図 1.4 (b)). 1 月は逆に低温なユーラシア大陸から高温な海洋に向かって風が吹きだす (図 1.4 (a)). このように, 季節によって風向が逆転する風系のことをモンスーン (季節風) といい, 東南アジアからオセアニアにかけての多くの地域, 特に陸地はこの影響を強く受けている. 風系の変化は多くの場合, 雨季・乾季の入り/明けと対応している.

東南アジアでは, 5〜10 月にインド洋からの南西モンスーンが吹き, 11 月から 4 月にかけては風向が逆転して北東モンスーンとなる. 山脈が多

く連なるインドシナ半島西部は，南西モンスーンの影響で雨季の降水量が多い．そのため，ここでは1年中落葉しない常緑広葉樹からなる熱帯雨林が成立し，また乾季に落葉する熱帯季節林もみられる．写真1.2はマレーシアの熱帯雨林の例であるが，太陽光を効率よく利用するために，空を隙間なく埋めるように葉が展開しているのが印象的である．

西部以外のインドシナ半島は，雨季と乾季のあるサバナ気候の地域が多い．この地域は熱帯季節林気候区の周辺に分布し，はっきりとした雨季と乾季が繰り返される．そして，雨季と乾季の降水量の差が大きいため，この気候区には背丈の高い草原と疎らな林からなるサバナが広がっている．また，チャオプラヤ川やメコン川では雨季と乾季の河川流量が大きく異なる．2011年秋にチャオプラヤ川が氾濫し，下流のバンコクで長期的な浸水被害に見舞われたことは記憶に新しい．一方，インドシナ半島北部は温暖冬季少雨気候となっており，冬季にも落葉しない常緑広葉樹（照葉樹）が広く分布している．

カリマンタン島やスマトラ島などの赤道付近は，年間を通じて多雨多湿であり，典型的な熱帯雨林気候になっている．ここでは熱帯雨林が成立し，多様性に富んだ生物がみられる．その一方，高温で養分の分解が速く，熱帯特有の短時間に集中して降る強い雨（スコール）で養分が流出するため土壌は痩せている．

写真1.2 マレー半島でみられる熱帯雨林（2012年4月）地上から天を見上げた様子．隙間なく葉が展開している．

赤道直下のニューギニア島には4000〜5000m級の山々が連なっている．ここでみられる大量の降水は，標高の関係で雪として降る場合がある．そのため，ニューギニア島は赤道直下であるにもかかわらず，山岳氷河が分布している．ここでは標高によって，熱帯雨林がみられる熱帯から中腹の温帯を経て，氷河がみられる寒帯まで，地表面状態がダイナミックに変化する．

1.2.2 亜熱帯高気圧に覆われるオーストラリアと，中緯度偏西風帯に位置するニュージーランド

オーストラリア大陸では，年降水量500mm以下の乾燥地域が大陸の大部分を占めている（図1.3(a)）．これは，亜熱帯高気圧が大陸上を広く覆うためである．年降水量が500mmより少なくなると，一般に灌漑をしないと農業はできず，ここは生活するには厳しい環境である．そのため，多くの人びとは，オーストラリア国内でも相対的に降水量が多い地域（北部，東部，南東部，南西部など）で生活している．

オーストラリアの砂漠縁辺部はステップ気候となっており，基本的に草原になっている．また，オーストラリア北部の海岸地域は高温多湿でサバナが広がり，一部では熱帯雨林が発達している．このほか，南太平洋西部で発生・発達し，オーストラリア大陸に襲来するサイクロンは，この地域で生活する人びとに大きな被害を与えている．

オーストラリア南東部には，適度な降水と温暖な気候によって森林（特にユーカリの林）が広がっている．ここに位置するオーストラリアアルプス山脈には，海洋から湿った風が吹きつけるために，風上側で降水量が多くなる（図1.3(a)）．これは，日本において冬型の気圧配置のときに，日本海側を中心に降雪がみられるのと同じ地形性降水である．一方，オーストラリア南西部は，冬季に降水量が多くなる地中海性気候になっている（図1.4）．

ニュージーランドは，1月，7月ともに西風が卓越する西岸海洋性気候となっている（図1.4）．南半球と北半球の違いはあるものの，日本とほぼ同じ緯度に位置するため，ニュージーランドの気

候は日本のそれに似ているところがある．図1.5にニュージーランド北島のオークランド，南島のクライストチャーチと東京における降水量と気温の季節変化を示す．この図より，北島のオークランドの年降水量（1077 mm）は東京（1529 mm）の3分の2程度であるものの，年間を通じて目立った乾季がないことがわかる．また，オークランドの年平均気温15.3℃は東京のそれ（16.3℃）とほぼ同じであるが，東京と比べると年間を通じて寒暖の差が小さいこともわかる．一方，南島のクライストチャーチの年降水量は593 mm/年と東京の3分の1程度である．そして，緯度が高くなるためにオークランドと比べると年平均気温は低く（11.5℃），年間の寒暖の差が大きくなっている．オークランドは北島西岸に，クライストチャーチは南島東岸かつサザンアルプス山脈の風下に位置するため，このような降水量の違いが生じるのであろう．

このニュージーランド南島に北東から南西方向に連なっているサザンアルプス山脈は，降水量の分布に大きな影響を与えている．3000 m級の山々が連なるこの山脈は，中緯度偏西風帯に位置しているために風上側で降水量が多く，ここでも山岳氷河が発達している．近年，日本でも山岳氷河の存在が確認されており（福井・飯田，2012），降水量が多くかつ環太平洋造山帯に位置するという共通点をもつ，日本とニュージーランドの自然環境に関する比較研究が待たれる．

日本とニュージーランドはともに温帯に属し，海に囲まれている．また，地熱発電によって電力の一部をまかなっているという共通点もある．近年，定年退職した日本人の移住先の1つとして，ニュージーランドはたいへん人気がある．物価の安さもさることながら，このような温暖かつ適度に降水の多い気候も，人気の要因の1つかもしれない．

1.2.3　エルニーニョ現象が起こると東南アジアからオセアニアではどうなるか

a. エルニーニョ現象とは

インドネシアやフィリピン付近の西部熱帯太平洋は，海面水温の年平均値が29℃以上と非常に

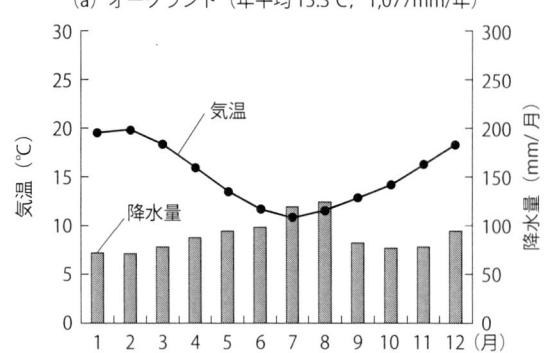
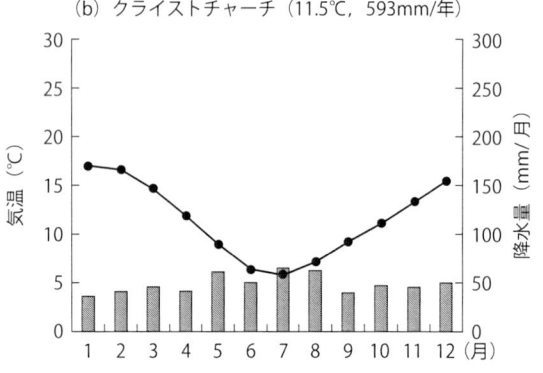
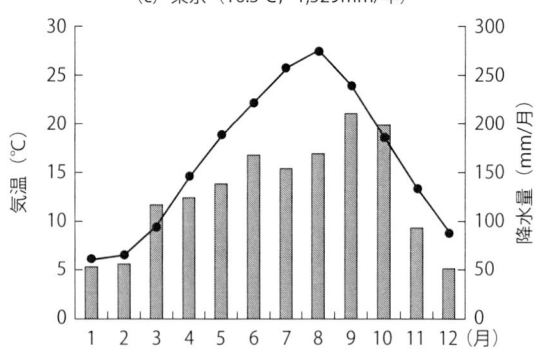

図1.5 （a）オークランド，（b）クライストチャーチ，および（c）東京における月平均気温と月降水量（国立天文台，2011より作成）
平均期間は1981〜2010年．

高温な海域である（図1.3（b））．海面水温が高いところでは，対流活動が特に活発になる（雲が立ちやすく降水量も多くなる）ことが知られており，西部熱帯太平洋は地球上で対流活動が最も活発な地域の1つである．

海水が蒸発して気体（水蒸気）になる時に，水蒸気は大気から熱をもらう．逆に水蒸気が雲（水や氷）になる時に，水蒸気がもっていた熱が大気に与えられる．つまり，この時に大気が温めら

れ，これを熱源とする大気の運動が生じる．すなわち，対流活動が活発な西部熱帯太平洋は，地球の大気大循環の熱源なのである（コラム1参照）．

西部熱帯太平洋で海面水温が高くなることは，図1.6（a）のように説明される．図1.3（c）で見たように，熱帯太平洋では亜熱帯高気圧から吹き出す貿易風（東風）が卓越している．そのため，温かい海水がインドネシア近海に吹き寄せられ，そこでは対流活動が活発になって大量の降水がみられる（図1.3（a））．この時，南アメリカ大陸近海では，西部熱帯太平洋に運ばれた暖水を補うように，深層から冷たい水が湧き上がってくる（図1.6）．図1.3（b）の海面水温の分布には，ここで述べたような海洋循環の特徴が反映されている．

一方，何らかの原因で貿易風が弱くなったり，もしくは西風が強くなったりすると，エルニーニョ現象時（図1.6（b））のような状態になる．この時，平年だとインドネシア近海に吹き寄せられる暖水塊が，平年よりも貿易風が弱くなるために東方に広がる．このように，中部〜東部熱帯太平洋で海面水温が高い状態が半年〜1年半ぐらい続くことが数年に1度起こり，これをエルニーニョ現象という．図1.7（a）は，1997年春〜1998年春に起こった20世紀最大のエルニーニョ現象が最盛期を迎えた，1997年11月の海面水温分布図である．なお，エルニーニョ現象は北半球の冬を含む期間に発生・発達する場合が多い．

日本の気象庁では，エルニーニョ監視海域（5°S–5°N，150°W–90°W，図1.7（a））における海面水温の基準値（その年の前年までの30年間における毎月の平均値）との差（海面水温偏差）の5か月移動平均値が6か月以上続けて+0.5℃以上になった場合をエルニーニョ現象，−0.5℃以下になった場合をラニーニャ現象と定義している（ラニーニャ現象については本項cを参照）．ここで，5か月移動平均値とは，その月および前後2か月を含めた5か月間の平均値のことである．

図1.8に，エルニーニョ監視海域における1949〜2011年の海面水温偏差の経年変化を示す．図1.7で示した1997年春〜1998年春のエルニーニョ現象では最盛期の海面水温偏差が+3.0℃を超

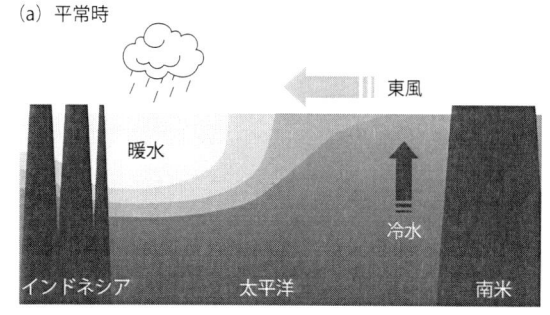

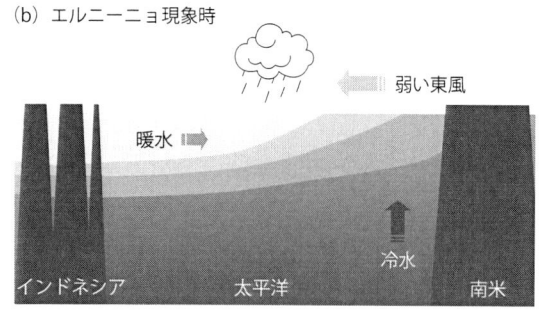

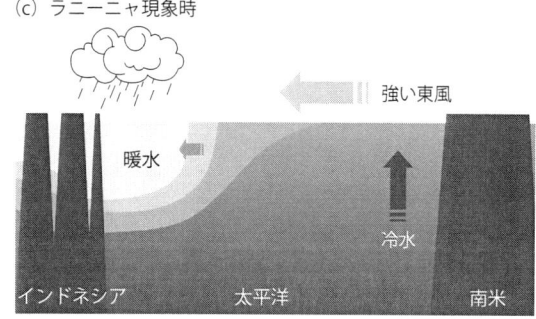

図1.6 エルニーニョ現象の模式図（気象庁ウェブサイトより作成）

えており，過去のエルニーニョ現象と比べても，非常に顕著なものであったことがわかる．

b. エルニーニョ現象と大気–海洋相互作用

エルニーニョ現象が起こると，中部〜東部熱帯太平洋で対流活動が活発になり，東南アジアからオーストラリアにかけては降水量が少なくなる．そして，中部〜東部熱帯太平洋にかけての降水量が多くなるところでは西風偏差も強まる（図1.7（b））．このことは，この海域で平年よりも貿易風（東風）が弱まっていることを意味している．なお，この時に中緯度のニュージーランド付近で西風が強まっているのは興味深い．

図1.6にあるように，エルニーニョ現象が起こると，熱帯太平洋における対流活動の中心が東に

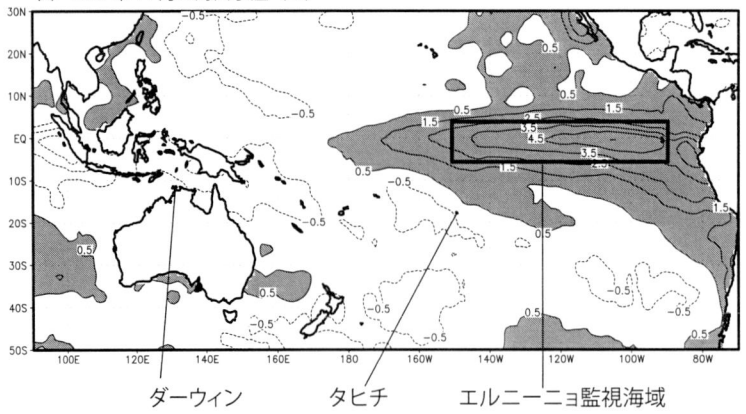

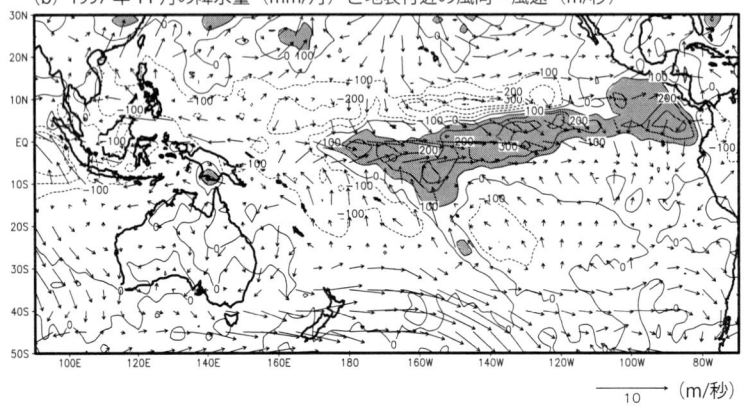

図 1.7 20世紀最大のエルニーニョ現象が発生した 1997 年春〜1998 年春のうち，最盛期であった 1997 年 11 月における，東南アジアからオセアニアにかけての（a）海面水温と（b）降水量および地表付近の風向・風速の分布
(a), (b) ともに 1967〜1996 年の 30 年平均値からの偏差であり，負偏差の領域は点線で示す．(a) では＋0.5℃以上の海域を，(b) では降水量偏差が＋100 mm/月以上の領域を，それぞれ灰色で示す．(a) には，気象庁によるエルニーニョ監視海域（5°S-5°N, 150°W-90°W）と，タヒチ，ダーウィンの位置も示す．データソースと図の作成方法は図 1.3 と同じ．

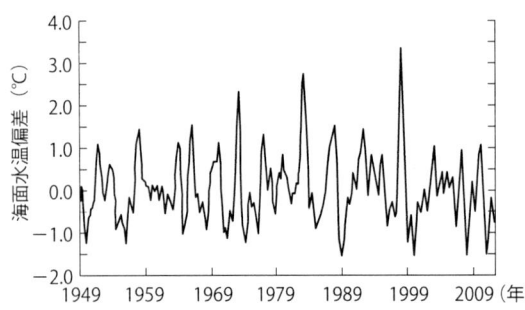

図 1.8 気象庁によるエルニーニョ監視海域（図 1.7）における海面水温偏差（5 か月移動平均値）の経年変化（気象庁のデータより作成）

ずれる．すなわち，バランスの崩れた大気の状態が全世界に伝わることになり，各地で異常気象が起こることになる（コラム 1 参照）．東南アジアからオセアニアに関していえば，インドネシアやオーストラリアでは少雨となり（図 1.7 (b))，干魃や森林火災が発生する（図 1.9，写真 1.3）．実際，1997 年のエルニーニョ現象発生時には，森林火災にともなう煙害が東南アジアに広がった．また，図 1.9 によれば，6〜8 月（北半球の夏）にはインドシナ半島からフィリピンにかけての地域で高温になり，この高温偏差が 12〜2 月（北半球の冬）になるとマレー半島に南下してく

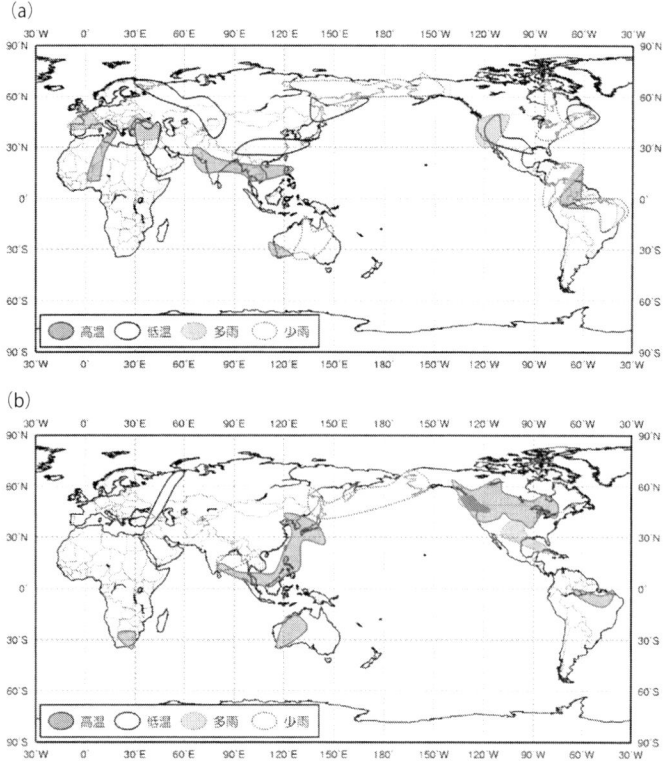

図 1.9 エルニーニョ現象にともなう (a) 6〜8月（北半球の夏）と (b) 12〜2月（北半球の冬）の天候の特徴（気象庁ウェブサイトより作成）

1979年3月〜2009年2月におけるエルニーニョ現象発生年と，エルニーニョ現象・ラニーニャ現象ともに発生していない年とを比較し，検定の結果，危険率（誤った判断を下す確率）10%未満で有意な差がみられた地域がまとめられている．

(a) 熱帯林から立ち込める地表火の煙　　　　(b) 落ち葉や草木を燃やす地表火

写真 1.3 インドネシア・カリマンタンにおける森林火災
（2009年8〜10月，Kitso Kusin 撮影，斎藤秀之解説）

熱帯林は伐採や開発で乾燥しやすくなり，そこに少雨が続くと火災が多発する．出火の原因はおもに人間の火の不始末．度重なる火災は森林を荒廃地に変える．

ることがわかる．一方，6～8月にはオーストラリア南西部でも高温となり，これが12～2月になるとオーストラリア中央部にかけて拡大することもわかる．また，図1.9には示されていないが，エルニーニョ現象が発生している時の3～5月には，ポリネシア北部～ミクロネシアで低温傾向となる．

　エルニーニョ現象は海洋で生じる水温異常であるが，エルニーニョ現象発生時には，中部～東部熱帯太平洋で対流活動が活発になるわけであるから（図1.6，1.7（b）），この地域の気圧は相対的に低くなる．空気にも質量があるため，海面では面積1 cm^{2}当たり約1 kgの圧力がかかり，これを気圧という．エルニーニョ現象が発生している時，西部熱帯太平洋では対流活動が不活発になるわけであるから，この地域の気圧は相対的に高くなる（高気圧に覆われると晴天になることを考えてみてほしい）．このように，中部～東部熱帯太平洋で気圧が低くなる時に西部熱帯太平洋では気圧が高くなり，両者の気圧の間には負の相関関係がみられる．気圧が振動しているようにみえるため，これを南方振動（southern oscillation）という．そして，エルニーニョ現象と南方振動は独立に起こるのではなく，大気と海洋が互いに作用することによって起こる現象（これを大気-海洋相互作用という）であることから，これらをまとめてENSO（エンソ，El Niño-Southern Oscillation）と呼ぶ．

　エルニーニョ現象の発生期間を定義するのに，タヒチ（フランス領ポリネシア）とダーウィン（オーストラリア）の気圧差を用いる場合もある（図1.7（a））．これはSOI（Southern Oscillation Index）と呼ばれ，世界の気候・気象の研究で広く用いられている．このことは，オセアニアが気候・気象の研究分野にとって非常に重要な地域であることを示唆している．

c. ラニーニャ現象

　エルニーニョ現象とは反対に，何らかの原因で貿易風が強くなると，ラニーニャ現象時（図1.6（c））のような状態になる．この時には，平年よりも多くの暖水塊がインドネシアやフィリピン近海に吹き寄せられ，中部から東部熱帯太平洋では逆に負の水温偏差がみられる（図1.10（a））．このような状態が半年～1年半ぐらい続くことも数年に1度起こり，これをラニーニャ現象という．この図は，これまでに発生したなかでも顕著なものであった1988年春～1989年春のラニーニャ現象が最盛期を迎えた，1988年12月の海面水温を示しており，上述したラニーニャ現象の特徴がよく現れている．

　エルニーニョ現象同様，ラニーニャ現象も大気-海洋相互作用である．そのため，海面水温の変化は，対流活動を通じて降水量や風の分布に影響を与える．図1.10（b）は，1988年12月における降水量と風の分布（1958～1987年の偏差）を示したものである．エルニーニョ現象最盛時の図1.7（b）と比較すると，フィリピンからオーストラリア，さらに南太平洋にかけて，降水量が多くなっていることがわかる．逆に，中部～東部熱帯太平洋にかけては，降水量が少なくなっている．風の分布もこれに対応して，西部～中部熱帯太平洋では東風偏差が卓越している．注目すべきは，インドネシアから南太平洋にかけての多雨域にかけて風が収束していることである．これは，南太平洋収束帯と呼ばれる顕著な降雨帯に対応しており，ラニーニャ現象の時には南太平洋収束帯の活動が活発化することを示している．

1.3　その他の特徴的な自然環境

1.3.1　サンゴ礁

　東南アジアからオセアニアにかけての海域には，サンゴ礁が広がっているところがある．サンゴ礁とは，サンゴ虫の遺骸や分泌物が集積してできた石灰岩がつくる地形である．サンゴ虫は二酸化炭素の固定に寄与しており，その生育には海水が透明で光が十分に届くこと（目安として20 mより浅く平坦なこと）が必要である（写真1.4）．また，サンゴ礁が生育するには，最も寒い月の海面水温が18℃以上となる必要がある．サンゴ礁がみられるところの一般的な海面水温は25～29℃となっており，図1.3（b）より明らかなように，東南アジアからオセアニアにかけては，多

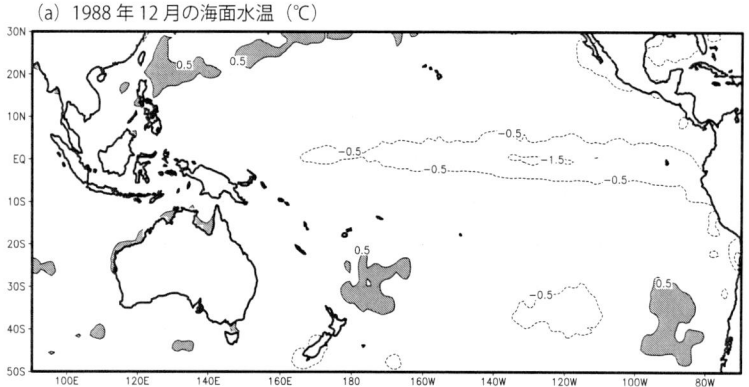

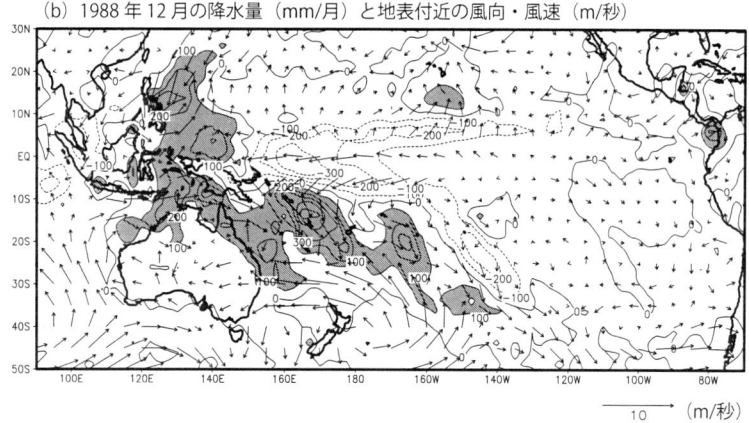

図1.10 顕著なラニーニャ現象がみられた1988年春〜1989年春のうち,最盛期であった1988年12月における,(a) 東南アジアからオセアニアにかけての海面水温と (b) 降水量および地表付近の風向・風速の分布

図の表示方法は図1.7と同じ.ただし (a),(b) ともに1958〜1987年の30年平均値からの偏差.データソースと図の作成方法は図1.3と同じ.

写真1.4 オーストラリアでみられる造礁サンゴ(2004年3月,菊地俊夫撮影)

くの海域でこの条件を満たしている.

サンゴ礁はどれも海抜数mの高さに平坦面が広がるという特徴があり,この点が海洋に突きでた火山島とは異なる.火山島との違いという点では,サンゴ礁は石灰岩で形成されているため水を地下に通しやすく,地表の水資源に乏しい.一方,火山島は卓越風の風上側で地形性上昇が生じやすく,降水量が多くなるために,水資源が比較的豊富である(その半面,風下側との降水量の差は大きい).また,火山灰の土壌は肥沃な農地となるが,石灰岩が風化して赤土となったサンゴ礁の大地は栄養分に乏しい.

美しいサンゴ礁の島々は観光地や保養地になり,特にオセアニアの島々の経済を支えている.例えばオーストラリア大陸の北東岸には,世界最大のサンゴ礁といわれるグレートバリアリーフが広がっており,サンゴや貝殻の破片でできた砂浜は観光客を魅了している.その一方,観光客の増

1.3 その他の特徴的な自然環境

加によるサンゴ礁の破壊も深刻な問題となっている．またオセアニアの島々では，地球温暖化にともなう海面上昇によって海岸侵食が活発化し，流出した土砂が海洋汚染を通じてサンゴに悪影響を与え，サンゴが消失するという現象も起こっている．サンゴの消失が進むとさらに海岸侵食が加速してしまう．

海面水温が30℃以上の状態が継続すると，サンゴは白化現象が起こって死滅してしまう．大気に比べると海洋は熱容量（物質の温度を1℃上げるのに必要なエネルギー）が大きいため，これまで海面水温には気温ほど顕著な上昇傾向はみられなかった．しかしながら，海域によっては海面水温も着実に上昇してきているため，今後の監視が必要である．

1.3.2　マングローブ

熱帯やその周辺の海岸部にはマングローブと呼ばれるユニークな植生がみられる（写真1.5）．マングローブとは，海岸地域の干潟に生育する耐塩性の樹木の総称であり，最も潮位が高くなるところと平均海面との間に分布する．高い塩分濃度と多すぎる水分という，多くの樹木にとって生育に不適切な環境に適応し，マングローブは支柱根，気根と呼ばれる根を地上部に伸ばしている．

マングローブは，底質が砂や泥からなり，波が静かな河口部などに大規模な群落を形成する．地下にある根は浅いが，密生する地上部の根は陸域からの土砂をとらえて，マングローブ内に堆積させる．マングローブは，炊事用の燃料や住宅・舟の用材となるほか，薬にも用いられる．また，豊かな生態系を形づくり，海岸侵食や高潮から内陸を守る役割も果たす．

オセアニアの島々の中には，マングローブとサンゴ礁が共存しているところもある．高岡(2014)によれば，ひとたびサンゴ礁が形成されると，海岸付近に波の静かな環境がうまれ，陸域からの砂泥が堆積する．そこには次第にマングローブが形成されていき，マングローブが発達すると，そこは土砂が堆積しやすく懸濁物質が流出しにくいところとなる．これは，サンゴの生育にとって好都合な環境をもたらす．また，マングローブは有機物を活発に生産し，サンゴ礁にとって栄養物質の供給源にもなる．魚類の中にはサンゴ礁とマングローブを行ったり来たりして，成長していくものもある．

しかしながら，東南アジアではエビを養殖する池の開発や，パルプ材の原料向けにマングローブが大規模に伐採されており，これが大きな問題となっている．問題の解決に向けて，マングローブの修復と保全の取り組みが始まっている．

［松山　洋］

写真1.5　マレーシアの海岸部でみられるマングローブ（2012年4月）
海岸侵食を防ぐために土嚢が積まれている．画面左奥に見えるのはユーラシア大陸本土最南端のモニュメント．その奥には，マラッカ海峡を行くタンカーが見える．

引用文献

気象庁ウェブサイト：http://www.data.jma.go.jp/gmd/cpd/data/elnino/learning/faq/whatiselnino.html（2012年9月12日閲覧）

気象庁ウェブサイト：http://www.data.jma.go.jp/gmd/cpd/data/elnino/index/dattab.html（2012年9月12日閲覧）

国立天文台編(2011)：理科年表 平成24年版（机上版）．丸善．

高岡貞夫(2014)：地生態学．松山　洋・川瀬久美子・高岡貞夫・辻村真貴・三浦英樹著：自然地理学．ミネルヴァ書房．印刷中．

福井幸太郎・飯田　肇(2012)：飛騨山脈，立山・劔山域の3つの多年性雪渓の氷厚と流動――日本に現存する氷河の可能性について．雪氷，74：213-222.

Kalnay, E., Kanamitsu, M., Kistler, R., Collins, W., Deaven, D., Gandin, L., Iredell, M., Saha, S., White, G., Woollen, J., Zhu, Y., Chelliah, M., Ebisuzaki, W., Higgins, W., Janowiak, J., Mo, K. C., Ropelewski, C., Wang, J., Leetmaa,

A., Reynolds, R., Jenne, R. and Joseph, D. (1996): The NCEP/NCAR 40-year reanalysis project. *Bulletin of the American Meteorological Society*, **77**: 437-471.

NOAA/ESRL Physical Science Division: http://www.esrl.noaa.gov/psd/cgi-bin/data/composites/printpage.pl (2012年9月12日閲覧)

Ohmori, H. (1983): Erosion rates and their relation to vegetation from the viewpoint of world-wide distribution. *Bulletin of the Department of Geography. University of Tokyo*, **15**: 77-89.

Reynolds, R. W., Rayner, N. A., Smith, T. M., Stokes, D. C. and Wang, W. (2002): An improved *in situ* and satellite SST analysis for climate. *Journal of Climate*, **15**: 1609-1625.

TerrainBase: ftp://ftp.ngdc.noaa.gov/Solid_Earth/cdroms/ (2012年9月12日閲覧)

The University of Texas: http://www.ig.utexas.edu/research/projects/plates/ (2012年9月12日閲覧)

USGS National Earthquake Information Center: Global Earthquake Search: http://earthquake.usgs.gov/earthquakes/eqarchives/epic/epic_global.php (2012年9月12日閲覧)

Xie, P. and Arkin, P. A. (1997): Global precipitation: A 17-year monthly analysis based on gauge observations, satellite estimates, and numerical model outputs. *Bulletin of the American Meteorological Society*, **78**: 2539-2558.

=== コラム1 エルニーニョ現象の影響 ===

　エルニーニョ現象が起こると，インドネシアやオーストラリアでは少雨になること，また6～8月にはインドシナ半島からフィリピンにかけて高温になり，この高温偏差が12～2月になるとマレー半島に南下してくること，さらに6～8月にはオーストラリア南西部でも高温となり，これが12～2月になるとオーストラリア中央部にかけて拡大することを本文中で述べた（図1.9）．しかしながら，熱帯は地球の大気大循環を駆動する熱源であり，エルニーニョ現象が発生するとこの熱源の位置が東にずれることから，エルニーニョ現象は東南アジアからオセアニアにかけてだけでなく，世界各地で異常気象を引き起こす．

　北半球の夏に西部熱帯太平洋で対流活動が活発だと，日本は猛暑になることが知られている（Nitta, 1987）．これは，西部熱帯太平洋付近で低気圧性の循環，日本付近で高気圧性の循環，さらに高緯度で低気圧性の循環という形で，低気圧性の循環と高気圧性の循環を繰り返しながら，熱帯で発生した波が高緯度に伝播していくためである．つまり，北半球の夏に西部熱帯太平洋で対流活動が活発になると，日本付近は高気圧に覆われて猛暑になる．これをP-Jパターンという（Nitta, 1987）．エルニーニョ現象が発生すると，日本では梅雨明けが遅れたり冷夏になったりすることが指摘されているが，これは，対流活動の中心が熱帯中部～東部太平洋に移動し（図1.6, 1.7 (b)），P-Jパターンが顕著でなくなるためである．また，エルニーニョ現象は冬に成熟期を迎える場合が多いが，エルニーニョ現象が発生している時の日本付近では，西高東低の冬型の気圧配置が弱まり，暖冬傾向になることも指摘されている．

　図1.9にみられるエルニーニョ現象にともなって発生する現象のうち，説明がつくものを解説すると以下のようになる．アメリカ合衆国中西部で6～8月に多雨になるのは，P-Jパターンが東に偏り，熱帯の対流活動が東偏することで説明できる．ここは大陸西岸に近く，もともと降水量が少ないところなので，エルニーニョ現象の影響が顕著に現れやすい．同じく6～8月に南アメリカ北部で降水量が少なくなるのは，熱帯の東西循環を通じてエルニーニョ現象が現れたためと解釈できる．この地域は，平年には対流活動が活発で上昇気流が生じやすいところであるが，エルニーニョ現象が発生すると下降気流偏差となって，対流活動が抑えられるのである．このことは，この地域の降水量やアマゾン川の流量の経年変化にも現れており，エルニーニョ現象にともなう変動がみられる．なお図1.9には示されていないが，エルニーニョ現象が発生すると，平年には南太平洋高気圧のへりにあたる南アメリカ大陸の太平洋側の地域で，逆に降水量が多くなることも知られている．

　図1.9 (b)でアメリカ合衆国中西部からカリブ海にかけてみられる多雨域も，熱帯の対流活動が東偏することによるものであろう．また，図1.9 (a), (b)を比較して興味深いのは，6～8月にみられる東シベリア～アラスカ西部の少雨域が，12～2月には南下することである．これは，気候学的には季節による寒帯前線帯の北上・南下と対応しているが，問題は熱帯と中・高緯度との関係である．前述したP-Jパターンとの関係でいえば，東シベリアからアラスカ西部は，平年には低気圧性循環が卓越するところなので降水量は多くなり，エルニーニョ現象発生時に降水量が少なくなるのは合理的である．しかしながら，熱帯の影響だけで全てが説明できるかどうかは定かでない．

　このように，エルニーニョ現象と世界の天候との関係については，なぜエルニーニョ現象が発生するのかも含めて未解明な部分が多い．今後の研究の進展が待たれる分野である．　　　　　　　　　　［松山　洋］

引用文献

Nitta, Ts. (1987)：Convective activities in the tropical western Pacific and their impact on the northern hemisphere summer circulation. *Journal of the Meteorological Society of Japan,* **65**：373-390.

 # 遠くて近い東南アジアとオセアニア
——歴史・文化の異質性と共通性

タイ・アユタヤにおける仏教寺院（2013年5月）

東南アジアとオセアニアの文化は，歴史的にみて，多かれ少なかれ他地域（インド，中国，イスラムなどの周辺地域，およびポルトガルやオランダ，イギリスなどのヨーロッパ諸国）から影響を受けてきた．そこに両地域文化の共通性があるが，影響を受けてきた国や地域，そしてそれらの程度は大きく異なり，そのことが東南アジアとオセアニアの歴史・文化の異質性を生みだしている．そして，両地域における異なる文化の影響とその定着は，人の移動や交流，および植民や居住の歴史によってもたらされてきた．

2.1 ヨーロッパ文化の影響とその歴史的葛藤

2.1.1 東南アジアにおけるヨーロッパの進出

東南アジアがヨーロッパに注目されるようになったのは，15世紀から17世紀にかけてであり，それは東南アジアからの，あるいは東南アジアを中継しての交易が盛んになった時代でもあった．このような交易の隆盛の契機となったのが，イスラム教徒の活動であった．彼らは東南アジアの特産品であるコショウなどの香辛料をヨーロッパに供給するための交易活動を行う一方，ヨーロッパから供給される商品と日本・中国などの東アジアから供給される商品との中継貿易にも従事していた．当初，これらの交易活動の担い手の多くはイスラム教徒であり，イスラム教やイスラム文化の影響が本格的に東南アジアに伝播するようになった．しかし，イスラム文化の伝播は隣接したオセアニアに及ぶことはなかった．それは，イスラム商人にとって魅力的な商品がオセアニアになかったためである．今日，東南アジアにおいて，マレーシアやインドネシア，あるいはブルネイにイスラム文化圏が飛び地的に展開しているのは（図2.1），14世紀におけるイスラム教徒の交易活動に起因している．

東南アジアにおける交易活動の重要性は，ヨーロッパの商人や中国・日本・琉球などの東アジア

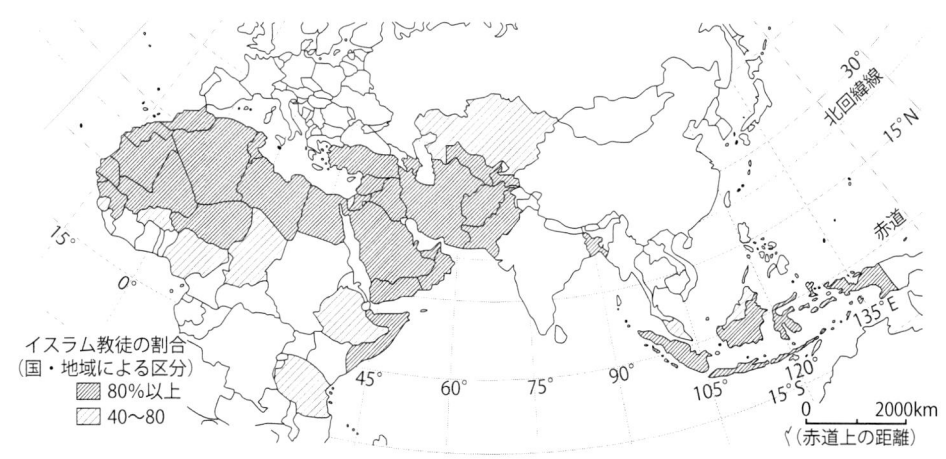

図2.1 世界におけるイスラム教徒の分布（Muslim Population Worldwide より作成）

の商人も気づくようになり，各国の商人は15世紀初頭から相次いで東南アジアに進出した．特に，ヨーロッパ商人と中国商人の進出はヨーロッパ文化や中国文化の伝播をともない，東南アジアに大きな影響を与えた．ヨーロッパ諸国のなかで最初に東南アジアに進出した国はポルトガルであり，その艦隊が1509年にマラッカ（ポルトガル語ではマラカ，マレー語ではムラカ）に入港した．東南アジアを代表する中継貿易地であり，港湾都市であったマラッカはイスラム教国により支配されていたが，1511年にポルトガルに占領され，東南アジアの交易における覇権はイスラム教徒からポルトガルに移った（図2.2）．

ポルトガルはマラッカの丘陵地の麓に要塞と教会を建設し，それらを中心にしてポルトガル様式の街並みがつくられた．ポルトガルによるマラッカの都市建設は，ヨーロッパ文化が東南アジアに浸透する契機にもなった．また，ポルトガルはマラッカを拠点にバンダ諸島やマルク諸島に交易船を派遣し，ナツメグ（肉豆蔻）やクローブなどの香辛料を入手し，ヨーロッパに輸出した．このようなポルトガルの成功に刺激を受けた国がオランダであった．オランダ艦隊は喜望峰から偏西風に乗ってスンダ諸島まで航海し，ポルトガルの制海権の及ぶ海域を避けて東南アジアに達した．この航路の発見によって，オランダは多くの艦船を比較的短い航海距離で東南アジアに派遣することができるようになり，オランダ東インド会社が設立された．オランダ東インド会社は17世紀初頭にはバンテンやパタニ，あるいはアユタヤやマカッサルなどに商館を建設し，ポルトガルの勢力を完全に凌駕するようになった．さらに，オランダ東インド会社は1619年にはジャカルタを攻略し，バタビア城を港湾要塞として建設した．その結果，東南アジアにおける交易の覇権はポルトガルからオランダに移り，オランダを中心とするヨーロッパ文化の影響が強くなった（図2.2）．

同様の時期に，フィリピンではスペインが支配を強め，キリスト教（カトリック）の布教を中心にしてヨーロッパ文化が急速に浸透した．そもそもスペインがフィリピンを支配することになった契約は，マゼラン（Magellan, F.）の艦隊が1520年にフィリピン諸島に上陸し，1542年に当時のスペイン国王フェリペ（Felipe）2世にちなんで「フィリピン」と命名したことに始まる．以来，スペインはセブ島に植民地を建設し，1571年にはマニラを拠点とする植民地の支配を開始した．スペインによる植民地支配の特徴は，社会・経済的な支配だけでなく，文化的な支配も強めたことであった．その結果，キリスト教の布教活動が盛んに行われ，現地住民のキリスト教化が進み，フィリピンは1つの共通した宗教を基盤とする国となった．ただし，ミンダナオ島ではイスラム教が根づいていたため，スペインはミンダナオ島の住民をキリスト教に改宗させることはしなかった．このことが，今日におけるミンダナオ島のイスラム教徒を中心とする独立運動につながっている．

他方，オランダ東インド会社は18世紀中頃までにジャワ島の大部分を占有するまでになったが，18世紀末にオランダ本国がナポレオンに征服されると，会社は解散し，ジャワ島は本国の直轄領（東インド政庁）として支配されるようになった．東インド政庁はジャワ戦争などによって財政難に陥り，強制栽培制度と呼ばれる経済政策が実施された．ジャワ島における強制栽培制度は，現地住民の米作地の5分の1の土地を供出させ，その供出地でヨーロッパ市場向けのコーヒー，サトウキビ，藍などの商品作物を栽培させるもので，それらの作物を安価に買い上げることで東インド政庁は多くの利益を得ることができた．この強制栽培制度は後に東南アジアにおけるヨーロッパ諸国の植民地政策の根幹となり，東南アジアにおけるヨーロッパ人の社会・経済的，文化的な基盤を確かなものにした．18世紀後半以降は，イギリスとフランスの影響が強くなった．

フランスは1858年から1862年の仏越戦争以降，ベトナムの支配を強め，1884〜1885年の清仏戦争を経て，ベトナムの宗主権（外交・軍事などの主権の一部を行使する権利）を清朝から奪った．その結果，フランスはベトナムの支配を確実にし，フランス語やキリスト教の普及だけでなく，街並みなどの文化景観にも影響を及ぼした．

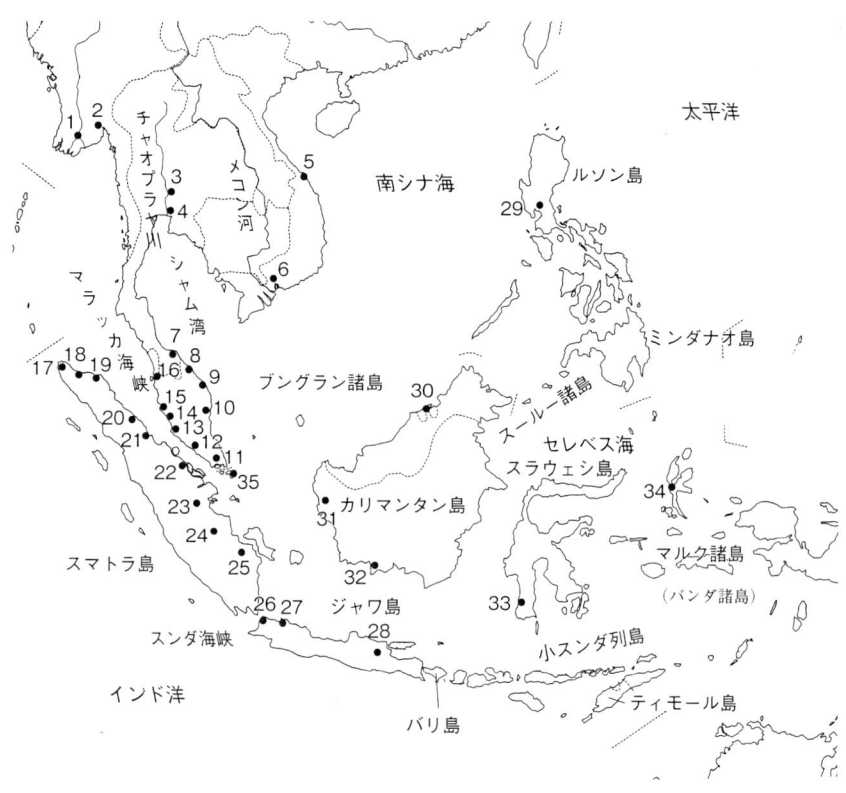

図 2.2 東南アジアにおける主要な港湾都市（春山編, 2009 を改変）

1：ヤンゴン	10：パハン	19：パサイ	28：マジャパヒト
2：ペグー	11：ジョホール	20：デリ	29：マニラ
3：アユタヤ	12：マラッカ	21：バトゥバラ	30：ブルネイ
4：バンコク	13：クラン	22：シアク	31：ポンティアナク
5：ホイアン	14：スランゴール	23：インドラギ	32：タンジョンプラ
6：サイゴン	15：ペラク	24：ジャンビ	33：マカッサル
7：パタニ	16：クダー	25：パレンバン	34：テルナテ
8：クランタン	17：アチェ	26：バンテン	35：リアウ
9：トレンガヌ	18：ペディル	27：ジャカルタ	

そして，フランスの支配は近隣地域のラオスやカンボジアにも及ぶようになった．一方，イギリスは18世紀中頃までにインドの統治と植民地化を確実にし，英語教育の実施やイギリス的な司法制度の導入，および近代的な地租制度の実施や道路・鉄道網の整備などを進めた．そして，イギリスの勢力はビルマ（現在のミャンマー）やマレー半島に及ぶようになり，1824年にマラッカとシンガポールがイギリス領となった．イギリスはビルマやマレー半島においてもインドの植民地政策と同様の仕方で支配を行った．そのため，ビルマやマレー半島ではイギリスの文化がより浸透するようになった．

以上に述べてきたように，東南アジアはヨーロッパ諸国にとって交易の拠点として重要であり，その強いまなざしが15世紀以降に向けられてきた．ポルトガル，スペイン，オランダ，フランス，イギリスは入れ替わりながら，東南アジアにおいて勢力を得てきた．つまり，東南アジアにおけるヨーロッパ文化の影響は，教育や社会・経済制度，あるいは建築物や街並みなどに色濃く残されてきたが，ひとくちにヨーロッパ文化とまとめて表現することはできない．ポルトガルやスペイン，あるいはオランダやイギリス・フランスの文化がモザイク状にちりばめられており，それらが時代とともに空間的な差異をもって分布しているところに大きな特徴がある．

2.1.2 オセアニアにおけるヨーロッパの進出

オセアニアにおけるヨーロッパの進出の様相は東南アジアのそれと異なっていた．東南アジアは経済活動を通じて現実の世界として，あるいは確かな存在としての進出の対象であった．しかし，オセアニアは夢の世界やイメージの世界として存在していた．つまり，2世紀のギリシアの地理学者プトレマイオス（Ptolemaeus）が南半球における「未知の南方大陸（Terra Australis Incognita）」の存在を指摘して以来，ヨーロッパでは豊穣な南方大陸の存在が長く信じられてきた．しかし，その存在の確認は航海技術が発達する17世紀以降まで待たなければならなかった．現在のオーストラリア大陸に最初に上陸したヨーロッパ人は，オランダのヤンツ（Jansz, W.）であった．ヤンツは1606年にカーペンタリ湾に上陸し，ヨーク岬半島を探検した．その後，オランダは航路の安全を確保するための調査航海を行い，オーストラリアの西半分の海岸線の探査を進めた（図2.3）．また，オランダ人のタスマン（Tasman, A. J.）は1642年にインド洋を経てタスマニアを発見し（この時は島であると確認されなかった），さらに東に向かってニュージーランドを発見した後，北上してニューギニアを経てバタビアに到着した．このように，オランダ人の活躍によってオーストラリア大陸の存在は明らかにされ，確認された土地はノバ・ホランディア（New Holland）と命名された．しかし，オランダはこの大陸に香辛料や金などの貿易用の産品がなく，不毛の土地と判断して領有を宣言することはなかった．ここに，オランダが有意な土地と判断し領有を決定した東南アジアとの大きな差異があった．

18世紀になると，イギリス人やフランス人による科学的な探検が行われるようになり，その代表的な成果はイギリスのクック（Cook, J.）によってもたらされた．クックは1768〜1771年の1次航海によってオーストラリアの東海岸の測量を行い（この時にトレス海峡の存在も確認された），その後，1779年までに3回の調査航海を実施して詳細な地図を作成した（図2.3）．その結果，オーストラリア大陸の輪郭はほぼ現在の形で認識されるようになった．加えて，クックは1770年にオーストラリア東海岸に上陸し，「東経135度まで，南緯38度から10.5度までの土地（現在のニューサウスウェールズ，ビクトリア，クイーンズランド，南オーストラリア州を含む）」がイギリスの領有であることを宣言した．この領有宣言の背景には，イギリスがアメリカ合衆国の独立により失った植民地に代わる新たな土地を求めてい

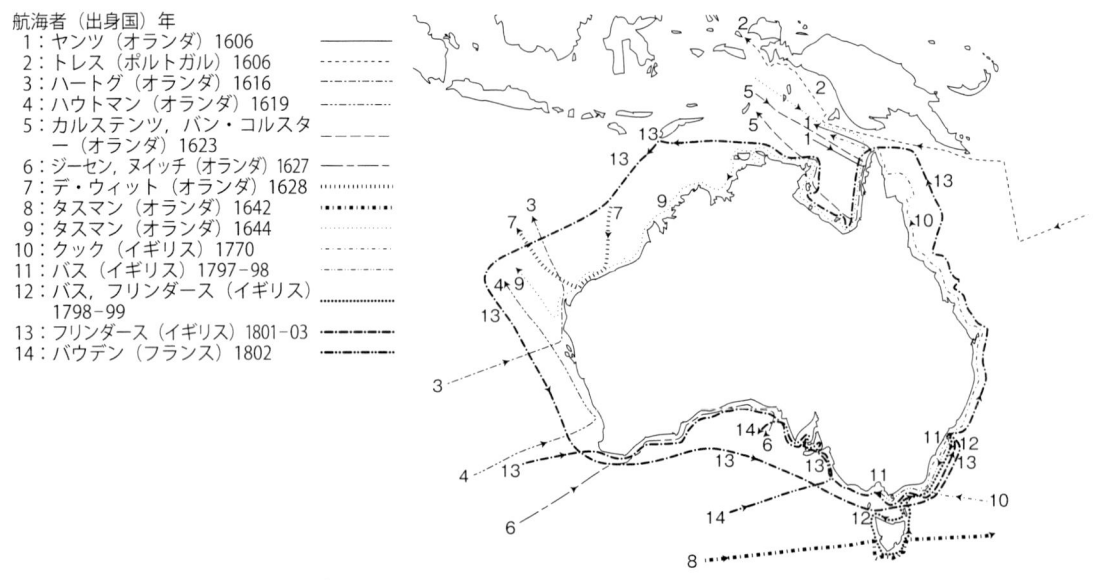

図2.3 オーストラリア大陸をめぐるヨーロッパ人の探検と航海の歴史（Thom et al., 2001）

たことと，オーストラリア大陸の土地開発の可能性に期待したこと，およびフランスの南太平洋への進出を抑制する狙いなどがあった．かくして，イギリスは1780年にクックが領有を宣言した地域を「ニューサウスウェールズ植民地」と名づけて，本格的に入植を開始した．

南方大陸発見の夢は，オーストラリア大陸の発見で1つの区切りがついた．当時におけるオーストラリアの地域名には New Holland と New South Wales の2つがあった．新大陸がオーストラリアとして命名された契機は，イギリスの探検家フリンダース（Flinders, M.）が1802年にオーストラリア1周の航海を行い（図2.3），1814年に『南方大陸航海記（A Voyage to Terra Australis）』を著したことにある．フリンダースは著書の中で南方大陸をAustralia と呼び，その呼称が次第に一般的なものとなっていった．しかしオセアニア，特にオーストラリアに対するヨーロッパのイメージは，「豊饒な南方大陸」から「有意な資源のない土地」へと変化し，多くのヨーロッパ諸国から忘れられた存在となった．オーストラリアやニュージーランド，および周辺の島々に興味を示した国がイギリスであった．結果的には，今日のオセアニアの多くの地域ではイギリス文化が卓越して影響をもつようになり，それはヨーロッパ諸国の文化がパッチワーク状に地域に影響を及ぼしてきた東南アジアとの大きな違いである．

2.1.3 オーストラリアにおけるイギリス人の植民と文化の定着

オーストラリアにおけるイギリス人の植民は，ポート・ジャクスン湾（写真2.1）のシドニー・コーヴに流刑囚780人を含む約1200人が1788年1月26日（現在はオーストラリアデイとして祝日になっている）に上陸したことにはじまる．オーストラリアが当初，流刑植民地としての役割を担った経緯は，イギリスが従来の流刑地であったアメリカ植民地を失ったことと，オーストラリアの地理的位置（イギリスの対蹠点[地球上で最も遠い位置]にある）が関係していた．実際，ヨーロッパからオーストラリアまでは1800年当時で片道約240日の航海を要した（図2.4）．結果的に

写真 2.1 オーストラリアのポート・ジャクスン湾におけるシドニー・コーヴ（2002年12月）

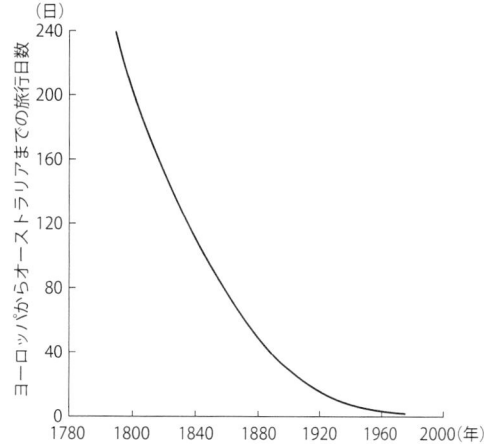

図 2.4 オーストラリアとヨーロッパ間の時間距離の推移（Walmsley and Sorensen, 1990）

は，オーストラリアは，最後の囚人輸送船が1868年に西オーストラリア植民地に到着するまでイギリスの流刑植民地として機能し，その70年間に約16万の囚人が送り込まれた．

オーストラリアの各植民地別の人口と囚人構成比の推移を示した表2.1によれば，ニューサウスウェールズ植民地やタスマニア植民地などでは人口に占める囚人の割合が植民の進展とともに減少し，流刑植民地としての性格が次第に弱まってきたことがわかる．そのため，1800年代になって建設された南オーストラリア植民地には囚人が送り込まれることはなかった．また，オーストラリアに送り込まれた男女別の囚人数を主な植民地別にみると（表2.2），ニューサウスウェールズ植民地とファンディーメンスランド（タスマニア）植民地に送られた囚人の男女比に大きな差があり，女性の囚人数はそれぞれ全体の約15%と少ない

表2.1 オーストラリアにおける植民地人口（囚人構成比）の推移（1788～1851年）（関根ほか，1988）

年次	ニューサウスウェールズ植民地	タスマニア植民地	北オーストラリア植民地	南オーストラリア植民地	ヴィクトリア植民地	オーストラリア全体
1788	24（74.2%）					1,024
1791	887（81.6%）					2,877
1801	515					5,515
1811	1,025	1,898a)				11,923
1821	2,783（41.1%）	7,185（53.3%）				36,968
1831	5,115（43.1%）	26,831（44.8%）	1,500b)			79,455
1835	7,662（38.1%）	40,283（42.1%）	1,549c)			
1841	3,856（20.6%）	51,449（31.8%）	2,760	14,884	20,416	220,365
1845	8,541（9.3%）	64,000	3,853	22,460	31,280	
1851	8,243	70,130	58,856d)	66,538	97,486	427,286

a）：1813年，b）：1830年，c）：1836年，d）：1850年．

表2.2 オーストラリアの各植民地に送られた囚人の男女別数（人）（Commonwealth of Australia Yearbook, 1986より作成）

地域	男	女	合計
ニューサウスウェールズ植民地	66,414	12,083	78,497
タスマニア植民地	52,139	12,959	65,098
ノーフォーク島	3,668	0	3,668
メルボルン	1,727	0	1,727
ブリスベン	517	0	517
西オーストラリア植民地	na	na	9,635

ことがわかる．このことは，同性同士の衝突や抗争などさまざまな社会問題を引き起こす一方で，メイトシップ（仲間意識）とその文化を高めることにもなった．

　囚人の労働力は植民地の開発・開墾，および道路・鉄道の敷設に利用された．これらの労働に囚人らは平日9時間，土曜日に5時間従事した．開墾した土地では，食料の自給生産も行われたが，ほとんど収穫のない状況が1803年まで続いた．これは，侵食によって表土や耕土が削り取られた痩せた土地と降水の少ない気候が作物栽培の障害となったことと，農業の熟練者が少なかったことに原因があった．そのため，初期の植民地社会は食料や日用品を輸入に依存しなければならず，塩漬けの豚肉などがジャワから輸入されていた．一方，植民地からの輸出商品はアザラシの皮と油，クジラの骨と油，ナマコなどの海産物であり，農産物を輸出できる状況ではなかった．小麦や羊毛，あるいは食肉の自給生産と商品生産が可能になった時期は1810年頃からであり，それは内陸部の探検が進んだことや，自由移民が増加したこ

ととも関連していた．

　オーストラリアにおける商品生産は，牧羊業の父と呼ばれるマッカーサー（Macarthur, J.）が1797年にケープ植民地からメリノ種を導入したことを契機にしており，羊毛がイギリスに最初に輸出されたのは1807年であった．牧羊業が定着するにつれて，海岸平野における牧場経営は手狭となり，グレートディバイディング山脈（ブルーマウンテン）を踏破して内陸部の土地を利用することが考えられるようになった．ブラックスランド（Blaxland, G.）とローソン（Lawson, W.），およびウェントワース（Wentworth, W. C.）の3人は1813年にブルーマウンテンを越えて，内陸に広がる平原を発見した．植民地政府は海岸部から内陸部に至る約200 kmの道路を敷設し，新たに建設した都市バサーストを拠点にして内陸部の開発が進められた．その後，1869年までにグレートディバイディング山脈の西側の探検が進み，内陸部の広大な自然草地の存在が牧羊業の発展を決定づけることになった（図2.5）．

　内陸部における土地の発見は，狭い海岸平野での植民を強いられていた入植者が広い土地を求めて移動することだけでなく，自由移民の増加も促した．このような自由移民の増加は1830年まで土地が無料あるいはわずかな金額で取得でき，多くの人々が富を得るチャンスをオーストラリアに求めてやってきたことや，移民船の改善を図る「乗船法」が施行されたことを反映していた．1831年以降は，移民に対する土地の無償供与が廃止され，土地売却が行われるようになった．こ

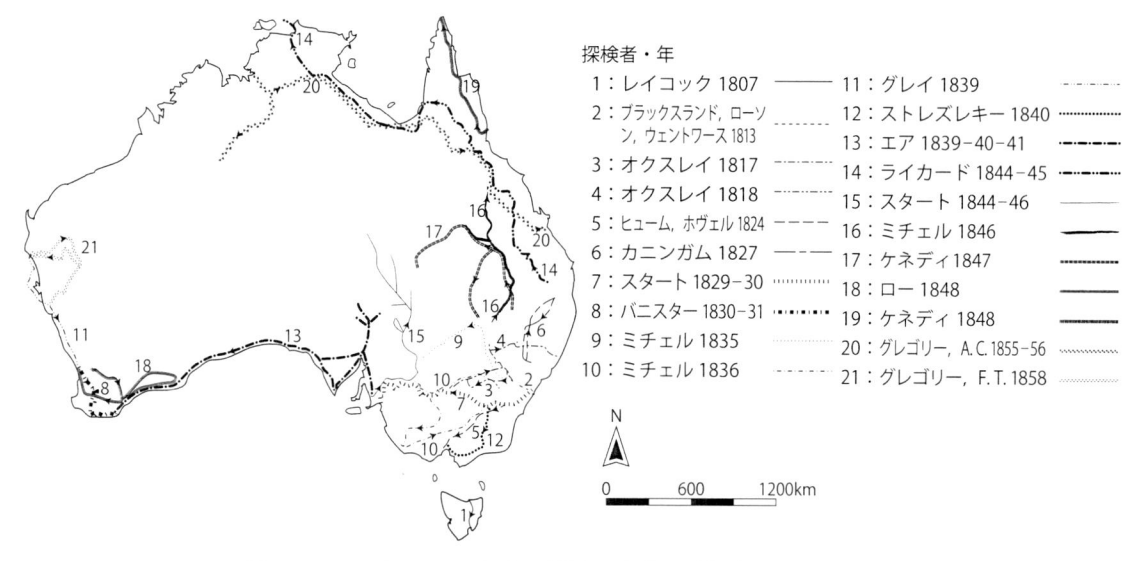

図 2.5 オーストラリアにおける内陸部の探検の歴史（Thom *et al*., 2001）

のことは，農民になろうとする自由移民の障害となったが，自由移民の増加傾向は続いた．自由移民の増加によって，人口に対する囚人の割合は減少し，流刑植民地としての性格は確実に弱められることになった．実際，ニューサウスウェールズ植民地における人口に対する囚人の割合は1820年代で約40％であったが，1850年には約3％になった．自由移民の多くは熱心にキリスト教を信仰し，小規模な家族農場を所有した．農場では，多様な作物栽培と家畜飼養を組み合わせ，自給的な小農複合経営が行われていた．このような農場経営は自作農の創設やイギリス的な生活文化の定着，あるいはキリスト教の普及に貢献してきた．しかし，初期の家族農場がオーストラリアで経済的に大きな成功をもたらすことはなかった．

小規模な家族農場の多くが成功しなかった理由は，少雨や薄い表土などの厳しい自然環境と未熟な農業技術，および「規模の経済」を生かしきれない農場経営などのためであった．そのため，内陸部の開発と商品経済の進展とともに，大規模な農場経営が有利に働くようになると，自由移民の自給的な小規模農場は淘汰されていった．特に，内陸部では自然草地がまばらに分布し，草の生産力が低いため，広い面積を利用して草の生産量を補わなければならず，大規模農場の成立が牧羊業の発展とともに決定づけられた．結果的には，自由移民の小規模農場の多くは挫折し，彼らの農場は資本をもつ経営者の農場に組み入れられていった．そして，広大な土地を所有する経営者が現れ，大規模な農場経営が牧羊業を中核にして内陸部で展開するようになった（図2.6）．内陸部における大規模な農場の発達によって，イギリスの保守的な上流階級の生活文化が定着するようになり，彼らの子弟の多くはイギリス本国で高等教育を受け，イギリス的な教養やマナーを身につけて帰国した．このようなイギリスのジェントルマン（新興的富裕層）の文化とその風潮は現在でも内陸部を中心に残されており，農村における保守的政党（国民党）の支持と都市における革新的政党（労働党）の支持という対照的な現象として顕在化している．

2.2 インドや中国の文化的な影響——葛藤と受容の歴史

2.2.1 東南アジアにおけるインド文化と中国文化

東南アジアにおける文化は隣接するインド文化と中国文化の影響を古くから受けてきた．インド文化は1世紀から3世紀にかけて，東南アジアに影響を及ぼし，バラモン教やヒンドゥー教，および仏教が東南アジアに伝播するとともに，東南アジアはインド的な政治制度や思想，および美術や建築様式を受け入れてきた．しかし，インド文化

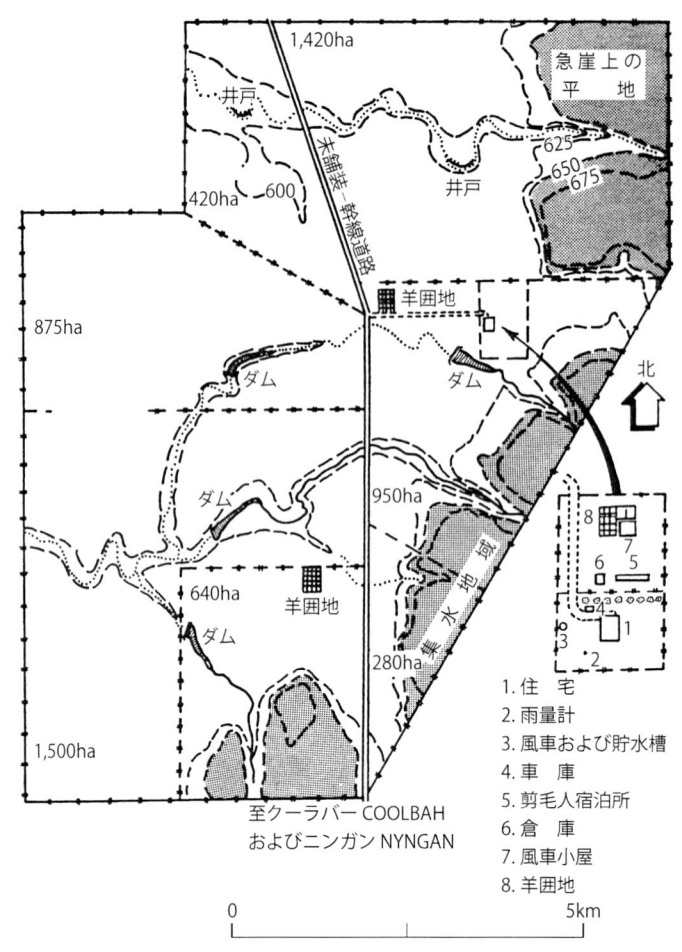

図 2.6 オーストラリアニューサウスウェールズ州中西部の大鑽井盆地における牧羊農場（ステーション）（6,140 ha，羊 2,900 頭，年降水量 336 mm）（カンバーランド，1972 を一部修正）

の担い手はバラモン教の助けを借りて政治を行ってきた国王や貴族らであり，一般大衆へのインド文化の浸透は大きく進んだわけではなかった．それでも，インドの政治制度や社会制度を導入した国々が5世紀までにビルマ南部やマレー半島，およびベトナムの中部地域やインドネシア地域に出現し栄えた．これらの国々では，ヒンドゥー教や仏教が大衆の宗教として受容され，今日における東南アジアの宗教文化や大衆文化の基盤を構築するようになった．

　東南アジアで最初に栄えた国の1つは，1世紀から7世紀にかけてメコン川下流域に勢力を拡大した扶南であった（図2.7）．この国はインド文化を基礎にしており，宗教はバラモン教と仏教を受け入れ，サンスクリット語が公用語とされた．扶南がインド文化を受容した背景には，東南アジアとインドを結ぶ海上貿易があり，扶南は海上貿易の要衝を押さえることで大きな利益を得ていた．このような海上貿易により扶南は3世紀から6世紀にかけて最盛期を迎えたが，7世紀にはクメール王国の台頭により衰退し滅亡した．クメール王国もインド的な政治制度や社会組織，および文化を基礎にしており，国教はヒンドゥー教であった．歴代の王は多くの時間と財を費やして豪華な霊廟や寺院を建設した．これらの寺院や霊廟はヒンドゥー教の文化を反映しており，それらのなかで最も有名なものはアンコールワットである（写真2.2）．クメール王国もまた，インドとの貿易を有利に進めるため，インドの文明や宗教文化を積極的に受容してきた．

図 2.7　東南アジアにおける扶南とチャンパ
（「世界史地図」（山川出版社）より作成）

写真 2.2　アンコールワット（2012 年 4 月）
第 18 代国王の霊廟として 12 世紀に 30 年かけて建設された．

カンボジアで扶南が発展していた時代，ベトナム南部を中心にチャンパと呼ばれる国が栄えた．チャンパ（林邑や環王，占城とも呼ばれた）は 2 世紀から 15 世紀まで続き（図 2.7），2 世紀から 5 世紀までは中国文明が，5 世紀から 8 世紀にかけてはインド文明が影響を及ぼした．チャンパもインドと中国とを結ぶ海上中継貿易によって経済的な基盤を確立していたが，中国の宋や元の時代（13 世紀頃）における羅針盤の実用化や大型船の建造などの技術革新は中国人の海上進出を容易にし，中国とインドとの直接の交易を促した．これにより，チャンパの海上中継貿易地としての機能と経済的な基盤は弱まり，それはチャンパの衰退滅亡の 1 つの原因となった．15 世紀になると，中国の大規模な南海経略が積極的に行われるようになり，中国人の東南アジアに関する知識が増大

するとともに，東南アジアへの進出が顕著になった．このような中国の東南アジア進出は，鄭和の 7 回に及ぶ遠征（東南アジア，インド，西アジア，東アフリカ）を契機としており（図 2.8），アジアにおける大航海時代を切り拓くといった意義をもっていた．

鄭和の遠征は明朝の国威を示すものであり，周辺国からの朝貢・入朝を促した．結果的には，明朝による官営貿易が発展し，明朝の隆盛は確かなものになった．その一方で，中国と東南アジアとの民間貿易は禁止されていたにもかかわらず，民間人の密貿易が多く行われた．このことは，中国と東南アジアとの交易が多くの利益をもたらしたことの証左にもなる．明朝の中期以降になると，民間の船が中国と東南アジアを結ぶ南洋を多く往来するようになり，南洋に関する知識や知見が多くなるとともに，中国文化が東南アジア各地に拡散するようになった．そして，東南アジアに渡航し定住する中国人も増加し，東南アジアにおける華僑の社会や文化が発展する礎となった．こうした華僑は国家的な保護がないまま，東南アジア各地に出稼ぎにきており，彼らの心のよりどころは中国と東南アジアの海上の道を開いた鄭和であった．彼らが偉大な英雄の鄭和を尊崇する象徴としての景観は「三宝廟」や「三保廟」の建立に反映され，それらの建物は鄭和の像を安置し礼拝する寺院として機能した．そのような寺院を中心に中国文化が華僑社会の拡大ともに浸透した．

もともと，中国人の東南アジアへの移住は 8 世紀から 9 世紀の唐の時代に始まったが，移住が本格化し，東南アジアへの中国文化の拡散が顕在化する時期は 16 世紀の明代である．16 世紀後半には，沿岸住民の民間貿易と出国を禁止する海禁（下海通蕃の禁）が解除され，交易のため東南アジアへ出国する中国商人が増加した．16 世紀から 17 世紀にかけての東南アジアは，中国産の生糸をもたらす中国商人と朱印船により銀をもたらす日本商人の交易の場として栄えた．明代後期における政治腐敗や混乱，あるいは重税や人口増加がプッシュ要因となり，華南地方の沿岸住民の多くは華僑となって東南アジアへ移動し，東南アジ

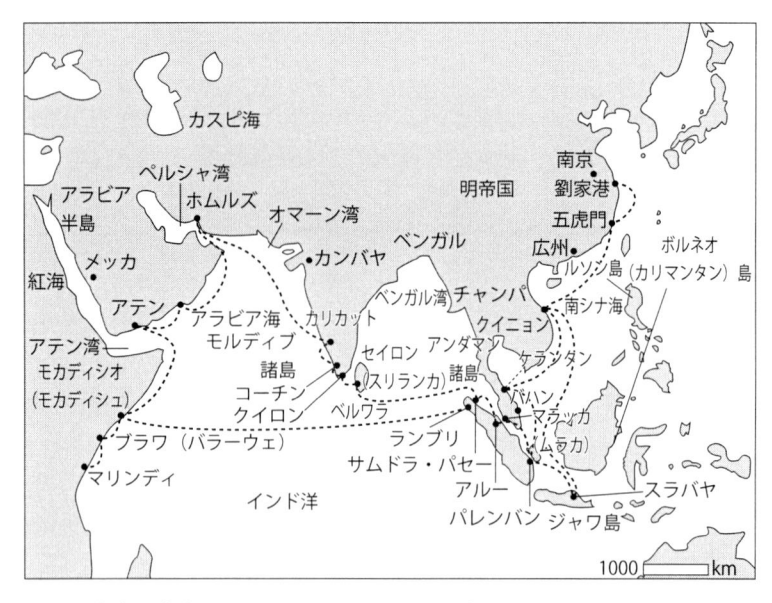

図 2.8 鄭和の東南アジア・インド・西アジア・東アフリカへの遠征の航路（「世界史地図」（山川出版社）より作成）

アにおける中国文化の浸透が確かなものとなった．このような中国人の東南アジアへの大量の流出は19世紀の清朝末期の混乱期にもあった．19世紀における東南アジアはイギリスによる支配が進み，都市建設やインフラストラクチャーの整備，およびさまざまな経済活動において多くの労働力を必要とした．例えば，シンガポールの開発やマレー半島のスズ鉱山の経営では労働力の多くが華僑商人のネットワークを介して流入した中国人であった．このような中国人労働者の流入は，東南アジアにおける中国文化や中国社会のさらなる拡大をもたらした．

2008年の東南アジアにおける民族構成を示した図2.9によれば，中国人が高い割合を示す国はシンガポール（76.8％）とマレーシア（23.7％），およびタイ（14.0％）である．シンガポールとマレーシアに中国系住民が多い理由は，華僑商人が歴史的に多く居住していたことに加え，イギリスの植民地時代における都市建設の作業員や鉱山労働者として中国南部から連れてこられた中国人の子孫が住みついたためである．これらの中国系住民は華僑（中国本土以外で国籍が中国にある中国系住民）や華人（国籍が居住国にある中国系住民）と呼ばれ，東南アジアの経済活動や商業活動，および文化活動に果たしてきた役割は人口構成の比率以上に高いものがある．そのため，第2次世界大戦後になると，経済の実権を握る華僑や華人を抑制する政策が東南アジア各国でとられるようになった．例えば，マレーシアのブミプトラ政策（ブミプトラは「土地の子」の意味）はマレー系住民を優先するものとして知られ，マレー系資本を30％以上参加させることや人種構成などに比例した雇用を確保することなどが企業に求められた．また，1980年代前半まで600万人の中国系住民が居住し，東南アジア最大の華僑・華人社会を形成していたインドネシアでは，1998年に大規模な中国人排斥運動が起こり，華僑の帰国によって中国系住民は約300万人に減少してしまった．

東南アジアにおける中国系住民は，歴史的には交易や経済活動に携わり，中国文化だけでなく，多くの資本を蓄積してきた．また，中国系住民の勤勉で低廉な労働力は東南アジアの都市建設や鉱山開発に確かに貢献してきた．このような貢献の実績は，東南アジアだけでなく新大陸における労働力としても利用されることになった．新大陸では黒人の奴隷労働に代わる低廉な労働力が求められており，苦力（クーリー）と呼ばれた中国人の低廉な労働力

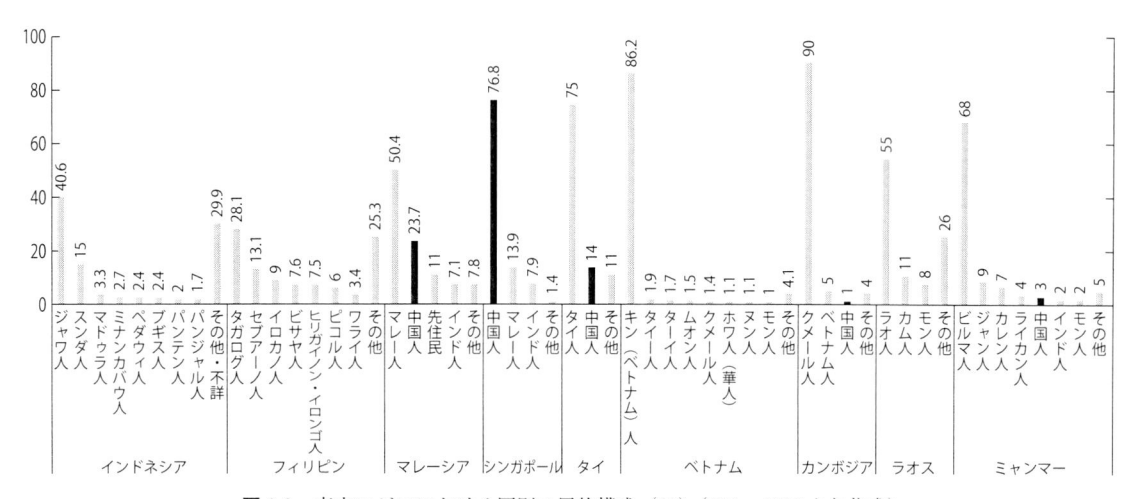

図 2.9 東南アジアにおける国別の民族構成（%）（CIA. 2008 より作成）

が新大陸各地に華僑商人のネットワークを通じて送られた．苦力としての中国人は新大陸に華人として住み着くようになり，中国文化の世界的な拡散にもつながった．つまり，労働力としての中国人の世界的拡散の契機は東南アジアにおける中国人労働力の貢献であった．そして，低廉な中国人労働力によって最大の恩恵を受けた国の1つにオーストラリアがあった．

2.2.2 オーストラリアの中国人排斥と多文化主義

イギリス人がオーストラリアに植民を開始してまもなくは，土地は農耕に不向きで，食料の自給生産が困難であった．そのため，オーストラリアの土地は，「アンラッキーカントリー」として植民者の多くを悲しませた．しかも，農産物の輸出は干魃や国際市場の影響を直接受け，安定した収入を植民者にもたらすことは少なかった．また，生活物資の多くを輸入に依存していたため，オーストラリアの各植民地における貿易収支額は常に赤字の状態になっていた．このような状況の救世主となった契機が，1851年から始まるゴールドラッシュであった．ゴールドラッシュによる産金は各植民地における貿易収支の赤字解消につながり，今日の繁栄の礎にもなった．オーストラリアのゴールドラッシュはアメリカ合衆国のゴールドラッシュ（1849年）の2年後に起こり，人々は合衆国のゴールドラッシュの再現を求めるとともに，一攫千金を夢見て世界各地から殺到した．そのため，オーストラリアの人口は1849年の26.5万から1861年の117万へと約5倍に激増した．

オーストラリアにおけるヨーロッパ人の植民や土地開発の進捗状況を示した図2.10によれば，土地開発は19世紀中頃までは温暖湿潤な南東部や西部の海岸平野の主要都市周辺に限られたが，1820年以降，海岸部から内陸への交通網の整備によって，ヨーロッパ人の植民は農地の拡大とともに内陸の半乾燥地域（主にグレートディバイディング山脈西麓の平原）へ進んだ．さらに，1850年代以降になると，ヨーロッパ人の植民や土地開発はゴールドラッシュの土地探査によって内陸の乾燥地域にまで進んだ．つまり，ヨーロッパ人の初期の植民や土地開発は農牧業の立地を目的としていたため，自然環境の制約を受け，内陸の乾燥地域は非居住地域として取り残されてきた．しかしゴールドラッシュは，従来の非居住地域に鉱山集落を立地させるだけでなく，ヨーロッパ人の地理的空間を内陸部の乾燥地域にまで広げるきっかけとなり，家畜放牧を中心とする土地利用が行われるようになった．このような内陸部における農牧業の発展は，農場労働力の不足につながったため，それを補うためにイギリス・アイルランド系の移民が増加した．

一方，ゴールドラッシュはオーストラリアに急激な人口増加をもたらしたが，その多くは金の採掘に携わった鉱山労働者であった．これらの労働者はゴールドラッシュのブームが終わると職を失

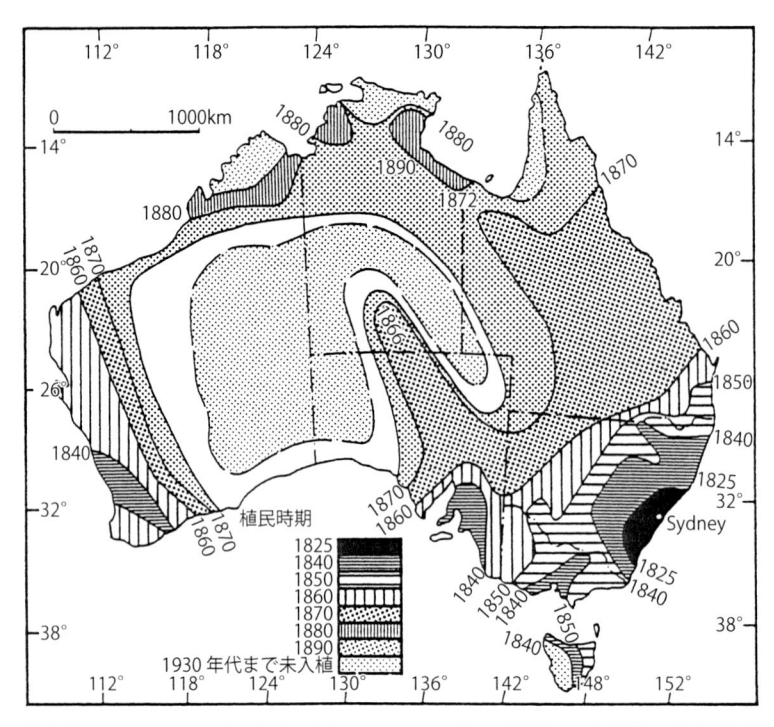

図2.10 オーストラリアにおけるヨーロッパ人の植民と土地開発の進捗状況
（Stacey and Ralph, 2005 より引用）

い，職を求めてシドニーやメルボルンなどの都市に流入するようになった．都市に流入してきた彼らは，住宅不足や失業者の増加などの社会問題を引き起こした．シドニーでは新たに流入してきた人々の住宅不足を解消するため，都市郊外にタウンハウス（長屋形式の集合住宅）が建設された．アイアンレースのベランダをもつタウンハウスは，当時のシドニー郊外に多く建設され，現在でもその居住景観を残して住宅として機能している（写真2.3）．また雇用対策の結果，失業者が低賃金労働者となり，都市に立地した製造業に従事するようになった．製造業では，建築資材，食料，生活必需品，農業機械，肥料，フェンス用針金などが生産された．このような国内産業の発展は，低賃金労働者の存在とともに，人口増加による生活資材や内陸部における牧場建設資材の需要増大と密接に関連しており，ゴールドラッシュから派生した効果の1つであった．さらに，都市や都市周辺に居住する労働者層による革新的でサラダボウル型（多様な文化集団が混在）の文化が形成されるようになり，それは伝統的で保守的な内陸部の農村文化と様相を異にするようになった．

ゴールドラッシュの際に移住してきた鉱山労働者には中国人が多く含まれていた．中国人は低賃金の鉱山労働者として連れてこられ，ゴールドラッシュ後も都市やその周辺に移住するようになった．そして，オーストラリアに住み着くようになった中国人は，中国の三抜刀といわれるように，包丁と毛髪用鋏と裁ち鋏の3つの刃物を使う技術に優れ，料理人や理髪業，あるいは縫製業などの職業に従事するようになった．中国人は低賃金で

写真2.3 ゴールドラッシュ後，シドニー郊外において建設されたタウンハウス（2003年3月）

あっても勤勉に働いたため，刃物を活用した職業以外にも多くの雇用を得ることができたが，そのことがイギリス人を中心とするヨーロッパ系の人々（白人）の反感を買うことにもなった．当時，白人の失業率は高く，白人の失業は中国人が低賃金で自分たちの職を奪っていくためだと考えられるようになった．そのため，白人による中国人排斥運動が次第に激しくなった．かくして，ニューサウスウェールズ植民地とビクトリア植民地で1881年に中国人移民制限法が採択され，1888年にはそれぞれの植民地で統一した中国人移民制限法が施行された．その結果，オーストラリアでは中国人をはじめとする有色人種の植民が抑制され，白豪主義の政策が行われるようになった．白豪主義の政策以降，イタリア人，ギリシア人，ドイツ人などの非英語圏からのヨーロッパ移民が多く受け入れられたが，有色人種の移民はほとんど受け入れられることはなかった．結果として，オーストラリアの社会や文化はヨーロッパ的となり，白人のための白人だけのオーストラリアを維持しようとする白豪主義が，1970年代前半に撤廃されるまで続いた．

オーストラリアの白豪主義からの転換は，宗主国であるイギリスのEEC加盟（1973年）を契機にしていた．それは，オーストラリアがヨーロッパの一員として存続するのか，アジアの一員として存続するのかを意思決定しなければならない状況を生みだした．確かに，オーストラリアはイギリス人が植民し，イギリスの社会や政治の制度が移植され，イギリス的な生活文化が醸成されてきた．しかし，オーストラリアへの入植者はヨーロッパまでの「距離」に翻弄されてきた．そして，距離はいつの時代であってもオーストラリアの地域的性格や方向性を決定づける主要な因子となってきた．植民当初はオーストラリアとヨーロッパとの距離が，植民が進むにつれて主要都市と内陸部との距離が，さらに現代では国内各地の距離とともに国際市場との距離が克服すべき課題にもなった．オーストラリアが社会・経済的にヨーロッパとの結びつきを強めるよりも，距離的に近いアジアとの結びつきを強めることになった目的も，距離を克服するためであったといえる．その結果，ヨーロッパ人の植民で特徴づけられたオーストラリアの社会や文化は，アジアからの人やモノ，あるいは資本や情報などが多く流入するという新たな局面にともなって，白豪主義から多文化主義に変化してきた．

EUや北アメリカ自由貿易協定（NAFTA）など世界経済のブロック化が進むなかで，APEC（アジア太平洋地域経済協力会議）はアジア・太平洋地域の経済協力を強化するためにオーストラリアが提唱して組織された．これは，オーストラリアの人々の意識が「アジアのなかのヨーロッパ」から「アジアの一員」へと変化してきたことを反映するだけでなく，アジアを重視するオーストラリアの社会・経済的，および文化的姿勢を象徴していた．実際，オーストラリアでは中国人を中心にしてアジア系の移民が増加し，アジアからの投資が多くなっている．またイギリスのEEC加盟を契機に，オーストラリアとアジア諸国との貿易が拡大したことも事実である．例えば，オーストラリアの主要な貿易相手国の変化をみると，1965年におけるイギリスとの輸出入の割合は，それぞれ17.5％と26.3％であったが，1992年にはそれぞれ4.3％と6.3％に低下した．一方で，日本や中国などアジア諸国との輸出入の割合が増大している．さらに，オーストラリアにおけるイギリス離れの傾向は，国歌がゴット・セイブ・ザ・クイーン（女王陛下万歳）からアドバンス・オーストラリア・フェア（進めオーストラリア）に代わったことや，立憲君主制（オーストラリアの国家元首はイギリス女王エリザベス二世）から共和制への移行が議論されていることにも反映されている．

2.2.3 太平洋の島々の文化とその基盤

太平洋の島々の多くは火山島であり，周囲にはサンゴ礁が発達している．ビーグル号で世界周航を行ったダーウィン（Darwin, C. R.）は太平洋の島々で多くのサンゴ礁を観察し，サンゴ礁を裾礁と堡礁，および環礁に分類した．裾礁は陸地に接して発達するサンゴ礁で，堡礁は陸地沿岸との間にある程度の幅の内海を隔てて発達するサンゴ礁である．それらに対して，環礁は海面上に現れた

サンゴ礁が環状となり，その中央が礁湖となっている．ダーウィンはサンゴ礁が裾礁から堡礁となり，やがて中央の島の沈降によって環礁となる変化も提唱した．太平洋の島々を概観すると，ミクロネシアでは裾礁と環礁が，メラネシアでは裾礁と堡礁が，ポリネシアでは環礁が多くみられる．以下では，太平洋の島々の事例として堡礁の島ヴィティレヴを取り上げ，人々の移動や植民を切り口に，文化の諸相を検討する．

ヴィティレヴ島はフィジーで最も大きな島で，その広さは日本の四国よりやや大きい程度である．島の中央には標高1000 m前後の火山が南北に伸び，島を東西に分けている．島の気候は熱帯海洋性であるが，南東貿易風と山地によって東部では1年を通じて湿潤であり，西部では乾季が6〜9月である．島の周囲にはサンゴ礁が発達し，島の経済を支える重要な観光資源になっている．年間の外国人観光客数は2005年現在で約40万人であり，日本からの観光客も航空の直行便があるため増加している．ヴィティレヴ島も他の太平洋の島々と同様に，海によって他の島々や他地域への人やモノの移動が制限されていたため，社会や経済や文化は閉鎖的で自己完結型のものとなっていた．具体的には，島の経済は農業や漁業を中心にした小農的自給経済であり，文化はムラ的な共同体社会に基づいて独自のものが維持されてきた．

島の土地利用図をみると（図2.11），東部の山麓斜面では熱帯性の森林が，西部の山麓斜面では草地が卓越していることがわかる．これは，島の中央に位置する山地と南東貿易風による気候の違いを反映している．集落や農地は島の東部や西部の沿岸地域に展開している．集落付近の農地では，自給作物として米，レンズ豆，落花生，トウモロコシなど多様な作物が小規模に栽培されている．西部の沿岸地域では乾季と雨季があるためサトウキビの栽培に適しており，サトウキビ畑が多くみられる．サトウキビは第2次世界大戦後，島の重要な商品作物となり，フィジーのモノカルチャー経済を支えている．サトウキビの栽培には多くの農業労働力が必要となり，それはヴィティレ

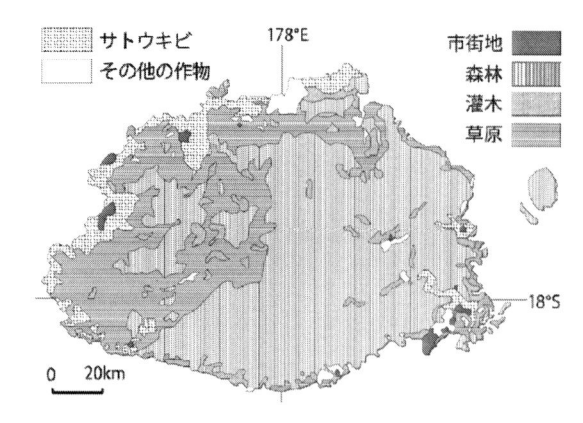

図2.11 フィジーのヴィティレヴ島における土地利用（Quanchi, 2004 より作成）

ヴ島におけるポリネシア人の人口でまかなうことができなかった．不足する農業労働力を補うため，インド人の労働者が利用されるようになった．かくして，インドから移住したインド人は島の人口の半数以上に及ぶようになり，現在では島の都市地域を中心に居住し，都市的産業に従事している（図2.12）．具体的には，1990年代以降，ヴィティレヴ島では都市地域を中心に縫製工業が発達している．2000年現在，154の工場が島に立地し，それらの工場では約2万人のインド人が働いている．他方，ポリネシア人は島に一様に居住分布し，主に農業や漁業などの産業に従事している．インド人の増加は社会・経済的にも文化的にもインド人とポリネシア人との対立を生みだしてきたが，インド的な文化は確実に島に浸透・定着してきた．

以上のヴィティレヴ島の事例で述べてきたように，太平洋の島々では閉鎖的な島社会に基づいて，ポリネシア人やミクロメシア人，あるいはメラネシア人を中心に独自の文化が狭く限られた島嶼空間で形成されてきた．しかし，イギリスの植民地支配や，経済発展にともなうインド人など外部の労働力の流入により，島々の文化的基盤は大きく変化している．その結果，地元住民と流入住民との間に，社会・経済的な格差や衝突だけでなく，文化的な葛藤や衝突も生じている．

［菊地俊夫］

(a) インド人　　　　　　　　　　　　　(b) ポリネシア人

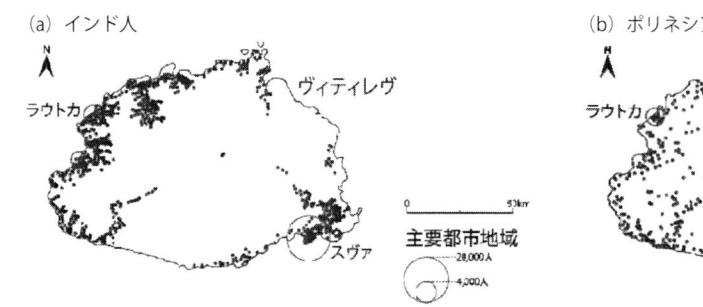

図 2.12 フィジーのヴィティレヴ島におけるインド人とポリネシア人との居住分布（Quanchi, 2004 より作成）

引用文献

カンバーランド著，石田　寛・浅黄谷剛寛訳（1972）：南西太平洋——オーストラリア，ニュージーランドおよび太平洋近隣島嶼の地理．朝倉書店．

熊谷圭知・片山一道（2010）：オセアニア（朝倉世界地理講座 大地と人間の物語 15），朝倉書店．

関根政美・鈴木雄雅・竹田いさみ・加賀爪優・諏訪康雄（1988）：概説オーストラリア史．有斐閣．

春山成子・野間晴雄・藤巻正巳（2009）：東南アジア（朝倉世界地理講座 大地と人間の物語 3），朝倉書店．

CIA：The World Factbook 2008.

Quanchi, M.（2004）：*Jacaranda Atras of the Pacific Islands*. John Wiley & Sons Australia.

Stacy, M. and Ralph, B.（2005）：*Longman Atlas*. Pearson.

Thom, M., Kerr, K. and Reid, G.（2001）：*Australian Geography*. Longman.

Walmsley and Sorensen, A. D.（1990）：*Contemporary Australia：Explorations in Economy, Society and Geography*. Longman Cheshire.

=== コラム 2　東南アジアとオセアニアの華人社会 ===

「世界中どこに行っても，中国人がいる」，「世界各地にチャイナタウンがある」という話をよく耳にする．確かに海外に行ったとき，現地の中国料理店に飛び込んで，やっと満足できる食事にありつけて助かった，という日本人も多いようである．では，母国を離れて海外に居住する中国人及びその子孫，すなわち華人は，現在，世界にどれだけいるのだろうか．

表 1 は，世界の華人人口を示したものである．2009 年時点で，世界の華人人口は約 4000 万と推定されている．1978 年以降の中国の改革開放政策にともない，海外に出た中国人，すなわち「新華僑」（「老華僑」は改革開放以前に海外に出た中国人をさす）が増加した．この表からわかるとおり，華人人口の多い国は東南アジアであり，世界の華人人口の 71% が居住している．新華僑は日本をはじめ，南北アメリカ，ヨーロッパ，アフリカで急増している．

中国の改革開放以前，世界の華人人口の約 8 割は東南アジアに集中していた．東南アジアがイギリス，フランス，オランダ，スペインなどの植民地になり，ゴムやサトウキビなどのプランテーションや，スズなどの鉱山開発の低賃金の労働者として，福建・広東・海南など中国南部から移住した者が多かった．このほか

写真 1　バンコクのチャイナタウン中心部のヤワラー通り（2011 年 7 月）

写真 2　シドニーのチャイナタウンの牌楼（パイロウ）（2012 年 4 月）

表1 世界の華人人口（2009年）（Tan ed, 2013）

国	華人人口（万）	世界の華人人口に占める割合（%）
インドネシア	783.4	19.9
タイ	717.8	18.2
マレーシア	647.9	16.4
アメリカ合衆国	417.8	10.6
シンガポール	275.6	7.0
カナダ	133.2	3.4
フィリピン	119.0	3.0
ベトナム	113.6	2.9
ミャンマー	109.0	2.8
ペルー	98.7	2.5
オーストラリア	73.4	1.9
日本	68.1	1.7
ロシア	49.5	1.3
カンボジア	35.0	0.9
イギリス	33.5	0.8
フランス	23.3	0.6
ブラジル	24.4	0.6
ラオス	19.7	0.5
インド	15.5	0.4
ニュージーランド	14.9	0.4
イタリア	17.0	0.4
オランダ	11.3	0.3
南アフリカ	10.9	0.3
上記23か国合計	3,790.3	96.05
世界の華人人口	3,946.3	100.00

商業・貿易など第3次産業に従事する者も多く，東南アジアの都市形成において，華人は重要な役割を果たした．マレーシア，インドネシアをはじめ東南アジアの都市の起源を探ると，都市の旧市街地は，もともと華人が集中居住するチャイナタウンであったところが多い．

中国の改革開放以後，東南アジアには新華僑が増えた．軍事政権の圧政や社会主義化によりミャンマー，ラオスなどの東南アジア大陸部では，多くの老華僑が海外に脱出したが，改革開放後の中国の経済発展に伴い，これらの地域へ中国製品が入ってくるとともに中国本土から多数の新華僑が流入した．また，もともと総人口の4分の3が華人によって占められるシンガポールにおいては，高い技能・知識をもつ有能な人材，所得の多い富裕層，優秀な中国人留学生を積極的に受け入れる移民政策により新華僑が増加した．これに対して，シンガポール人のなかには，新華僑の増加は物価や住宅地の高騰を招き，シンガポール人の職を奪うと懸念する人も少なくない．インドネシア，マレーシアなどイスラム教徒が多い国や南シナ海の島嶼の領土問題を抱えるフィリピンやベトナムでは，新華僑の流入に対する警戒心が強い．

オーストラリアでは，19世紀半ば以降，奴隷制の廃止や金鉱の発見などにより，大量の中国人が流入したため，中国人移民を制限するようになり，白人最優先の白豪主義がとられるようになった．しかし，1970年代半ばから，従来の白豪主義から，異なる文化をもつ集団を対等な立場で尊重する多文化主義へ政策が転換された．そして，アジアからの移民や難民を多数受け入れるようになった．

1997年の香港の中国返還が近づくにつれ，中国共産党の政治に不安を抱く香港人のオーストラリアやニュージーランドへの移住ブームが起こった．また，英語圏である両国には，香港，台湾そして最近は中国からの留学生も増加している．シドニーやメルボルンの中心に形成されたチャイナタウンは，現地在留の華人や観光客が訪れ，規模が拡大しているとともに，新華僑の富裕層は郊外の良好な特定の住宅地域に集住する傾向もみられる． ［山下清海］

引用文献

山下清海（2000）：チャイナタウン——世界に広がる華人ネットワーク．丸善．
山下清海（2002）：東南アジア華人社会と中国僑郷——華人・チャイナタウンの人文地理学的考察．古今書院．
山下清海編（2008）：エスニック・ワールド——世界と日本のエスニック社会．明石書店．
Tan, C. B. ed. (2013): *Routledge Handbook of the Chinese Diaspora*. Routledge.

③ 多くの資源と大きな市場の魅力
——世界経済のなかでの東南アジアとオセアニア

フィリピン・バターン半島に建設された東南アジア最初の輸出加工区（1998年2月）

ヨーロッパ世界を「中心」とするならば，東南アジア，オセアニアは長らくの間，「周辺」に位置してきた．独自の文化と交易圏を形づくってきた諸地域は，ヨーロッパ経済の外延的拡張によって，植民地化された．そして，独立・建国と戦後の経済発展を経て，1990年代に本格化したボーダレス化の波の中で，東南アジアとオセアニアの経済は一体化が進み，今日，世界経済の1つの極としての様相を呈しつつある．本章では，「資源」と「市場」を切り口にして世界経済の中での東南アジアとオセアニアの地域変動のプロセスについて考えてみたい．

3.1 東南アジアの植民地化とプランテーション

3.1.1 ヨーロッパ世界と東南アジア世界の接触

ヨーロッパ世界の外方への拡張は，中世封建制の衰退が遠因となった．14世紀にはじまった寒冷化は，作付密度を増やしても土地生産性の拡大に結びつかないという収穫低減の法則を表面化させ，折からの百年戦争による財政負荷の増大は課税を増大させ，封建制の支配秩序を解体へと導いた．封建制の農村から都市へと逃れでた農民・農奴は，都市工業に従事するようになり，都市経済は累積的な移入代替を経て繁栄していった．都市間の相互刺激は漸進的にイノベーションを引き起こし，時として，航海術における四分儀やアストロラーベのようなブレイクスルーを生じさせた（Knox et al., 2008）．

こうした15世紀頃からのヨーロッパの工業発展は，その流通・分配に従事する大商業資本家の発生を揺籃し，また16世紀頃からの中央集権国家の誕生の中で，王家と商業資本家が結託した重商主義の時代がもたらされた．ヨーロッパ世界の外への拡張はこうした封建制の崩壊と重商主義の成立が契機となった．有力商人を従えた中央集権国家が競うように，そして教会勢力とも結びついて世界を目指すようになった．外への拡張には，交易活動，現地もしくは第3国の労働力を用いたプランテーション，本国からの移民による自営植民地と多様であったが，東南アジアに対しては，当初は香辛料を中心とする交易活動，そしてプランテーションを伴う植民地形成へと推移し，オセアニアの特にオーストラリア，ニュージーランドの2国に関しては，本国からの移民によるディアスポラ国家の形成へと勢力が注がれた．

ポルトガルのガマ（Gama, V. da）の艦隊が，喜望峰回りでインド西岸のゴアに到達したのは1498年のことである．その後，インド洋支配を固め，マレー半島のマラッカ，スラウェシ島南西部のマカッサルなどを経て，1522年にモルッカ諸島のテルナテ島に上陸した．以後，1520年にティモール島北部のディリに植民市を建設するとともに，1526年にアンボンを征服した．他方，スペインのマゼラン艦隊は，西回りで1521年にフィリピンのセブ島に到達し，そこでマゼランを失うものの，1521年11月8日にモルッカ諸島のティドレ島に到達した．インド洋を経由したポルトガル艦隊と太平洋を経由したスペイン艦隊がほぼ同時期にモルッカ諸島へとたどり着いて，世界が航路によって結ばれたのである．

ポルトガルやスペインは，上で言及したような港市を拠点に，コショウ，ナツメグ，クローブ

(丁字)，メースなどの香辛料の交易に着手することになるが，ヨーロッパ人が足を踏み入れることで東南アジア世界に突如として交易のネットワークが出現したわけではない．1511年にポルトガル人がマカッサルにたどり着いた時にその港で見たものは，中国人，インド人，アラブ人，マレー人，ジャワ人，タイ人たちが，自らが持ち込んだ金属細工や繊維類を，香辛料や樟脳，真珠，金，銀などと交換する風景であった．モルッカ諸島でクローブやナツメグ，スマトラ島でコショウが産出されていたのである．インドネシア海域を中心とする交易のネットワークは，中国の明朝時代，日本でいえば室町時代にはすでに成立していたのである．当時，東南アジアの港市国家は多くがイスラム化され，関税，通行税，市場税などの形で流通活動から利益を得て，それらの収入をもとに後背地の統治を行い，中央集権国家を形づくっていた（宮本，2003）．

香辛料の価値は現代からすれば想像しがたいが，肉類の臭みを消したり，香り・味を引き立てたり，防腐剤・殺菌剤の役割を果たすほか，健胃薬，止瀉薬，防錆剤として用いられるなど，非常に珍重されるものであった．ヨーロッパ人は，アラブ商人などを通じて香辛料の存在を知るようになると，香辛料を経済的富獲得のための重要資源とみなすようになった．

3.1.2 領域的支配とプランテーション

ポルトガルとスペインが香辛料貿易に従事していた16世紀には，一部に征服をともなった場合があったとはいえ，進出先の王国との契約に基づく貿易関係が築かれていた．また，その活動の空間も，点と線で結ばれたものであった．こうした構造は，17世紀に入ってオランダが植民都市バタビアを建設して以降大きく変質していくことになった（図3.1）．

オランダの東南アジア進出はポルトガル，スペインよりもやや遅れ，1596年にオランダのハウトマン（Houtman, F.）の艦隊がジャワ島西部のバンテンに到達したのをはじまりとしている．バンテンは今日のバンテン州の州都セランの北部，ジャワ湾に面した港市である．1598年にはバン

図 3.1 16～17世紀の東南アジアにおける主な交易拠点

テンにオランダ商館が置かれ，オランダ東インド会社（1602年設立）は当初，ここを拠点とした．しかし，バンテン王国は東インド会社が交易活動を行うには制約が多く，同社の拠点はまもなく約80 km東方のジャヤカルタ（ジャカルタ）に移転した．ジャヤカルタには，1619年から要塞が建設され，バタビアの名称が与えられた．マニラでスペインの要塞都市，イントラムロスが完成してから13年後のことであった．オランダによる台湾統治も1624年からはじまっている．

その後オランダは，バンダ諸島占領（1612年），マラッカ占領（1641年），マカッサル占領（1667年）と，香辛料交易の重要な集散地を順次獲得する一方で，領域的な支配をも推し進め，1684年までに，ジャワ島の西部の支配を確立した．ジャワ島東部ではマラタム王国が1830年まで権力を維持した．同王領を獲得する以前も，オランダはマラタム王領内を租借して農業栽培に着手していた．1830年までにジャワ島支配を貫徹すると，以降は外島の植民地化へと進んだ．

オランダ東インド会社が，点と線の活動から面的支配へとシフトした背景として，宮本（2003）が説明するところによれば，1つには香辛料の市場価格の低下がある．オランダがポルトガル勢力などを排除することで香辛料供給に独占的利益を享受したのも束の間，欧州における農業革命（すなわち三圃式農業から穀草式，輪栽式農業へのシフト）の進行は，防腐剤としての香辛料の需要を大幅に低下させ，市場価格の低迷を導いたのであ

る．香辛料に代わる交易品として浮上したものは，コーヒー豆や砂糖であり，これらの作物の潤沢な確保を実現するために，17世紀末期には義務供出制度が，さらに1830年には強制栽培制度が取り入れられるようになった．

オランダ海上帝国において，サトウキビ栽培は，台湾やブラジルが担っていたが，1654年にオランダ西インド会社がブラジルから撤退し，1662年に東インド会社が台湾から撤退すると，ジャワ島での生産が有望視されるようになった．砂糖は，欧州における喫茶習慣に不可欠なものであり，オランダ本国に輸出されたことはいうまでもないが，他にペルシャ，インド，日本が重要な輸出先であった（川北，1996）．また，コーヒー栽培は1700年に導入されるが，以後，18～19世紀を通じる最大の収益部門として発展した．サトウキビ栽培は，弱い乾季のあるジャワ島中部で稲作との二毛作・輪作で発展し，コーヒー栽培はサバナ気候下のジャワ島東部で主に伸張をみた．オランダによる強制栽培は，農業インフラを整えるとともに農民の定住化を促進したが，その反面，自給用の主穀栽培を土地利用および労働力利用の両面から制約したために，しばしば食料不足をもたらすとともに，植民地支配からの解放後の農業の自律的発展に悪影響をもたらしたということがしばしば指摘されている．強制栽培制度は1870年に廃止されるが，同時期には農業労働の賃労働化が進むとともに，土地占有と栽培管理がオランダ人経営の製糖工場の手に移るなかで，プランテーション農業の様相を呈するようになった．

3.1.3 英仏西の東南アジア支配とプランテーション形成

オランダ以外の欧州各国の展開についてみておこう．スペインは東南アジア支配という意味では最古参であり，レガスピ（Legazpi, M. L.）が1571年にマニラを征服して以降，本格的な植民地運営を行うようになり，以後100年の間に，イスラム化したミンダナオ島などを除いてフィリピン統治を築き上げた．イスラム圏の地域に対しては数次にわたるモロ戦争を経ても統治を貫徹できなかったが，ミンダナオ島に対しては東海岸沿いを南下して1848年にダバオに到達している．イギリスは18世紀末からジョホール，マラッカ，ペナン，シンガポールなどを足がかりに徐々にマレー半島南部の植民地化を進め，1874年にはイギリス領マラヤが成立した．ビルマに対しては1824年からイギリスが支配を開始し，1885年にはビルマの全域がイギリス領インドに併合された．また，フランスによるインドシナ支配は1858年を始点としており1887年にはフランス領インドシナが成立した．

最も早く植民地化されたスペイン領フィリピンでは，1782年からタバコ産業の政府独占と一部地方農民への強制栽培が行われるようになる．サトウキビのプランテーションの成立は19世紀半ばのことで，ビサヤ地方のイロイロ市ではイギリス副領事ニコラス・ルーニー（Loney, N.）が1855年に砂糖の貿易会社を創設しており，同社が製糖機械を本国から輸入し，地元への普及を図ることで，対岸のネグロス島にサトウキビ農場が拡大した．サトウキビプランテーションはネグロス島のみならず，南部タガログ地方など広範な広がりをみせた．さらにアメリカ合衆国の統治期になると，ロープなどの原料になるアバカ（マニラ麻），石鹸などの油脂製品の原料であるココヤシ，またパイナップルなどの大農園が拓かれるようになった．ココヤシは年降水量の多いフィリピン諸島の東海岸で，アバカは，ミンダナオ島南部のダバオで発達した．ダバオのアバカ農園は，日本人移民による経営が多かった．

イギリス領マラヤは，コーヒーさび病による多大な被害を受けたセイロンに代わる産地として着目され，1870年代からのマレー半島西岸へのコーヒー栽培が導入され，これがプランテーションの時代の幕開けであった．1882年にリベリカ種の栽培に成功し，また，1888年にブラジルでコーヒー農園の奴隷解放が行われると，マレー半島のコーヒー栽培は1890年代の前半に絶頂期を迎えたという．しかしその後，異常発生したオオスカシバの幼虫によってコーヒーノキの葉を食い潰され，1910年までにゴム農園に転用されていった（葉，2010）．

19世紀の半ばまでは，ブラジル以外にはパラゴムノキは生育していなかったと考えられているが，天然ゴムの産業上の有用性に着目したイギリスは，種子や苗木を再度にわたってブラジルから，本国や自国の植民地へと持ち出した．やがて，その育成に成功するようになると，19世紀の末期までにマレー半島において天然ゴムのプランテーションが成立した．農園の労働力としては，インドのタミル地方からの移民が活用された．そして，天然ゴム栽培は，ボルネオなど，スマトラ島やタイにも拡大した．

ボルネオ島の北部（現在のマレーシア・サバ州）においては，鉄道運営や土地貸し付け，森林伐採権の譲渡などを収益源とするイギリス北ボルネオ会社による統治が1882年より始まり，当初のタバコ栽培に代わり，20世紀初頭よりゴムプランテーションが導入された．農園経営者にはオランダ人やドイツ人が多く，農園労働力には現地人に加えて中国人やジャワ人が活用されていた（石川，2004）．他方，ボルネオ島の北西部（現在のサラワク州）でもプランテーションは導入されたが，華人のもとでの先住民の小農によるゴム栽培の方が中心であった（祖田，2009）．

フランス領インドシナでは，総督府から農園経営希望者に土地を貸与するというコンセッション制度が1874年に導入されて以降，プランテーションが発達した．コンセッション制度の目的は，フランス人の豊富な資本をインドシナ農業に投下して，その近代化を図ろうとすることにあった（重藤，1962）．ゴム栽培は1920年にフランスのタイヤメーカーが着手したのが始まりとされるが，ゴムのほか，コーヒー，茶，キニーネ，カポックが中心であった．コーヒー栽培はトンキンおよびアンナム（ベトナム北部・中部），茶はアンナム，ゴムはコーチシナ（ベトナム南部）およびカンボジアで多く行われた．コーチシナでは稲作が行われる圃場が多かった．一方，ラオスでは，プランテーション型の農業は発達しなかった．

3.1.4 日本人によるプランテーション経営

前項でみたように，東南アジアにおけるプランテーションの急進期は，コーヒー栽培導入とゴム栽培導入が続いた19世紀末期から20世紀初頭であったといえるが，同時期においては日本人による農園開発が無視できない規模で始まっていた．同時に，近代日本と東南アジアの関係性という意味では，不幸な歴史ながらも島原半島や天草諸島などからの「からゆきさん」の渡航，そして，男性の農業労働者や土木労働者の渡航に続いて，経済的関係が強化されていくプロセスであった．日本人経営のプランテーション農園が多く開設された地域として，マレー半島，ボルネオ島，スラウェシ島，ミンダナオ島などが知られる（図3.2）．

その核心地域の1つであるマレー半島の西岸では，クアラルンプールの南方に位置する都市，スレンバンの付近で，1902年に日本人経営のゴム農園が成立したのが始まりとされる．当初の個人経営に加えて，第1次世界大戦の前後には，三井系，森村系など財閥資本も進出し，1925年にはイギリス領マラヤにおける日本系の農園は，131か所，総面積約3万haに及んでいた（横井，2001）．

一方，同じくイギリス領のボルネオ島では，サラワク王国において，依岡省三・省輔兄弟による日沙商会が1910年からゴム農園経営を開始した．サバ王国においては，南東部のタワオにおいて久原鉱業（今日の兼松日産農林）による久原農園が1916年に開設され，ゴムおよびマニラ麻のプランテーションが行われた．

当時，オランダ領セレベス島と呼ばれたスラウェシ島では，1910年代の半ばには，マッカサルおよびメナドのそれぞれに日本人経営の貿易会社が設立されており，日本の商船が寄港するとともに，日本人社会が形成されていた．第1次世界大戦による対欧州貿易の途絶が対日本貿易の飛躍的発展をもたらした．そのようなセレベスにも1918年以降，日本人経営の農園が開設されるようになった．農園はミナサハ半島先端のメナド付近に最も多く，同半島中部のゴロンタロ，西スラウェシのポレワリなどへも導入された．ココヤシ園が中心で，他にゴムやコーヒーが栽培されていた（脇田，2008）．メナド東方の都市ビトゥンを日本人漁民がカツオ・マグロ漁の拠点にしたこともあって，ミナサハ半島（北スラウェシ地域）は

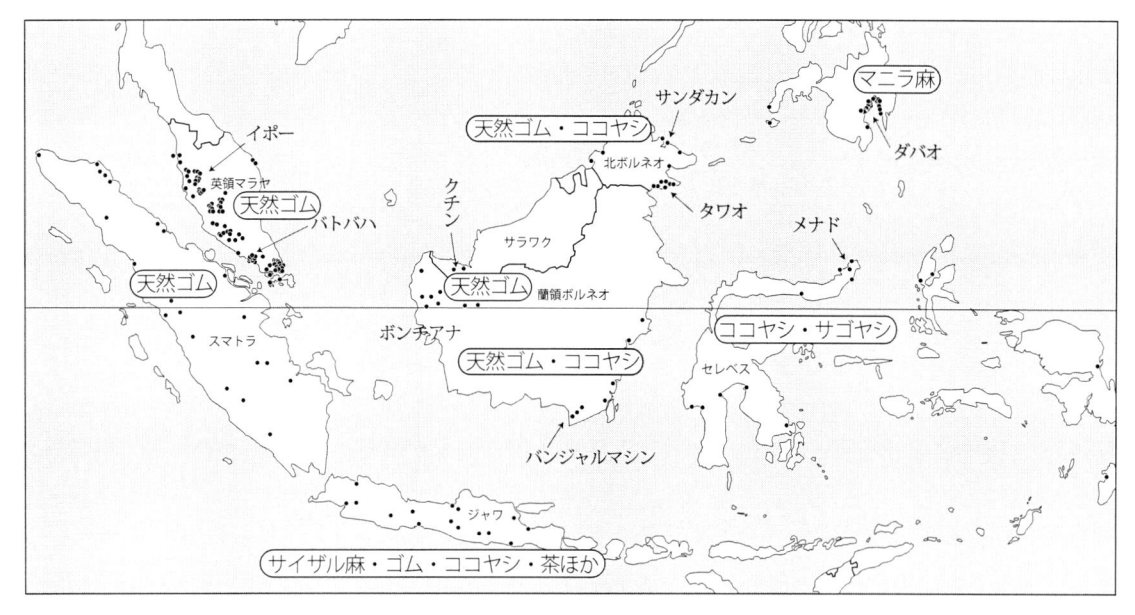

図 3.2 東南アジアにおける日本人経営農園の分布（1920 年代末期）
（台湾総督官房調査課編纂，1929 より作成）

今日なお日系人が多く居住する地域であり，茨城県大洗町への出稼ぎ者の送り出し地域としても知られる．

アメリカ合衆国の統治下のフィリピンにおいてはミンダナオ島のダバオへの日本人移民が知られ，やはり 1910 年前後から農園が形成されている．1920 年頃には，日本人経営の農園が 40 前後を数えた．そこでは主にアバカ（マニラ麻）が生産されていた．

3.1.5 地下資源の宝庫としての東南アジア

19 世紀を迎えると欧米諸国の眼差しが鉱産資源の採掘の場としての東南アジア・オセアニアにも向けられていく．例えば，スマトラ島の南東岸のバンカ島でのスズ鉱の採掘開始は 18 世紀の初頭にまでさかのぼるが，1824 年の英蘭条約で領有権がイギリスからオランダに移って以降，産出が活発化した．1860 年には鉱山会社ビリトン社が発足してビリトン島でのスズ採掘も活性化した．

また，石油採掘は 19 世紀末期に始まっている．後のロイヤル・ダッチ石油社となるオランダ系の企業がスマトラ島北部，後のシェル石油社となるイギリス系企業がカリマンタン島東部で開発に着手した．それぞれ，パンカランブランダン（メダンの北西約 100 km），バリクパパンに精油所を建設した．これら両者は連携して，ロイヤル・ダッチ・シェル・グループを名乗るようになった．かくして国際石油資本の 1 つはインドネシアを舞台に生まれたのである．スマトラ島南部のパレンバン油田はブリティッシュペトロリアム（BP）社によって，ボルネオ島サラワク州のミリ油田は 1911 年にシェル石油社によって開発された．イギリス資本によるブルネイの石油開発は 1929 年以降のことである．

そして，1941 年 12 月には，ミリ油田をはじめとするインドネシアの主要な油田は日本軍によって占領された（図 3.3）．1944 年 12 月には日本軍の石油部隊によって，スマトラ島中部にミナス油田が発見されて，その開発が着手される．ミナス油田は第 2 次世界大戦後，インドネシアを代表する油田へと発展していった．

上記以外の東南アジアの重要鉱産資源として，ビンタン島のボーキサイト，ホンゲイ炭田があげられるであろう．リアウ諸島の主島であるビンタン島（インドネシア）では，その南東部のキジャンにボーキサイト鉱床が 1924 年に発見され，1935 年から採掘と輸出が開始されている．ホンゲイ炭田（現ベトナムのクワンニン省）は 1888

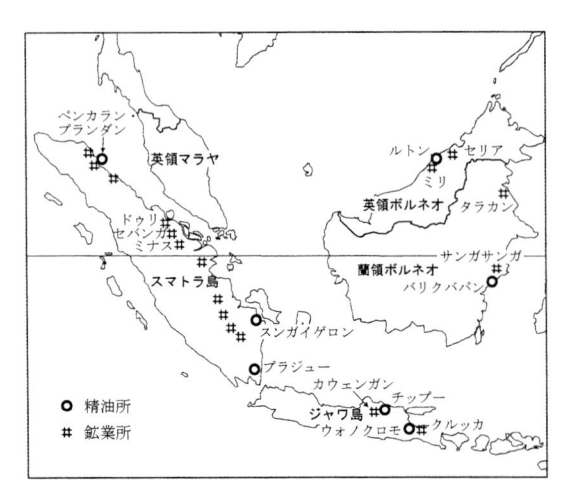

図 3.3 日本軍政下の「南方石油生産地帯」の主要部
（岩間，2007 より作成）

年から採掘が開始されているが，非常に良質な無煙炭の供給地として知られている．

3.2 ディアスポラ国家の形成と産業発展

3.2.1 ヨーロッパ人によるオセアニアの発見

マニラにスペインの拠点ができると，1565年に太平洋を横断してメキシコのアカプルコとの間を結ぶガレオン船航路がおかれた．マニラを中継港としてスペイン領メキシコと中国の間での貿易がなされるようになったのである．その後，ポルトガル，続いてオランダが東南アジア海域で交易に従事することになる．未知の大陸の存在，太平洋の島々の存在は意識されてはいたが，これらの土地に上陸し，経済的活動がなされ，世界経済の一部になってくるまでにはそれなりの時間を要した．

スペイン王室に仕えたトレス（Torres, L. V.）およびオランダ人のヤンツが，オーストラリア大陸北部の姿を目撃したのが，ともに1606年のことだといわれているが，彼らの目に果たしてどこまでの大陸として認識されていたのかといえば微妙なところである．1642年にバタビアを出発して，オーストラリア大陸の西岸経由で南岸に至りタスマニア島を発見したのは，東インド会社のタスマンであるが，オランダは新大陸に経済的利益につながるものをみいだせなかったようである．続いて，イギリス人のダンピールが西岸に到達す

るが，そこで得た印象はタスマンとあまり変わらなかった．その後の大きな契機になったのは，18世紀末期におけるイギリス人のクックによる太平洋探検であった．クックは，太平洋の島々に関する正確な位置情報を得るとともに，現在のシドニーにも立ち寄った．シドニー付近には1788年にイギリスから流刑者の一団が送られ，周辺地域の農業開拓に従事した．

また，クックからの情報を得たヨーロッパ人は，真珠，べっ甲，ビャクダン，ナマコなどを求めて，太平洋の島々に乗り出すようになった．これらの資源はすぐに枯渇するが，捕鯨に適した海域として，グアノ（海鳥に由来する成分が化石化したもので肥料に用いられる）の産地として，注目されるようになった．1857年にアメリカ合衆国の企業がベーカー島とジャービス島に入ったのを皮切りに，ポリネシア西部の赤道付近でグアノ採掘が開始された（小川，1998）．19世紀末までには欧米諸国による太平洋の島々の分割がほぼ完了した．

3.2.2 対英貿易と牧畜業

欧州において産業革命が進行し，また，人口転換の初期的段階，すなわち多産少死の段階に至ると，人口の押し出し圧力と，外から工業資源や食料資源を調達しようという状況，そして欧州で製造された工業製品の市場を外に求めようという動きが生じてきた．アメリカ合衆国についでオーストラリア，ニュージーランドが世界経済において目立った存在になるのは，イギリス本国における産業化の進展と軌を一としていたのである．

新大陸における経済発展の初期においては，採取・狩猟によるステープル輸出から栽培育成型のステープル輸出へといった推移がみられると考えられている．そして，そうした天然資源に基づく輸出産業の成長が，農業機械工業，鉄道業などの需要となるとともに，農産加工業への投入要素をもたらすことなどを通じて波及効果によって経済発展が促進される，という考え方は「ステープル理論」と呼ばれている．

例えばカナダの場合，イギリス領北アメリカ植民地として，毛皮，タラ，木材といったステープ

ル産品を本国へと供給する役割を担い，1890年代以降は，小麦の耐寒性品種の導入によって小麦輸出がその後の数十年にブームとなり，イギリスからの投資によって鉄道インフラが整備された．他方では，増加する移民人口の需要をみたすための各種産業の発達がみられた．

オーストラリアの場合，ナマコ，ビャクダン，鯨油などの輸出から始まり，1820年代以降は羊毛輸出が台頭した（図3.4）．入植当初から小麦，大麦，トウモロコシなど穀物の栽培が行われていたが，栽培面積は小規模なもので主に自給向けないし飼料用の栽培であった．なぜ，19世紀の前半において小麦が主要輸出品にならなかったのだろうか．1つには，自給分を上回るだけの生産が確保できなかったこと，もう1つには仮に広大な耕地がもたらされたとしても欧州市場への距離の摩擦の存在が輸出農業としての採算性をもたらさなかったためである．ヨークシャー羊毛工業の興隆にともなう市場の存在と輸送条件を考えれば，羊毛輸出が妥当であった．歴史学者ブレイニー（Blainey, G. N.）は『距離の暴虐』（Blainey, 1966）で，オーストラリアの産業が羊毛に特化せざるを得なかった理由を明らかにした．ニューサウスウェールズにおける牧羊業は，1796年にメリノ種が南アフリカから持ち込まれた時にスタートしており，1807年にイギリスへの羊毛輸出が開始された．サウスオーストラリア州では相対的に耕種農業に適した土地に恵まれ小麦農業の発展をみたが，小麦輸出額は1880年代になってもオーストラリアの全輸出額の5%程度にすぎなかった．他方，羊毛は全輸出額の過半を占める輸出品として発展していくこととなる．

オーストラリア南東部の海岸平野における牧場経営は軌道に乗って以降10年と経たないうちに狭隘化してきたが，1813年にブルーマウンテンを越える交通ルートが発見されると，牧羊地域は西へと拡大した．1830年に8000バール（約1000 t）であった羊毛の対イギリス輸出量は1840年には5倍の4万1000バール，1850年に13万7000バールにまで成長した（Roberts, 1935）．その間，1834年には羊毛輸出額が魚類の輸出額を上回った．1850年にはイギリスの羊毛輸入量の47%がオーストラリア産によって占められていた．

オーストラリアの開拓の歴史に強い影響力をもったのはウェイクフィールド（Wakefield, E. G.）の植民理論であった．1830年代にイギリス政府がとり入れたウェイクフィールドの植民理論は，入植希望者のすべてに無償で土地を分け与えることは労働力不足をもたらすため，最低価格を定めた競売制にすることで労働力不足に歯止めをかけようというものであった．土地の売却益は自由移民への助成に活用された．農業開拓を求める移民者には無償の土地という動因はなくなったが，以後も自由移民者は増加し，1830年代には流刑者の流入よりも自由移民の流入のほうが上回った．富裕な牧羊家にとっては，植民地政府が開拓向けに割り当てた土地だけでは狭小であったため，こうした牧羊家は官有地を不法に占拠して牧場を拡大した．その存在はスクォッターとして知られるが，特に乾燥地域で牧羊を行うためには，掘抜き井戸などの水源を確保するか，草地を含む土地を手に入れる必要があったため，大規模に土地を占有するスクォッターは自営農民に対して圧倒的に優位な立場となった．

1880年代までのオーストラリアは牧羊中心に経済発展を遂げ，牧場の経営拠点，羊毛の集散拠

図3.4 オーストラリアにおける降水量と牧羊分布（1965年）（福井・武久，1972）

点としての都市の発達が促されていった．ところが，こうした発展のダイナミズムには変化がもたらされるようになる．

その転機を準備したものは，19世紀後半におけるゴールドラッシュと，それにともなう非大都市域への居住の出現，そして同時期の冷凍船の就航であった．牧羊業は季節労働であったため，牧場の付近には必ずしも農業集落を形づくらなかった．通常は都市に居住し，季節が到来すれば，ステーションと呼ばれる羊毛拠点に寝泊まりしたのである．しかし，各地で金鉱が発見されると，人々は大分水嶺に沿った金鉱に近い所へ居住するようになり，植民地政府も近接居住計画を推進した．耕種農業が発達するための基礎には，大都市ではなく耕地の近くへの分散的居住が不可欠だったのである（加賀爪，1988）．ゴールドラッシュは，東部植民地から西部植民地への移民も刺激した．

そして，直接的な転機は1890年代になって襲った羊毛価格暴落を引き金とする大不況だった．羊毛依存の経済が改められ，ニューサウスウェールズ州の海岸平野，西オーストラリアは小麦栽培地域へと一変した．そして，1870年代に確立した冷凍輸送技術と鉄道網の発達に後押しされて肉牛飼養も発達した．

1900年代の輸出構成をみると，鉱産物と羊毛がそれぞれ35％程度，小麦が10％，食肉と酪製品がそれぞれ5～6％ほどであった．

他方，ニュージーランドでは，鯨油や木材などの輸出から欧州との経済的関係が始まっている（図3.5）．1770年代のクックの来航後，1790年代には，捕鯨集落が北東を中心に各地に築かれた．羊は早くも1773年にクックによって持ち込まれているが繁殖には至らず，牧羊業が成立するのは，オーストラリアからメリノ種が送られた1834年以降のことである．しかしながら，メリノ種はオーストラリアの乾燥した気候下での放牧には適していたが，雨量が多く起伏に富んだニュージーランドでの飼養には不向きであった．そのため，直ちにイギリス本国よりロムニー種が輸入され，以後，牧羊が軌道にのった．細毛のメリノ

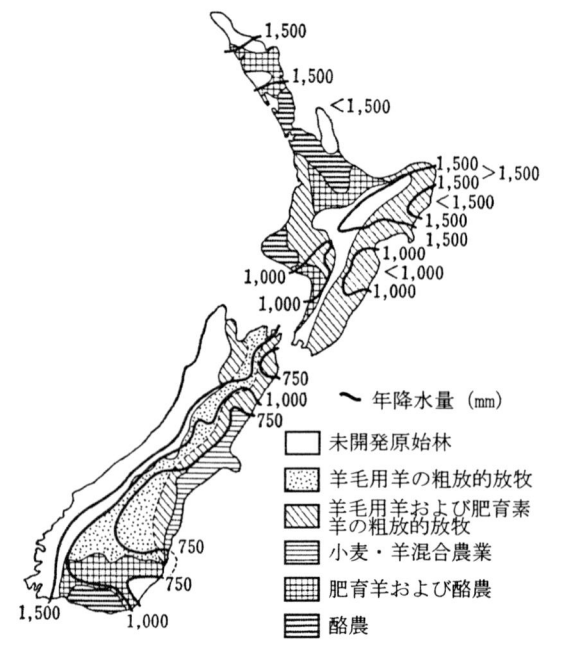

図3.5 ニュージーランドの農業地域
（石田，1996）

種がもっぱら衣類用の羊毛を産するために飼養されるのに対して，ロムニー種は，羊のなかでもマトン種に分類され毛肉兼用種であり，太目の長毛は絨毯や毛布，手編み用の毛糸などに適している．オーストラリア産の羊毛とは棲み分けがなされていたため，商業化されるペースは非常に早く，冷凍船就航以前の1870年の時点ですでに1000万頭が飼養されていた．1882年の冷凍船就航以後は羊肉輸出も開始され，20世紀頭には飼養頭数はほぼ2000万頭に達していた．もっとも，開拓農業は牧羊のみに傾倒したわけではなく，ゴールドラッシュによって人口が急増すると国内自給用の小麦栽培にも向けられた．

1840年にマオリ人との間で結ばれたワイタンギ条約でニュージーランドがイギリス領となると，イギリス人による組織的な入植が本格化した．なかでも大規模なものが，カンタベリー植民地であった．カンタベリーは南島のサザンアルプスの南麓地方に位置するニュージーランド15番目の植民地である．原植生は山麓線に沿った扇状地群でタソック草地（イネ科などの草地），海岸・湖岸の湿地帯は亜麻類であった．1850年に入植が始まると，その初期には湿地が開墾され，

徐々にタソック湿地に開墾が及んだ．原植生が伐採，火入れされた後には，クローバーなどが播種され，徐々にイギリス風の牧場景観が生み出されていった．しかし，夏季にはフェーンが吹き降ろす乾燥した扇状地上では牧草の生育は悪く，放牧密度は制約された．1870年代以降の小麦需要の増大によって小麦増産が行われると，その連作によって地力が低下し，その後を牧場に戻しても牧草の生産力が向上するわけでもなく，1940年代以降に大規模な灌漑網が整備されて小麦・大麦と牧羊の混合農業が成立するまでは，非常に粗放的な牧羊業が継続した（原田，1995）．

1882年の冷凍船の就航は，ニュージーランドの農牧業にも大きなインパクトを与え，南島からの羊肉輸出の発達のみならず，北島の開墾に基づく酪農・肉牛飼養の発展をもたらした．

3.2.3 オーストラリアの鉱産資源開発

1850年代以降，牧羊業とならぶオーストラリアの基幹的経済部門として発展してきたのが，鉱業である．ニューカッスル付近では1791年に石炭の露頭が発見され，続いて，クイーンズランド州のイフスウィッチでも炭田が発見されるが，輸出産業としての鉱業を発展に導いたのは，ニューサウスウェールズ植民地におけるバサースト鉱山，オフィル鉱山，ヴィクトリア植民地のバララット鉱山をはじめとする相次ぐ金鉱脈の発見である．特にヴィクトリア植民地における産金額は卓越しており，金の集散がメルボルンの都市発展をもたらしたといっても過言ではなかろう．そして，前述したように，ゴールドラッシュが農牧業の内陸部への拡大を加速させたといってよい．

金鉱山ばかりではなく，1883年にはニューサウスウェールズ植民地のブロークンヒルで銀鉱石，鉛，亜鉛の鉱床が発見され，以降，同市は同国最大の内陸鉱業都市として発展を遂げた．1885年には，ブロークンヒル・プロエイエタリー(BHP)社が発足し，鉱業から鉄鋼業，造船業，海運業までに及ぶ巨大企業グループが発展する礎となった．

鉄鉱床が発見されるのは，BHP社による南オーストラリア州のものが最初（1897年）で，後述するように1960年代からは西オーストラリア州のピルバラ地域において，巨大鉄鉱山開発が推進された．他方，ニューサウスウェールズ州およびクイーンズランド州の炭坑群に関しても，輸出産業として本格的な開発がなされるようになったのは1960年代以降のことである．

3.2.4 消費市場の拡大と工業化の端緒

上述のように東南アジアおよびオセアニアの諸地域は，各地域が置かれた自然条件や関係位置に大きく規定されつつ，欧州で産業化が進んだ19世紀半ば以降，20世紀の初頭にかけて，欧州における工業原料需要（ないし部分的には食料需要）に沿った形で，経済活動の著しい地域的特化が生じてきた．そして，各地の貿易構造もそのことに大きく規定されてきた．

その貿易構造とは，一言でいえば，東南アジアおよびオセアニアの農産品・鉱産品を欧州の本国へと輸出し，植民地で自給できない消費財や資本財・中間財を本国などから輸入するという垂直的な構造である．そこでは産業の多様性は奪われ，特化する1次産品の国際的な市況によって植民地経済が浮沈するというモノカルチャー的構造が形づくられた．同時に，産出された1次産品は，多くの場合，未加工のまま輸出され，地域経済への後方連関効果を及ぼしにくかった．農場や鉱山で用いられる資本財・投入財も自前では生産されにくく，前方側での産業発展も限定されていた．また，海域東南アジア地域を中心に中国から太平洋の島々に至る広範な地域に緩やかに形成されていたリージョナルな交易のネットワークも徐々に役割を後退させていった．総じていえば，「本国」の経済システムにぶら下がる形でブランチ的な地域経済が形成されたといえる．「本国」の工業発展は植民地からの資源供給抜きには十分に達成し得なかったわけであるし，「本国」で膨れ上がる人口，過剰資本の「ガス抜き」にも植民地は欠かせないものとなった．植民地からすれば，本国からの資本投資がなされてはじめて，鉄道網をはじめとするインフラ整備が可能であった．そのような意味で，もちつもたれつの関係で，19世紀後半までにはグローバルなシステムができあがって

いたといえるであろう．

では，自律的な工業化は全くなされなかったのだろうか．少なくとも近在必要型の産業，すなわち農器具，馬具などの金属加工，製材・木工業などは比較的古い時代から成立していたはずである．藤川（2004）は，オーストラリアの場合，流刑囚に技能者が多かったということに着目する．各種技能をもった元流刑囚が都市経済において各種産業を花開かせたというのである．

20世紀に入ってしばらくすると，アメリカ合衆国をはじめとする欧米諸国においては自動車産業や家庭用電化製品などの大量生産型の耐久消費財産業が定着する．フォーディズムの時代の到来である．大量生産を行えば生産性が向上し，生産費用が削減されることで価格低下が実現し，大量消費がなされることでさらなる大量生産が可能になるというメカニズムで，流れ作業をともなった耐久消費財産業が急成長を遂げた．

フォーディズムの原理が有効なのは，同一水準の購買力を身に着けた消費人口が一定規模で存在する状況においてである．1901年にオーストラリア連邦が成立した時には，オーストラリアの人口はすでに400万近くまで膨らんでいた．また連邦が成立してまもなくすると，保護貿易政策が掲げられ，輸入品に高関税が課せられるようになった．国内人口が一定規模に達したところで，輸入代替工業化の動因が作用するようになったのである．当時の輸入代替工業化の象徴はBHP社によるニューカッスル製鉄所の建設であった．シドニーからニューカッスルに至る付近は同国最大の産炭地域であり，重量減損原料たる石炭を大量に用いる鉄鋼業には好条件の立地であった．

オーストラリアにおいて自動車のボディ製造を最初に手がけたのは，アデレードにおいて馬具製造から発展したホールデン社で，1919年に同事業に参入した．ホールデン社はフォード社やGM社の車体を製造することになるが，1924年にGM社専属の車体メーカーになり，ノックダウン部品より製造されたシャーシを組み合わせてオーストラリア市場で販売した．1931年にはGM社の現地法人と合併し，GMホールデン社となった．ホールデンは今日も唯一の国産ブランドとしてオーストラリア国民に親しまれている．

1925年には，ヴィクトリア州のジーロング（メルボルンの郊外）にフォード社が進出した．これはフォード・カナダ社がイギリス連邦内に資本投資したものであり，北アメリカからの部品のノックダウン供給によって，乗用車の現地組立を実現した．フォード社は進出当初は，モデルTやモデルAなど北米市場と同一の形式をオーストラリア市場に供給していたが，1934年からはユートと呼ばれる汎用車を製品のラインナップに加えた．今日もオーストラリアで販売する各社の自動車にはユートの仕様（乗用車の後部に小規模な荷台が設けられている）があるが，もともとはフォード社が農家世帯向けに開発したものである．農用向けのデザインにすることで需要者が金融機関からの融資を受けやすくする狙いがあった．こうして，1930年代までにオーストラリアで確立した自動車生産は，下回り部品こそ当初はノックダウン輸入に依存したものの，部品の国産化も進められ鉄鋼生産など川上側産業の成長に結びついていくことになった．1891年に15%であったオーストラリアの製造業就業比率は，1940年には24%ほどになっていた．なお，自動車関係以外では，事務機製造のIBM社が1932年にメルボルンへと進出している．

オーストラリアの自動車産業に関していえば，第2次世界大戦後，1960年にはクライスラー社が，1962年にはトヨタ自動車が現地での組立を開始した．東南アジアの工業発展については後述するが，東南アジアでは人口急増基調が続きつつも，耐久消費財を購買できる所得階層が限られる上，外資の進出には制約があったため，一部の国を除けば，本格的な工業発展がなされるのは1980年代になってからであった．

3.3 第2次世界大戦後の東南アジアとオセアニア

3.3.1 植民地からの独立と近代国家の形成

19世紀の後半にある程度の近代化の基礎を形づくったタイを除けば，東南アジアのほぼ全域が，欧米諸国によって分断され，そして日本軍政

期を経て第2次世界大戦終結後しばらくして独立を勝ち取った．

独立後の大きな問題は，近代国家としての一体性をいかに形づくるかということであった．それは，ある国の植民地政府が統治していた（もしくは統治権を主張していた）という以外には特段の一体性をもたない地理的範囲が一緒になって近代国家を形成していかねばならないという困難であった．言い換えれば，独立後の各国家は，新しい国への帰属意識を抱かない「国民」を抱えて歩まなければならなかったということである．例えば，アメリカ合衆国が支配権を主張していた領域がフィリピンとして独立したわけであるが，ムスリムの多いミンダナオ島西部などは植民地政府が支配を貫徹していたものではなく，独立後今日に至るまで国民統合に難渋することになった．第2次世界大戦前から独立運動で「1つの祖国」を標榜していたインドネシアでさえ，ジャワ人以外の人々に国民意識を植えつけていくことには多大な困難をともなった．唯一独立国家を維持してきたタイでさえ，深南部にはマレー系住民を，山岳部には多様な少数民族を内包し，仏教徒の国であることを強調すればするほど反発を招いた．ベトナム，ラオス，カンボジアなどは，旧フランス領が1つとなって「インドシナ国」として独立しなかっただけ国民統合はしやすかったはずだが，東西冷戦の犠牲になる形で，分断と混乱が続いた．

そのような状況にあって独立後の政府が曲がりなりにも維持していく1つの術は，アメリカ合衆国をはじめとする西側陣営の後ろ盾を得て，長期独裁体制を築き，民族資本に恩恵をもたらしつつ，経済開発を促進することで国民の生活水準を向上させる，という手法，すなわち開発独裁体制の構築であった．マルコス（Marcos, F. E.）大統領が長期政権を築いたフィリピンはその典型であるが，インドネシアもスハルト（Soeharto, H. M.）政権では西寄りの外交を明確にして開発独裁体制を築いた．

半世紀前に独立国となっていたオーストラリアや植民地自治の長い歴史を有するニュージーランドも，国民統合に全く問題が生じなかったわけではない．第2次世界大戦後はアメリカ合衆国との集団的安全保障を築きつつ，「白人の国」である点に国家のアイデンティティをみいだそうとしながらも，先住民やアジア系住民への配慮が必要であった．

3.3.2 輸入代替工業化と緑の革命

東南アジア諸国にとって国家ないし政府の存在が国民に対して正当性をもつためには，何よりも開発を通じて国民を貧困から脱却させる必要があった．

そのための手段の1つは，工業化の促進，なかんずく，輸入代替工業化の促進であった．当時の低開発国の進路に対して理論的支柱を提示したのは経済学者のヌルクセ（Nurkse, R.）であった．ヌルクセは，①1次産品輸出，②輸入代替工業化，③輸出指向工業化，という3つの選択肢を提示した上で，輸入代替工業化が低開発国のとり得る最良の進路だと考えた．1次産品を輸出し続けてもいずれ先進国市場は飽和してしまうし，工業製品を輸出しようとしても技術的に困難である．仮に技術的な克服がなされたとしても，先進国の保護貿易策によってブロックされてしまう．

東南アジア諸国，とりわけASEAN 4（シンガポールを除く原加盟の4か国）は，1950年代から1960年代にかけて，部分的に外資を導入して輸入製品を国産製品に置き換えるための制度的枠組みを整えていった．1950年代の後半には早くも，「国産」の電化製品が各国市場に出回るようになった．輸入代替工業化はある程度までの実績をあげ，国の経済成長を牽引した時期もあったが長くは維持されなかった．

輸入代替工業化が早期に限界に至ったことにはいくつかの理由がある．第1には，当時の東南アジアでは耐久消費財を購買できるのはごく限られた人々であり，直ちに市場が飽和してしまったためである．第2には，国産化とはいっても最終組立のみの国産化であって，それに必要な部品は先進国からのノックダウン供給に依存していたためである．自前で部品メーカーを育てるのは困難であり，民族資本保護のために外資の進出にも制約をつけたために先進国からの技術移転もままなら

なかった．結局は，中間財・部品輸入のために，貿易赤字がかさみ，有効な経済発展モデルにはなり得なかったのである．中途半端な輸入代替戦略は，国内で有意義な産業連関をつくりあげることができなかったため，中間財輸入に便利な首都付近の港湾付近に産業の絶対的集中が進行するという地理的帰結をもたらした．

フィリピンでは1960年代末には，輸出指向工業化政策を打ち出し，アジア最初の輸出加工区（EPZ：economic processing zone）をバターン半島に建設した．同時に素材産業分野での輸入代替を促進することで，輸出工業との連関効果を生みだそうとしたが，経済成長の軌道にのることはできなかった．むしろ，そうした軌道をいち早くつかんだのは，国土面積が狭小で国民統合が高度になされ，建国当初から輸出指向工業化戦略を掲げていたシンガポールであった．1960年代のシンガポールでは，イギリス軍の撤退によって経済活動が停滞し，1965年にマレーシア連邦から分離独立して国内市場や原料の調達地域を失うと，加工貿易を基礎とした独自の工業化の途を求めるほかなかった．

シンガポール工業化の舞台となったのは，シンガポール島南西部のジュロン地区である（図3.6）．シンガポールの政府開発庁が1961年より，南西部一帯の湿地帯を整備して，都市開発と一体となった工業団地・工業用建物整備を進めてきた．1965年にジュロン港が開港し，1968年に臨港地区の工業団地が完成して以降，順次拡張され，工業団地の数は14団地にのぼっている．同地区の工業化は，当初は衣類，繊維などの労働集約的工業からスタートし，造船業などの大規模工場，さらには石油化学工業のような資本集約的工業が発達していった．

貧困からの脱却のためのもう1つの手段は，イネの高収量品種の開発に基づく「緑の革命」の促進であった．その名称はIR-8で知られるが，この品種を栽培するためには，灌漑施設の整備や化学肥料の施肥などの多額の資本投入が必要であった．このため，稲作の土地生産性が上昇したのは事実であるが，資本投入が困難な農家の離農にも結びついていくことになった．農民層分解による離農人口を製造業の労働市場で吸収できれば大きな問題は生じなかったのであろうが，農村での貧困が大都市への人口押し出し圧力を生じさせ，大都市における貧困層の形成へと結びついたことは否めない．

プランテーション農業は植民地からの独立後も継続するが，天然繊維に代わる化学繊維の台頭，天然ゴムに代わる合成ゴムの台頭のなかで，プランテーションの内容に変化がもたらされてきた．例えば，フィリピンではかつてのアバカ農園がバナナ農園に転換し，他にもパイナップル，マンゴーなどの果実栽培が，アメリカ合衆国系のアグリビジネスの下で盛んになった．他方，マレーシア，インドネシアでは，ゴム栽培の役割が減退し，代わってアブラヤシ栽培が導入された．特にインドネシアでは，1980年代以降，急速にアブラヤシ栽培が拡大し，ゴム園からの転換のみならず，熱帯雨林の新たな伐採が大規模に進んできた．泥炭地における森林伐採は大量のCO_2を発生させることからも，輸出向けのアブラヤシ農業の拡大は地球環境への大きな負荷をともなっているといわなければならない．

3.3.3 世界銀行融資とインフラ整備

第2次世界大戦後の経済発展を考える時に無視できないことは，世界銀行の融資に基づく地域開発プロジェクトが各地で進捗したことであろう．

最も著名かつ大規模な事例は，オーストラリア

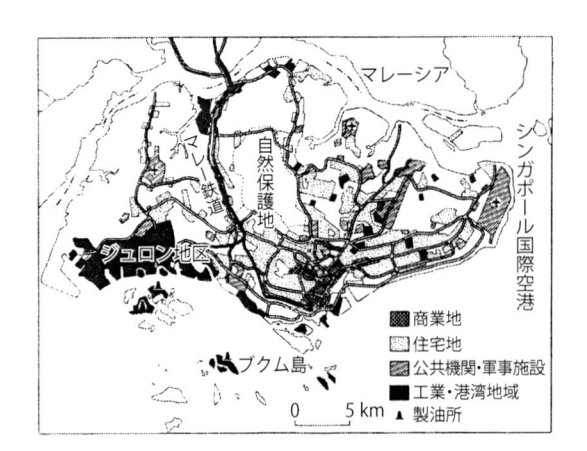

図3.6 シンガポールにおけるジュロン地区の位置
（犬井，2001）

のスノーウィマウンテンズ計画である．グレートディバイディング山脈中でもスノーウィ山地（オーストラリアアルプス山脈）はオーストラリア国内きっての多雨地域であり，その降雨はマーレー川水系に流出し，すでに第2次世界大戦前から貯水池を築きマーレーダーリング盆地南東部の農業灌漑とアデレードなどの都市用水として活用されてきた．ところが，このような戦前期の治利水事業にもかかわらず，流域では渇水害と洪水害とが解消されていなかった．ニューサウスウェールズ州のクーマに拠点を置いたスノーウィ山地水力発電公社は，南東麓側（バス海峡）に流れでるスノーウィ川の水をユーカンビーンおよびジンダバインの両ダムで堰き止めて貯水し，合計160 kmに及ぶ導水トンネルによってマーレー川の本流およびその支流のマランビジー川に流し込む事業を実施した（図3.7）．全体の貯水池の数は17に及び，合わせて7つの水力発電所が建設された（1972年完工）．建設費は総額9億USドルに上ったが，そのうち1億USドルが世界銀行からの融資によっている．

東南アジア域内で大規模な公共事業としては，タイ北西部のヤンヒー多目的ダムプロジェクトがあげられる．同計画は1957年に事業決定した上で，1958年着工，1964年に完了しているが，チャオプラヤ川支流のピン川上流部にヌミボルダム（計画時の名称はヤンヒーダム）を築き，水系の流量安定と農業灌漑を実現するとともに，バンコクおよび流域諸都市への送電を目的としていた．今日もなおタイ最大級の水力発電用ダムであり続けている．

上記の他，1960年代までの代表的な世界銀行プロジェクトを表3.1に示したが，マニラなどの首都圏域への電力供給・水供給，重点的な農業地域での灌漑用水整備が講じられた．

3.3.4 日本との貿易関係の形成
──**資源大国オーストラリア**

第2次世界大戦後のオーストラリア・ニュージーランド両国の経済は，日本をはじめとする東アジア諸国との貿易関係の深化によって特色づけられる．そのことはとりわけオーストラリアの資源開発に看取できる．1957年に日豪通商協定が調

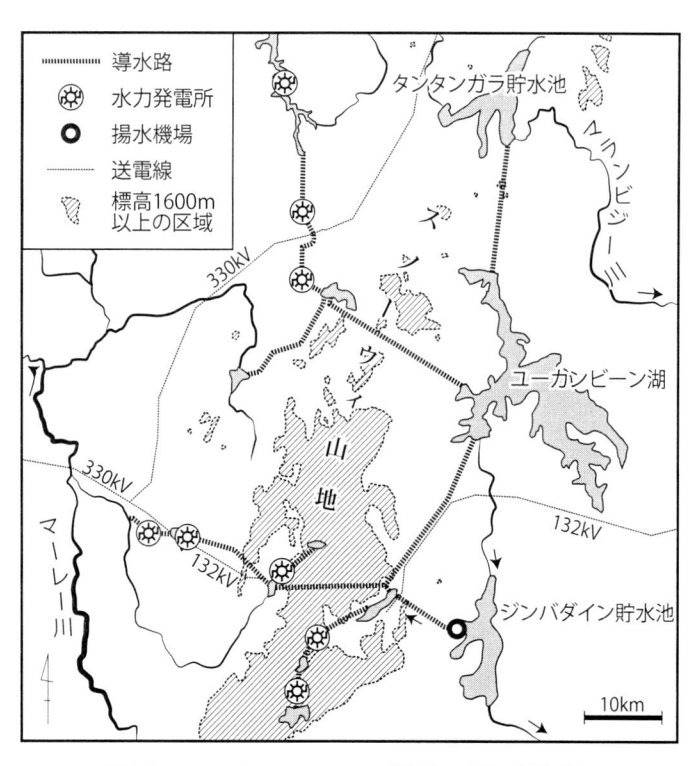

図3.7 スノーウィマウンテンズ計画の要部（国際復興開発銀行 Report no. TO-305b より作成）

表3.1 1960年代までの東南アジア・オセアニアにおける主な世界銀行プロジェクト（国際復興開発銀行資料より作成）

プロジェクト名	国　名	融資額 （百万USドル）	調印年
スノーウィマウンテンズ計画	オーストラリア	100	1962
ヤンヒー多目的ダム計画	タイ	66	1957
バタンバタン発電計画	マレーシア	52	1963
ムダ灌漑計画	マレーシア	45	1965
キャメロン高原水力発電計画	マレーシア	36	1958
アンガット水力発電計画	フィリピン	34	1961
パンパンパ川上流域灌漑計画	フィリピン	34	1969
クック海峡送電計画	ニュージーランド	33	1964
パソムダム計画	タイ	26	1967
メークロン灌漑計画	タイ	22	1964
マーズデンポイント発電計画	ニュージーランド	21	1965
マニラ大都市用水供給計画	フィリピン	20	1964

1970年以前に調印されたプロジェクトのうち，融資額が2000万USドル以上でなおかつ，開発地点の特定できるプロジェクトを記載．

印され，1960年に鉄鉱石輸出の規制が緩和されることで両国の貿易関係は動き出した．オーストラリアは石炭資源，鉄鉱石資源に恵まれながらも，欧州市場・アメリカ合衆国市場へ向けては輸送費の制約上，競争力をもち得なかったが，東アジア市場が拓けることによって，資源開発に多大なる可能性がもたらされた．かたや鉄鋼業の合理化計画以降，銑鋼一貫製鉄所に大規模な設備投資を進めていた日本にとっては，石炭・鉄鉱石の安定的確保が国家的な要請でもあった．また，当時すでに，南アメリカのチリと日本の間で鉱石専用船が就航しており，輸送技術上の裏づけも確立していた．

石炭に関してみれば，ニューサウスウェールズ州やクイーンズランド州での炭田開発が，BHP社（オーストラリア，現在のBHPビリトン社），リオティント社（イギリス），エクストラタ社（スイス）などの資源メジャー，および日本の総合商社や鉄鋼企業による投資を経て，急速に進捗した．これらの地域は，高品質の原料炭が産出されることで知られる．図3.8にみるように，日本企業が参画する炭坑は少なくないが，モウラ炭坑開発への三井物産（1963年決定），ブラックウォーター炭坑開発への三菱商事（1967年決定）の参画が先駆的役割を果たした．今日も新たな鉱区の開発が進められており，日本企業による新たな権益獲得もしばしば報じられている．

西オーストラリア州の北西部のピルバラ地域では，1956年に大規模な鉄鉱床が発見されて，ダンピエを積出港とするハマスレー鉄道，ケープランパートを積出港とするローブリバー鉄道，ポートヘッドランドを積出港とするゴールズワーシィ・マウントニューマン鉄道といった専用鉄道開発をともなって，鉄鉱山開発が行われてきた（図3.9）．これらのうち，ハマスレー地区と呼ばれるマウントトムプライス付近でハマスレー社（現在，リオティント社の子会社）による本格的な操業が開始されたのは1966年のことである．続いて1967年に，三井物産と伊藤忠商事はBHP社との合弁事業でマウントニューマンの開発に着手した．また，1965年には三井物産がノース社（現・リオティント社）との合弁によるローブリバー鉄山開発を決定し，1972年に同鉄山の操業が開始された．ローブリバー鉄山の開発には，1977年以降，新日本製鐵および住友金属工業も加わった．ピルバラ地域は，本来，居住には向かない地域であるが，各積出港付近には近代的な都市インフラが整備された．石炭についても，鉄鉱石についても，日本は主要な輸出先であり続けてきたが，近年，中国企業の権益獲得の動きが目覚ましい．

石炭・鉄鉱石のほか，ボーキサイト（ゴーブ，ウェイパなど），ニッケル（カルグルーリー付近）などの採掘が1960年代以降進められた．やはり

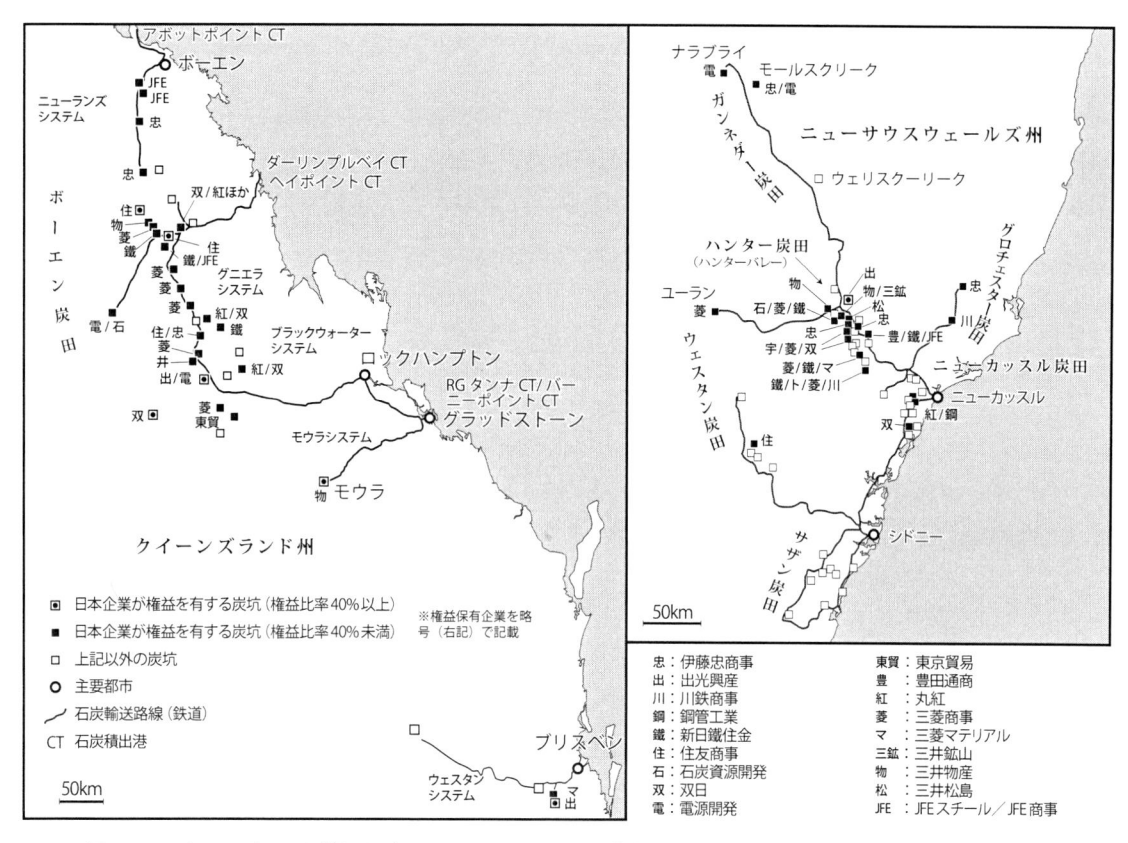

図3.8 クイーンズランド州およびニューサウスウェールズ州における炭田分布（2013年）（三室戸・小泉，2003および連邦政府・州政府資料，日本企業各社の報道発表資料，航空写真判読などより作成）

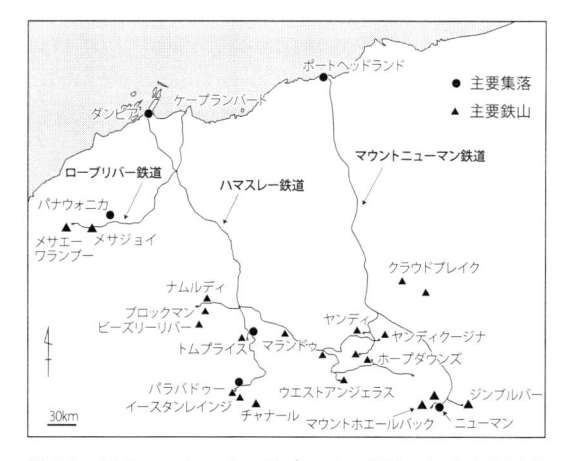

図3.9 西オーストラリア州ピルバラ地区における主要鉄山の分布と鉱山鉄道（新日鐵住金報道発表資料，航空写真判読などより作成）

日本への輸出率は高い．また，近年，大きな展開を見せているのが，液化天然ガス（LNG）である．天然ガスプロジェクトは，西オーストラリア州から北部準州にかけての北岸で液化設備の建設をともなって進められており，2010年現在で，オーストラリアは，カタール，インドネシア，マレーシアに次ぐ，世界4位のLNG輸出国となっている．また，ニューサウスウェールズ州の炭田付近で産出される炭層ガスは1960年代から地元利用が行われてきたが，今日，炭層ガスの液化（LNG化）による対外輸出に期待がかけられている．

オーストラリア経済・ニュージーランド経済の東アジアとの結びつきの強化は，1970年代にあった．その重要な経済的ターニングポイントになったのが，イギリスのヨーロッパ経済共同体（EEC）への加盟（1973年）であった．イギリス連邦に加盟するオーストラリアとニュージーランド，そしてカナダにとって，イギリスがEECに加盟するということは，イギリスとの間に相対的な貿易障壁ができるということであった．両国はすでに鉱工業を中心にアメリカ合衆国や日本との経済的関係を強化してきたが，農産分野でも，イギリス市場を意識した羊毛・羊肉輸出から，日本

3.3 第2次世界大戦後の東南アジアとオセアニア

市場を意識した肉牛輸出へと力点を移してきた．

3.3.5 東南アジアのエネルギー資源と日本

東南アジア諸国のうち，インドネシアやマレーシアは，独立後，石油および液化天然ガスの主要生産国としての地位を獲得してきた（図3.10）．インドネシアでは，1960年代に国営石油企業プルタミナ社が成立し，同国内の石油採掘と石油流通を独占するようになり，スハルト体制成立後の1967年から1973年にかけて，石油生産量が大幅に拡大した．プルタミナ社がモデルとなってマレーシアでも，国営企業ペトロナス社を発足させた．液化天然ガス（LNG）に関しては，シェル石油と三菱商事との合弁事業として1969年より進められたブルネイLNGプロジェクト（1972年生産開始）が先鞭をつけた．マレーシア，インドネシアも，1970年代の前半には天然ガスの採掘に着手していたが，液化プラントの完成を待って，インドネシアでは1976年から，マレーシアでは1983年からLNGの輸出を開始した．

石油資源の存在は産油国にとっての大きな外貨獲得源であったが，良好な条件で産出可能な箇所での石油埋蔵量は限られている．ブルネイは「資源温存政策」によって過大な産出を防いできたが，特にインドネシアでは，1990年代後半以後，石油の減産体制に入った．折からの経済発展にともなう国内消費の拡大で，インドネシアは2004年には，石油輸入国へと転じた．インドネシア原油は硫黄分が少なく火力発電に適しており，それに大きく依存してきた日本の電力業界にとっては，インドネシアからの輸入見通しは重要な問題となっている．

石油に比して，天然ガスの産出見通しは暗くはなく，今日も新規プロジェクトが相次いでいる．日本もインドネシアなどからのLNG輸入を享受してきた．しかし，中国，韓国での需要増大に続いて，東南アジア域内での天然ガス需要が大幅に増大しており，このことは，日本がオーストラリアでのLNG確保に邁進しなければならない理由の1つとなっている．

3.4 今日の東南アジア・オセアニア経済地理

3.4.1 勢いづいた直接投資

東南アジア諸国が新しい工業化の軌道に乗るのは，1980年代後半になってからである．その大きなきっかけは，1985年のプラザ合意後の日本の円高であった．そして1987年に韓国および台湾が相次いで民主化宣言を行うと，これらNIEsにおけるコスト高も表面化してきた．

こうした国際経済環境を絶好の契機と捉えたのがASEAN 4であり，日本，韓国，台湾から外資を引きつけるべく，本格的な外資導入輸出指向工業化政策へと舵を切った．インドネシアに関しては国内資本保護の政策を続け，加えて政情不安という要素を1990年代に入っても残したが，他の

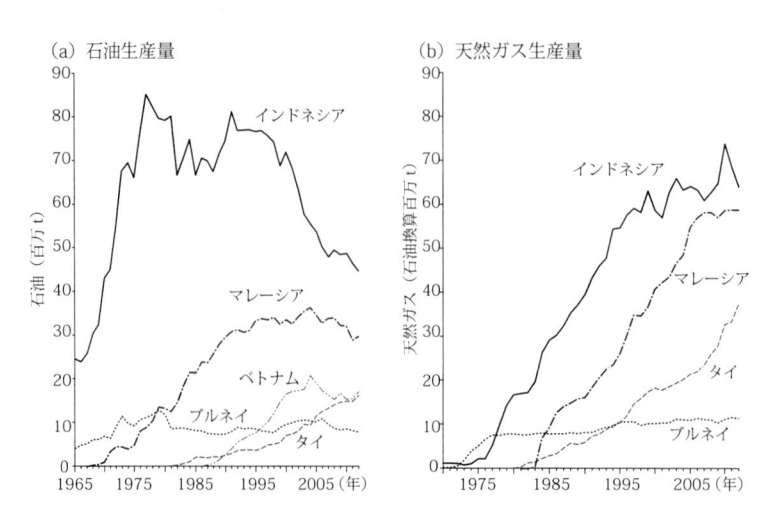

図3.10 東南アジア諸国における石油生産量および天然ガス生産量の推移（BP統計より作成）

3か国では，対内直接投資に関する規制を大幅に緩め，民間活力導入による工業団地開発を加速させた．また，1992年には，「1つの市場」としての東南アジアへ向けたAFTA（ASEAN自由貿易地域）構想が締結されて，このことも，外資進出の誘因になった．その結果，1997年のタイバーツの暴落が引き金となったアジア通貨危機の時期こそ投資が手控えられたものの，2000年代の初頭に至るまで空前の勢いで外国資本を迎え入れた．

この時期に大きな成長を勝ち取ったのは1つには電子産業である．マレー半島やインドネシア，フィリピンが，電子部品やコンピュータ周辺機器の生産基地に変貌し，世界に向けた輸出を開始した．そして，従来から各国の内需向けに家電類を供給していた工場でも，対日輸出を含む輸出工場への転換が生じた．

他方，自動車産業ではこの時期，日本の各メーカーは，仕様を共通化して各国市場に共通して販売できるアジアカー（アジア戦略車）を競って導入した．しかし完成品自動車は依然として高い関税障壁によって守られていたため，各国に工場を置いて各国内市場に向けた生産を基本としていた．その際，基幹部品に関しては，トランスミッション，エンジンなどという形で，各国工場で製造部品を特化させ，それを域内で供給し合う「アジア部品相互補完」の仕組みが構築された．

この時期の工業化を地理学的にみた際の大きな特徴は，第1には，上述の自動車産業の場合のように，各国に進出した企業間もしくは本国との間で，工程間国際分業をともなっていたということである．また，それゆえに，かつて各国が特定の先進国に貿易依存する垂直貿易型の輸出入構造に代わって，ASEAN域内での貿易上の相互依存が大きく深まることになった．第2の特徴として，1990年代の外資導入輸出指向工業化は，各国の首都付近への立地集中によって，メガシティ形成の大きな推進力になったという点である．そして，メガシティの内部ではフォーマルセクターにおける雇用の大幅な拡大がもたらされ，このようにして形成された新しい中間層は域内で製造された工業製品の重要な市場になっていった．

もちろん，工業分野だけでなく，農業・水産業分野でも直接投資の動きが進んでいた．新たなフードレジームとして，アグリビジネスや日本の総合商社による開発輸入がこの時期に本格化し，東南アジアとオセアニアを通じて，新たな農村社会変動を経験してきた．

3.4.2 経済統合の推進と地域経済変容

2010年代に入ってから，ASEANの経済発展が再度クローズアップされるようになってきた．その1つの側面は，域内経済統合の進展と「1つの巨大市場」の形成である．前述したように1992年に方向性の定められたASEAN自由貿易地域（AFTA）は着実に進展し，拡大前のASEAN 6か国については2010年までに域内関税が大幅に削減され，残る4か国についても2015年までに目標を完了する見込みとなっている．人口規模でみる限り，AFTA（6億）は，EU（5億）やNAFTA（4.6億）を上回る巨大市場であり（人口規模は2010年），アジア通貨危機以降の継続的な経済成長にともなう中間層の台頭は，投資を呼び込むに足る消費需要をもたらしている．

第2の側面は，域外との自由貿易協定（FTA）の相次ぐ締結である．2010年1月には，ASEANと対韓国（AKFTA），対中国（ACFTA），対インド（AIFTA），対オーストラリア・ニュージーランド（AANZFTA）の各FTAが発効になった．これら諸国との分業関係を築くのが容易になったことに加え，ASEAN諸国は競争にさらされながらも，関税障壁なしに輸出可能な広域市場を手に入れたのである．

AFTAの形成・深化と，域外とのFTAの相次ぐ締結は，日本企業をはじめとする多国籍企業の戦略にいくつかの変化をもたらした．戦略の変化を日本の自動車産業メーカーを事例にみてみよう．

1つの変化は，国別の完成車生産体制から集中生産へのシフトである．域内関税の撤廃ないし大幅削減により，輸送費上の負担が増加しても1つの車種を1つの工場で集中的に生産した方が規模の経済が働くために得策という判断が働いた．多くのメーカーは，サプライヤーに恵まれたタイで

大量生産車種を組み立てて，他国で大規模なラインに見合わない車種を組み立てるという新たな分業体制の構築へと向かった．

もう1つには，ASEANの輸出基地化の戦略が進められたことが挙げられる．せっかく集中生産を行うのであれば，ASEANの域内だけでなく域外への輸出用まで併せて生産した方がいっそうの効率化が図られる．長期に及んだ円高基調によって日本からの輸出拡大は見込めず，また，相次ぐFTAの締結はASEANを世界戦略車の製造拠点にしようという判断をもたらした．

一言で世界戦略車といっても小型セダンから排気量の比較的大きい汎用車まで多様である（表3.2）．単一のプラットフォーム（車台）設計で複数種の車体を載せることを可能にしたIMV（革新的国際多目的車）をトヨタが2004年に製造開始したのがその始まりである．同年には，ダイハツ，スズキが新興国向けの小型車の生産をインドネシアで開始し，当初ターゲットとした域内市場のみならず域外輸出も開始した．以降，各FTAが発効になる2010年を照準に各社がASEANからの広域輸出に参入するようになった．本田技研，日産，三菱が，共通して，タイ工場をオーストラリア市場への拠点として位置づけているのは興味深い．

なおASEANのなかでも，タイおよびインドネシアが自動車関係の投資を引きつけているのには理由がある．タイに関しては自動車部品サプライヤーの既存集積が存在すること，インドネシアに関してはASEAN最大の人口規模を擁することから将来的にも市場拡大が見込めるという判断が働いたのである．また両国に共通して，低燃費の小型車生産に対する政府からの投資インセンティブが働いているためでもある．

3.4.3 東南アジアとオセアニア
―― 新しい経済地図

ASEANの飛躍的な工業発展とオーストラリア，ニュージーランドとの経済的一体化のなかで，本地域はどのような経済的空間構造を描きつつあるのだろうか．

東南アジア域内においては，まず，これまでのシンガポールに加えて，タイの台頭が明示的なものになり，両国が産業上のコアとして双璧をなす存在になっていることが指摘できるであろう．シンガポールには外資系の各グループの地域統括本社が集結し，部品商社や材料商社，知識集約的な企業の集中が認められる．これに対して，タイは部品サプライヤーや金型製造業などの基盤的加工業が著しい集積を示し，ものづくり技術の拠点になっている．トヨタや日産が世界戦略車の生産統括の拠点としてタイを選んだのも，こうした集積の利益が奏功したものである．

表3.2 ASEANで生産される主な世界戦略車（小田，2011に基づき一部更新）

メーカー	車種	排気量（L）	生産国	生産開始年月	年間生産能力（万台）	域外の主な輸出先
ダイハツ工業	小型車（セニア／アバンザ）	1.0～1.5	インドネシア	2004年1月	20	西アジア[a]
トヨタ自動車	IMVシリーズ（ピックアップトラックおよびSUV）	2.0～3.0	タイ	2004年8月	55	西アジア・アフリカ
トヨタ自動車／ダイハツ工業	IMVシリーズ（ミニバン）	2.0～3.0	インドネシア	2004年9月	10	西アジア・アフリカ
スズキ	多目的車APV	1.5～1.6	インドネシア	2004年8月	7	アジア・中南米[b]
本田技研	小型車（3代目シティ）	1.5	タイ	2008年9月	24[c]	オーストラリア
日産自動車	小型車（マーチ）	1.2	タイ	2010年3月	10	日本・オーストラリア
マツダ／フォード	ピックアップトラック		タイ	2011年	17.5	欧州
三菱自動車	小型車	1.0～1.2	タイ	2012年	20	日米欧・オーストラリア
フォード	小型車（フォーカス）	1.4～2.0	タイ	2012年	15	アジア太平洋地域

a) 域外輸出は2007年から．
b) 域外輸出は2005年から．
c) 他車種を含む．

次に，これら2大中枢とのかかわりのもとで，マレーシア，インドネシア，フィリピンの3国が域内分業の重要な一翼を担っているということが指摘できる．インドネシアはその人口規模からして，自動車・家電類に共通した量産拠点としての性格を今後も強めるであろうし，マレーシアの電子部品や映像機器への特化は今後も変わらないであろう．フィリピンに関しては，蓄積された鋳鍛造技術や精密機械加工技術を基礎に，自動車および電気・電子機器を通じた高度部材の供給地としての特性を帯びている．また，ベトナム，ラオス，カンボジアの3国に対しては，これまで繊維・衣服関係の投資が中心であったが，近年になって賃金水準の低さが注目されて加工組立系の投資も急増している．

そして，東南アジア・東アジアとオセアニアがますます一体的に結びつくなかで，オーストラリアはおそらくは他の先進国以上に産業空洞化の危機に見舞われている．このことは，三菱自動車（2008年），フォード社（2016年予定）の組立工場の相次ぐ撤退が象徴的に示している．

相次ぐEPAの発効，そしてTPP交渉の行く末は，製造業分野のみならず，1次産業分野においても経済地図の大きな変容をもたらしていくであろう．例えば，ニュージーランドの農畜産業にとってはASEANとのEPAの発効が追い風となって，乳製品などのインドネシアやベトナムへの輸出量が大幅に増加しているのである．

［小田宏信］

引用文献

石川 登（2004）：歴史のなかのグローバリゼーション——ボルネオ北部の植民地期と現代にみる労働のかたち．文化人類学，**69**（3）：412-436．
石田 寛（1966）：オーストラリア・ニュージーランド——若い国の農業と工業．板野長八ほか編：講座社会科教育第15巻（地理3）．80-110，柳原書店．
犬井 正（2001）：熱帯地域——経済開発と環境破壊．山本正三ほか：自然環境と文化——世界の地理的展望．51-76，大明堂．
岩間 敏（2007）：石油で読み解く「完敗の太平洋戦争」．朝日新聞社．
小川和美（1998）：太平洋島嶼地域におけるリン鉱石採掘事業の歴史と現在．史艸，**39**：74-94．
小田宏信（2011）：躍進するASEANの工業．地理月報，524．1-3．
加賀爪優（1988）：経済・産業の歴史的発展．関根政美ほか編：概説オーストラリア史．有斐閣．
川北 稔（1996）：砂糖の世界史．岩波書店．
重藤威夫（1962）：インドシナの米作農業及びプランテーション栽培発展史．研究年報，**3**：131-149．
祖田亮次（2009）：熱帯地域の森林開発と先住民社会——マレーシア・サラワク州を事例として．春山成子・藤巻正己・野間晴雄編：〈朝倉世界地理講座3〉東南アジア．380-389，朝倉書店．
台湾総督官房調査課編纂（1929）：南洋各地邦人栽培企業地図．
原田敏治（1995）：カンタベリー平野における灌漑事業と農牧業の変化．経済地理学年報，**41**：37-56．
福井英一郎・武久義彦（1972）：オーストラリア．福井英一郎編：〈世界地理11〉オセアニア．朝倉書店．
藤川隆男（2004）：航海の多文化主義．藤川隆男編：オーストラリアの歴史——多文化社会の歴史の可能性を探る．71-82，有斐閣．
三室戸義光・小泉光市（2003）：豪州の最新石炭事情．エネルギー経済，**29**（1）：98-116．
宮本謙介（2003）：概説インドネシア経済史．有斐閣．
葉 一洋（2010）：マレーシア摩訶不思議2010年12月：消えたコーヒー農園．http://www.senyumpress.com.
横井香織（2001）：台湾総督府の南洋調査と英領マラヤのゴム栽培．東洋史訪，**7**：42-50．
脇田清之（2008）：1920年代の日本人セレベス進出——大正11年（1922年）の「蘭領セレベス島モロッカス群島及ニューギニア要覧」を読む．http://www5d.biglobe.ne.jp/makassar/mks/taisho.html.
Blainey, G. N. (1966): *The tyranny of distance: how distance shaped Australia's history*. Sun Books.（ブレイニー，G. 長坂寿久・小林 宏訳（1980）：距離の暴虐——オーストラリアはいかに歴史をつくったか．サイマル出版会．）
Knox, P., Agnew, J. and MaCarthy, L. (2008): *The geography of the world economy, 5th edition*. Hodder education.
Roberts, S. H. (1935): *The squatting age in Australia, 1835-1847*. Cambridge University Press.

コラム3　国境を越えた地域経済連携

　第3章でみたように，ASEAN諸国はAFTA（ASEAN自由貿易地域）として経済的な一体化を進めてきているが，それが進捗する以前に，しばしば「成長のトライアングル」と形容される，局地的ないしサブリージョナルな経済圏構想が進められてきた．

　そのなかでリードしているのは，SIJORI（Singapore-Johor-Riau）もしくはIMS-GT（Indonesia-Malaysia-Singapore Growth Triangle）と通称される局地的経済圏である（図1）．同経済圏は，シンガポールを中核として，その成長の波及効果をインドネシアのリアウ諸島やマレーシアのジョホール地域に導こうとする構想で，1989年にシンガポールによって「SIJORI成長の三角地帯」として発案され，1994年に3国首脳の合意によってIMS-GTとして正式に動き出した．同構想の地域範囲は具体的には，シンガポールと，マレーシアのジョホール州の2郡（district），インドネシアのリアウ諸島州の1市3郡（regency）にまたがる区域で，面積は約6900 km²，人口は873万（2010年）に及ぶ．

　ほぼ同時期から脚光を浴びた華南経済圏が，香港という経済的に突出した核を有しているのと同様に，IMS-GTもシンガポールという突出した成長中心を有して域内で大きな経済格差を呈してきたことで特徴づけられる．国境線の存在ゆえに近接した地域の相互間で大きな格差があることがこの構想の重要な前提になっているのである．シンガポール企業にとっては，狭隘な国土ゆえに土地や労働力を求めて周辺地域へと進出する必要があり，ジョホール地域やリアウ諸島にとっては，シンガポールという「成長の極」からの溢れ出し効果への期待をみいだした．域内では，シンガポールのハイエンドの管理的もしくは頭脳集約的な労働力，リアウ諸島のローエンドの未熟練労働力，ジョホール地域の半熟練の労働力というコントラストを描いており，こうした地域的差異を活用した工程間分業が成立したのである．

　IMS-GTのほか，インドネシア，マレーシア，タイの3国にまたがるIMT-GT，インドシナ半島のメコン経済圏（GMS：Greater Mekong Subregion），ブルネイおよびインドネシア，マレーシア，フィリピンの各部分地域を結びつけたBIMP-EAGA（東ASEAN成長地域）が知られる．これらのうち，IMT-GTがマレー半島の一部とスマトラ島から構成されるのに対し，後二者は，局地的というよりは，かなり広域的な連携である．GMSは，タイ，カンボジア，ラオス，ベトナム，ミャンマーの5か国と中国の雲南省および広西チワン族自治区にまたがる範囲で，バンコク大都市圏からの溢れ出し効果をねらっているといえる．ただし，溢れ出し効果を導くには域内の交通アクセシビリティが十分ではなく，縦横の交通インフラの整備に重点が置かれている．一方，「成長のポリゴン」と呼ばれるBIMP-EAGAは，ボルネオ島から，スラウェシ島，ミンダナオ島，スラウェシ島，マルク諸島にかけての広大な地域である．同地域は，マレーシア，インドネシア，フィリピンの経済的核心からは離れた周辺地域群から構成されるという「周辺地域同盟」であることが特徴的である．

　以上でみてきた国境を越えた地域間連携のポテンシャルは各様であるが，今後とも注視していくに相応しい取り組みである．

[小田宏信]

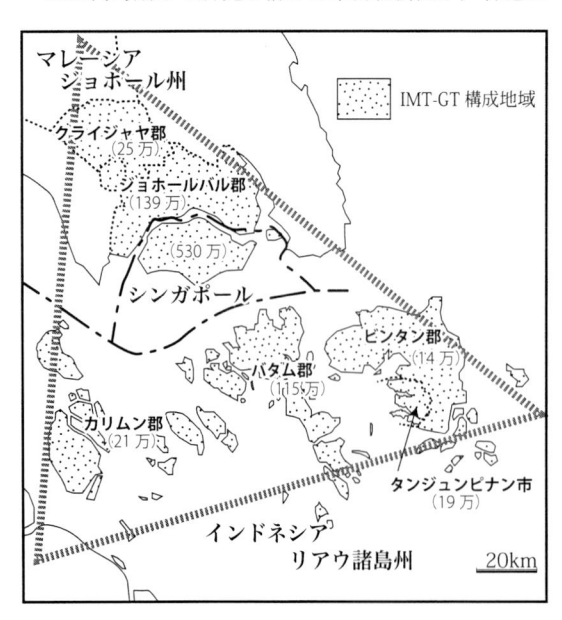

図1 IMS成長のトライアングルの構成地域（2010年）
（　）内はセンサス人口．

4 東南アジア大陸部の村落と農民の変容

山地部の棚田（ベトナム・サパ，2012年8月）

かつて「貧困の共有」という慣行が東南アジア村落の特徴とされていた時代が存在した．個人の利益よりも，共同体として生存し続けていくためのモーラルが，農民の行動規範になっていた．しかし「緑の革命」や，環境保護の高まりを受けて焼畑農業に対する非難が起こるようになり，そして現在はグローバル化の時代を迎え，農村も農民の生活も大きく変化した．本章では，稲作を生業の中心としてきた東南アジア大陸部（ベトナム・ラオス・カンボジア・タイ・ミャンマー）の農村と農民の変化について考えたい．

4.1 東南アジアの村落像

人類学者のクリフォード・ギアーツ（Geertz, C.）は，オランダ統治下のインドネシア・ジャワの稲作農村でサトウキビ栽培が強制的に導入された時，作付面積が減少した米の収量を増加させるために労働力の投入量を増加させることで変化に対応したことを論じた．商品作物導入による農村の変化は，決して一様な近代化をもたらしたり，伝統農法を破壊したりするわけではなく，反対に農業生産や社会組織の強化にもつながると結論づけた．これは，ギアーツが提唱した「農業インボリューション（Agricultural Involution）」と称される議論である（Geertz, 1968）．ギアーツは，この過程で個別農家が最大の利益を得ることを目的とせず，村落構成員の生存を第一の目的とし，労働機会と利益配分が平等化される「貧困の共有」がみられると指摘する．

ギアーツの「農業インボリューション」から約10年後，政治学者のジェームス・スコット（Scott, J.）は，植民地支配下のベトナムとビルマの農民の行動と価値規範を「モーラルエコノミー」と称し，不確実な農業からのリスク回避と安全第一が農民の行動原理となっていると論じた（スコット，1999）．スコットは，搾取する側である地主層や富農層でさえ，小作農の最低限の生活を保障しようとする倫理規範が東南アジア農村には存在すると述べた．

しかし，スコットの「モーラルエコノミー」に対して，サミュエル・ポプキン（Popkin, S. L.）は，ベトナムの事例研究から，農民はリスク回避と安全第一だけを行動規範としているわけではなく，所得向上を目指す合理的な経済主体であると真っ向から批判した．ポプキンは，合理的選択論を前提にして，農民の相互扶助関係は，それに参加することの費用と便益を計算した結果としてみられる行動であり，モーラルではないと結論づけた（Popkin, 1979）．

スコットとポプキンの論争は，植民地時代の東南アジアの主要な経済体系は相互扶助や贈与交換であるとする「モーラルエコノミスト」と，自己犠牲のようにみえる行動は自己の利益を考えた上での行動であるとする「ポリティカルエコノミスト」との論争であった．どちらの理論も植民地時代の東南アジア村落像および農民像を捉えようとした点では共通しており，その成果は，東南アジア地域研究だけではなく，植民地時代の途上国の村落研究に大きく貢献した．

しかし東南アジア諸国，特に本章で扱う東南アジア大陸部の国々は，第2次世界大戦後にベトナム戦争やカンボジア内戦などの大きな戦争を経験しており，東南アジア唯一の独立保持国であった

タイを除けば，単に植民地支配時代の基盤の上に，資本主義経済や近代的国民国家の行政システムが上置きされただけではないのは明らかである．ベトナム，ラオス，カンボジアの3国は共産主義を経て，現在は移行経済の最中であり，またミャンマーでは長く続いた軍事政権に陰りがみえはじめ，民主化の動きが活発化している．そして各国ともに冷戦後は，西側の援助を柱にした総合的な社会経済開発が進んでいたが，その後に多国籍企業が参入し，さらに2000年以降は中国資本も加わり，主に豊富な資源を利用した経済開発が進んでいる．

東南アジア大陸部の村落に変化をもたらしている要因は非常に複雑であり，またそれにかかわるアクターも多様であることはいうまでもない．東南アジア外部からのグローバル化の影響を強く受けている状況において，伝統的な村落の農民の行動を，安全第一の「モーラルエコノミー」の文脈で語ることは困難である．またポプキンが論じるような「合理的な経済主体」として農民の行動を利益優先の視点から説明することも難しい．そこで，4.2節以降は，東南アジア大陸部の村落で最も大きなインパクトと考えられる1960年代後半の「緑の革命」を皮切りに，現在のグローバル化に至るまでの村落と農民の変化を時系列的に描いていく．

4.2 東南アジア大陸部の農地と稲作

4.2.1 水田の分布

東南アジア大陸部の大河川のデルタは，人口密度が500人/km²を超える過密な地域である．そこには，それぞれの国の政治経済の中心地として機能する大都市が発達している（図4.1）．紅河デルタにはベトナムの首都ハノイ，メコンデルタにはベトナム最大の都市であるホーチミンシティとカンボジアの首都プノンペン，チャオプラヤデルタにはタイの首都バンコク，そしてエーヤワディーデルタにはミャンマーの旧首都であり最大の都市であるヤンゴンが位置する．東南アジア大陸部の大河川デルタに大都市が発達した最大の要因は，水田を基盤とする集約的農業によって多くの

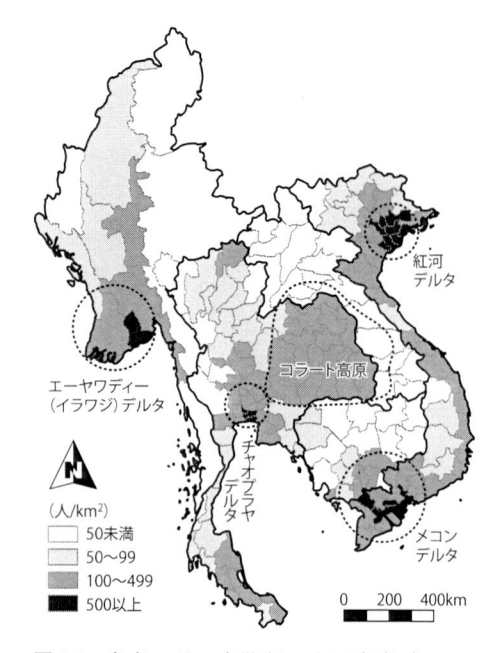

図4.1 東南アジア大陸部の人口密度（1995〜1999年の平均値）（佐藤，2006を改変）

人口を支えることができたからである．そして，水田の分布は，人口密度と同様の傾向を示している．

東南アジア大陸部は，熱帯モンスーン気候特有である降雨の季節変化を利用して，雨季に稲を栽培してきた．土地面積に占める稲の雨季作面積の割合は，デルタ部では20%を超え，県によっては40%を超える地域もある（図4.2）．稲の作付面積が40%を超えるような地域の景観は，見渡す限り水田が広がっていると考えて間違いない．

4.2.2 灌漑整備と水田の拡大

水田の拡大は，農業水利技術の向上によって成し遂げられた．タイを事例にすると，1950年代から1960年代にチャオプラヤ川のデルタ上流部に2つの巨大ダムを建設するとともに，グレーターチャオプラヤプロジェクトと称する大規模な灌漑開発事業が実施され，取水堰，幹線水路，そして沿岸部の汐止め堰の建設が進められた．その結果，雨季水稲作の安定化および乾季水稲作の拡大が可能となり，チャオプラヤデルタは世界有数の稲作地域へと変貌を遂げた．

デルタ以外にもラオスのヴィエンチャン平野からタイ東北部にかけてのコラート高原では，稲の

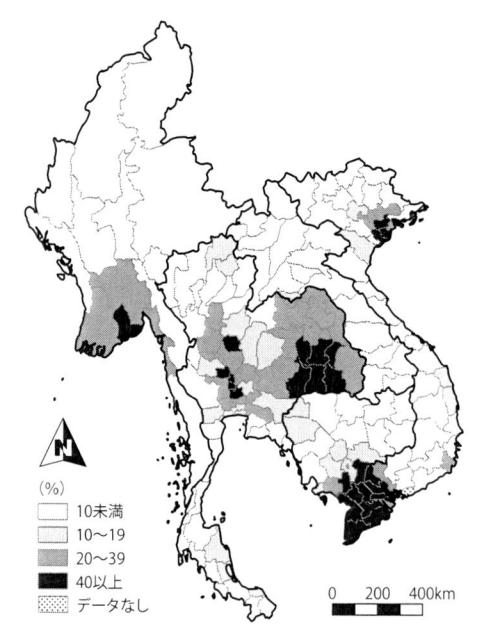

図4.2 東南アジア大陸部の雨季稲作付面積率（1995〜1999年の平均値）（佐藤, 2006を改変）

雨季作面積の割合が20％以上の地域が広がっている．この地域では，古くから熱帯モンスーン林（乾燥フタバガキ林）に畦をつくり雨水をためて森を開拓しながら開田を進めてきた．それが，天水田と呼ばれる雨水頼りの水田であり（写真4.1），多くの農家は，氾濫原となる低地の低位田と高地の高位田の両方を所有し，それぞれ異なった水利環境に合わせた稲を選定し栽培している．コラート高原の灌漑化率は，全水田面積のおよそ30％であり，図4.3で示されているように乾季作は非常に少ない．しかし，コラート高原で稲の雨季作面積の割合が40％を超えている地域では，川を堰き止めて，あふれた水を周囲の水田に導くタムノップと称される灌漑土堰堤が分布しており，伝統的な水利技術が今でも残されている（福井・星川，2009）．

東南アジア大陸部の稲作は，1960年代後半から大きく変化した．その契機は，フィリピンに立地する国際稲研究所（IRRI：International Rice Research Institute）が高収量の新品種のイネを開発し，普及活動を始めたことに端を発する．伝統的なイネ品種が日長時間の季節変化に反応して出穂時期が決まる感光性であったのに対して，新品種は栽培期間の積算温度によって出穂時期が決まる非感光性であった．農民は水さえ得られれば季節に束縛されずに栽培期間を選択できるようになり，新品種の導入を1つの端緒として，1970年代から東南アジア大陸部に灌漑が整備され乾季作が普及した．特に大河川デルタでは，先に説明したグレーターチャオプラヤプロジェクト同様の灌漑整備が進み，雨季作面積が急増した（図4.3）．

主食である米の生産を通して東南アジア大陸部をみると，ほとんどの地域で人口1人当たりの米生産量が200 kg以上を満たしている（図4.4）．国土の約70％が山地によって占められている内陸国のラオスは，稲作付面積率は非常に低いが，人口密度が低いため十分な量の米を確保できている．ラオスは近代技術を導入して食料生産の効率化を図ってきたわけではないが，山地でも焼畑陸稲作で稲を栽培しており，食料自給の面では非常に優れている．ラオスに対してベトナム，タイ，ミャンマーでは，デルタで1人当たり600 kg以上も米を生産しているのに対し，山地の県では1人当たり200 kgにも満たず，山地と低地では顕著な格差が生じている．東南アジア大陸部の農民の生活を理解するためには，平地部における水田

写真4.1 天水田の景観（ラオス・ヴィエンチャン近郊, 2012年9月）

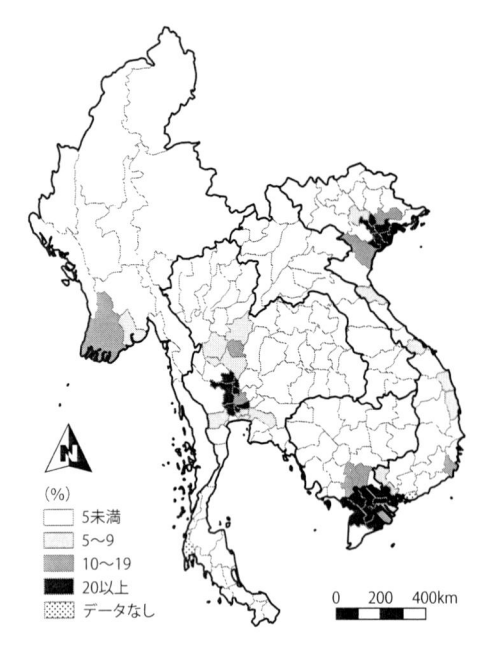

図 4.3 東南アジア大陸部の乾季稲作付面積率（1995〜1999年の平均値）（佐藤, 2006 を改変）

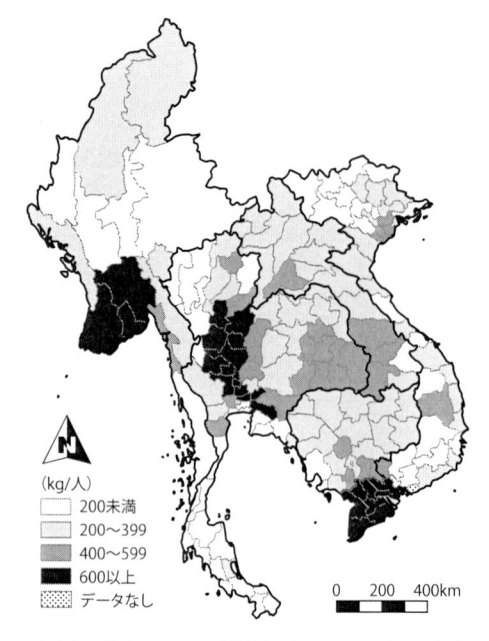

図 4.4 東南アジア大陸部の人口1人当たり米生産量（1995〜1999年の平均値）（佐藤, 2006を改変）

の展開を理解するだけではなく，山地部での焼畑陸稲作，そして稲作だけで生活できずに畑作を営んでいる農民についての理解も必要である．

4.3 緑の革命と農民

4.3.1 緑の革命とは

東南アジアの「緑の革命」は，植物遺伝学者が化学肥料と灌漑用水への反応性，害虫への抵抗力，最終的には機械化された収穫との親和性に優れた性質をもつイネの品種を選択し，さらに粒が詰まった重い穂に耐えることができる短く強い茎に特徴づけられる矮性の高収量のイネの新品種を開発し，それを普及することによって成し遂げられた．

革命を起こした最初の作物は，東南アジアのイネではなく，中米の交配種トウモロコシと矮性小麦であった．アメリカ合衆国のロックフェラー財団が1943年に小麦とトウモロコシの研究センターの設立資金を提供し，「トウモロコシ・小麦改良センター（CIMMYT：Centro Internacional de Mejoramiento de Maíz y Trigo）」をメキシコに設立したことが，「緑の革命」の始まりである．穀物の輸入国であったメキシコは，CIMMYT で開発された改良品種の普及によって1944年から1967年の間に小麦の生産を約3倍，トウモロコシの生産を約2倍に増加させることに成功し，輸出国へと変化した．「緑の革命」を推進した植物学者のノーマン・ボーローグ（Borlaug, N. E.）は，1970年に品種改良の仕事が認められてノーベル平和賞を受賞している．

この成功に勢いを得たロックフェラー財団の次の目的は，小麦やトウモロコシと同じ成功をアジアの米においても収めることであった．そして，フォード財団とともにフィリピンに「国際稲研究所」を1966年に設立した．「国際稲研究所」の遺伝学者が熱帯性のインディカ種と温帯性のジャポニカ種の優れた特徴をかけ合わせてつくりだしたのが，「緑の革命」を起こしたIR品種と呼ばれる高収量品種である．

4.3.2 緑の革命による生態環境の変化

「緑の革命」を成功させるためには，新しい資本投入，すなわちこれまでとは異なる農業形態への転換と農業機械の導入が必要とされた．高収量品種は，農薬散布，灌漑施設，そして機械収穫が前提となり，従来のポリカルチャー（多品種小規模生産）のような農地に導入することは難しかっ

た．よって，高収量品種を導入するためには，土地利用をモノカルチャー（単一品種大規模生産）へと転換することが求められた．しかし，モノカルチャーは病害虫に弱く，はじめのうちは農薬の散布が有効でも，次から次へと新しい病害虫が現れた．そのため，農民は多種多量の農薬を散布しなければならない状況に陥った．

シヴァ（2006）は，かつてのポリカルチャーと「緑の革命」で進展したモノカルチャーを比較すると，ポリカルチャーは，100単位の食料を生産するのに5単位の資源投入を必要とするのに対し，モノカルチャーでは，同じ100単位の食料を生産するのに300単位もの資源投入をしなければならないと述べた．その差の295単位をポリカルチャーに投入すれば，5900単位の食料を提供でき，飢餓にも対処可能だと論じる．農業生産性が増大しても，今なお一部の途上国で飢餓がなくなっていないのは，資本と資源の投入が必須となる「緑の革命」から取り残された人たちが多いからだとする．「緑の革命」は，数十年の短期間で人類を含めた生物全てにとって生物多様性の側面では危機的な状況をもたらし，地球上の有限な資源を消費し，さらに社会的には貧富の差をもたらしたという点で，批判的に受け取られることも多い．

4.3.3 緑の革命による経済環境の変化

経済的な側面からも「緑の革命」批判は多い．NGOなどの開発関係者は，「緑の革命」には，種子・肥料・農薬・機械を購入する資金，土地と水といった資源が必須とされ，結局のところ，それらをもたない小農や小作農などの貧困な農民層は，「緑の革命」の恩恵を何も享受できなかったと批判する．一方，農業経済学者たちは，もし農民が「緑の革命」の恩恵を受けられなかったとしたら，村内の所得格差が拡大するはずだが，東南アジアの村落ではそのような事実は確認できないと反論している（Hayami and Kikuchi, 1982；David and Otsuka, 1994）．しかし，村落内での格差は広がっていないとしても，実際に高収量品種を導入した農家所得があまり向上していないことは，多くの専門家が指摘している．この批判に対して，農業経済学者らは，1974年をピークに国際米価が下がり続け，2001年には1970年代初頭の世界食料危機以前の平均的水準の3分の1以下の水準にまで下がったことが所得向上を妨げている要因だと説明している（図4.5）．

米を主食とする多くの国々で同時に「緑の革命」によって大幅な米の増産がなされれば，国際米価が値崩れするのである．米は需要の価格弾力性の低い財であるため，「豊作貧乏」と称される現象が発生し，農家は米の増産に成功しても所得面で損失を被る．したがって，農民が高収量品種のイネを導入しても所得が向上しない点に関しては，「緑の革命」の問題ではなく，経済の仕組みの問題なのである．

現実として「緑の革命」は，限られた土地からより多くの食料を生産することを可能とした．「昔は良かった」というノスタルジアに浸っても，人口増加に直面している人類の食料問題は解決しない．したがって「緑の革命」は，正当に評価されるべきである．しかし，食料増産だけを目的とする革命には問題も多い．地球上全ての生物にとって優しい革命でなければ，持続しないことは明らかである．

4.4　環境保護政策と焼畑農業の衰退

高収量品種のイネの導入により，農地と水利環境の整備をともないながら，高インプット・高ア

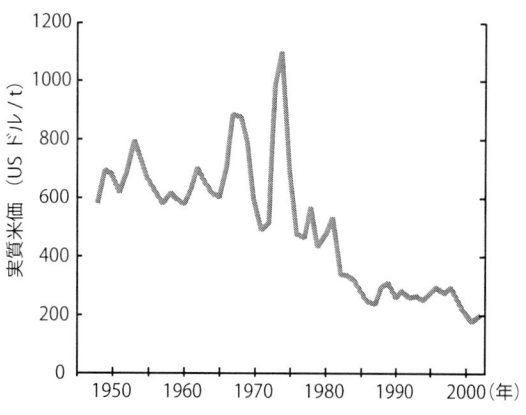

図4.5　国際米価の動向（1948～2002年）（菊地，2005を改変）

実質米価は，砕米5％のバンコクFOBを2000年のIMF世界輸出価格指数でデフレートした．

ウトプット型の稲作を達成したのが「緑の革命」である．その革命から約35年が経過した2000年の時点でさえ，東南アジアの稲の収量は増加し続けている（菊池，2005）．他方，水田稲作を中心とする地域以外でも農民の生活は大きな変化を迎えている．ここでは，山地部で焼畑陸稲作を営む農民の変化に迫っていく．

4.4.1 ラオスの焼畑と農民

山地が国土の大部分を占めているラオスでは，主食の米を得るための水稲作は限られた場所でしか営むことができない．したがって，山地に住む人びとは，焼畑陸稲作によって米を得ている（写真4.2）．焼畑とは，森を焼いて畑をつくり，そこで作物を栽培し，その後は長期間放棄し，再びその土地が森に戻るまで待ち，森に戻ったところで再度同じ場所を焼いて畑をつくる農法である．ラオスでみられる一般的な焼畑は，1年間だけ作物を栽培し，その後，耕地を5～10年前後休ませるサイクルで営まれている．焼畑耕地では，陸稲を主作物として作付し，ほかにトウガラシ，キュウリ，ウリ，ヒョウタン，サトウモロコシ，ハトムギ，ゴマなどの多種の作物を混作する．

ラオス北部の焼畑は，集落単位で実施され，集落の長が労働力に応じた面積を各世帯に分配する方式で営まれるのが一般的である．焼畑の農作業は，2月の樹木伐採から始まり，11月に脱穀後の籾を村に運搬するまで10か月間に及び（図4.6），数世帯からなる「ヌアイ」と呼ばれるグループのメンバーが労働を交換し合いながら行われる．播種後は，除草作業とイネの生育確認のため，ほぼ毎日耕地に出かける．焼畑耕作のオフシーズンとなる冬場（12～1月）も農民は休んでいるわけではなく，農具の手入れや鍛冶作業，古くなった家の建て替えなど，農閑期にしかできない作業に従事して忙しくすごす．

焼畑を営む農民は，焼畑耕地からできる限りの食料を自給する作物栽培を主業としながらも，同時に林産物の採取，河川での漁撈，小動物の狩猟などを行う複合的な生業形態を有しているのが特徴である（コラム4参照）．それらの活動は，単なる副業としての位置づけではない．林産物や魚などから得られる収入は農民にとって主要な現金収入源となっている（写真4.3）．農民は，焼畑で生産する主食の米を含め，食材のほとんどを村周辺の自然環境から得ている．気候などの要因で米が不作でも，自然からの恵みで飢えをしのぎ，死人が出るような飢餓が生じることはない．

4.4.2 環境保護政策と焼畑農業

地球環境問題への関心が高まるとともに，森林に火を入れる焼畑は森林破壊の主原因であるとみなされるようになっていった．持続的に米を生産し続けるためには，森を維持することが必要不可欠であり，森が減少すれば焼畑だけではなく，現

写真4.2 焼畑陸稲作（ラオス・ポンサリー県，2004年8月）

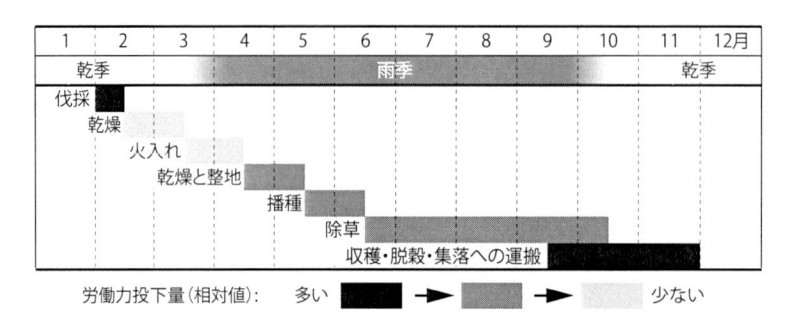

図4.6 ラオス北部における焼畑陸稲作の農耕暦

写真 4.3　林産物を採取するカム族の男性（ラオス・ウドムサイ県，2004 年 8 月）

写真 4.4　サトウキビ畑に転換されたかつての焼畑耕地（ラオス・ポンサリー県，2012 年 3 月）

金収入源となっている林産物の採取もできなくなる．したがって，焼畑を営む農民が意図的に森を破壊することはない．実際，長期休閑を維持している焼畑は，森を減少させることなく食料を生産することができ，森林生態学的にはすぐれた循環的な農法とみなされている．

しかし焼畑を営む山地部の農民は少数民族であり，道路沿いの平野部と比べると教育を受ける機会が乏しく，また医療機関へのアクセスが悪いため，民間療法に頼らざるを得ず，社会的には周辺に位置する「遅れた人びと」と認知されている．焼畑批判は，焼畑農法そのものが持続的かどうかという議論よりも，山地部に住む「遅れた人びと」が営む農法だから環境を破壊するという文脈で非難されている一面もある．

ラオスでは 1980 年代後半から，山中から道路沿いへと村落を移転させる政策が実施されている．これは，山地部の住民にも教育や医療のサービスを普及させること，そして新たな職業機会を提供し，焼畑を中止させることが目的である．しかし移転先の道路沿いは人口密度が高く，焼畑を営むための用地が不足している．充分な休閑期間を確保した焼畑を行うことができないため，焼畑を繰り返すたびに土地生産力が低下し，米が生産できなくなった農民には，必然的に生業の転換が迫られることになる．その結果，出稼ぎをしたり，これまで焼畑を実施していた土地を常畑に転換してサトウキビやトウモロコシのような商品作物を栽培したりしなければ生活できなくなったのである（写真 4.4）．

さらに 1980 年代後半には，村の領域を用途別に区分し，農地を世帯に分配することで焼畑を行う土地を制限する政策も実施された．同様の政策は，タイやベトナムでも行われた．農地の分配後には焼畑を営む土地がなくなるため，世帯単位で商品作物を導入しなければならないが，道路へのアクセスの悪い村落では商品作物の導入は進まず，結果としてこれまで以上に貧しくなるケースもみられた．

焼畑を持続的に営み，自然の恵みを受けて生活する農民が存在する一方で，自らの意志に反し，政策によって焼畑を営むことが難しくなって生業転換を迫られている農民も多い．焼畑農法自体が貧困を生む，あるいは森林破壊の要因となっているなどと間違ったイメージが与えられ，環境保護意識の高まりから各種の政策が実施されているが，貧困や森林破壊は不適切な政策によって創出されることもある．焼畑農法の消失は，それに付随する林産物の採取・狩猟，漁撈などの副次的な活動も同時に消滅することを意味し，ラオス山地部の焼畑を営む農民の生業と深く関係する文化そのものが大きく変化している．

4.5　農業の資本主義化の進展とグローバル化時代の農民

「緑の革命」以前の農業は，農産物商品の価格差，小作料などの貸付地代，高利貸付利子から利潤をあげるタイプであったが，東南アジアの工業化にともなう資本主義化とともに，機械・肥料・

農薬・飼料などの新しい生産要素の生産・販売，また経営資本貸付利子に利潤源を求めるタイプへと変化した．この変化は，これまで家族労働が中心であった小農の生産過程にまで入り込み，そこでも利潤を求め，契約栽培のような形で生産過程を包摂している．北原（1985）は，これを「農業の資本主義化」と称している．

近年の「農業の資本主義化」は，デルタのような水田地帯だけではなく，丘陵地や山地で行われる畑作や乾季の水田裏作で細々と地元市場向けに野菜を生産している地域でも顕著にみられるようになっている．ここではタイ北部山地部を事例に，農民がいかにしてグローバル化時代の変化に対応しているのかをみていきたい．

4.5.1 タイ北部山地部における商品作物の導入

高温多湿の熱帯・亜熱帯の気候下で風化を受け痩せた土壌に覆われている東南アジアでも，大陸部山地には石灰岩もしくは塩基性火成岩を基岩とする比較的畑作に適した土壌が分布している．石灰岩基岩の土壌が広がるタイ北部山地の一部では，1950年代から輸出向けの飼料用トウモロコシの栽培が行われてきた（写真4.5）．しかし輸出向け商品作物は，土壌条件のほか，収穫物運搬のための道路が整備されている地域でなければ導入が難しい．したがってタイ北部山地の多くの村では，商品作物の導入は困難で，焼畑で自給用の米を栽培し，同時に現金収入源として麻薬（アヘンやヘロイン）の原料となるケシを栽培していた．ケシ栽培を止めさせるために，市場へのアクセスを改善すべくタイ北部の道路が整備され始めたのは，1970～1980年代であった．そのインフラ整備とともに，タイ王室や各国援助団体のプロジェクトによって商品作物がタイ北部に導入された．

商品作物の種類は村によって異なる．土壌条件が良くないところでは，ライチやウメなどの果樹，また比較的土壌条件の良いところでは，キャベツやブロッコリーなどの葉菜類，そしてショウガやトウモロコシなどが導入された．なかでもショウガ栽培は，その流通形態が特徴的であり，またグローバルな市場とも大きくかかわっているので，以下で詳しく取り上げる．

4.5.2 商品作物栽培の拡大と農民

タイのショウガ栽培は，もともとは国内市場向けであった．生産量は，1990年前半までは3万t程度であったが，その後，急増し2000年以降は約15～20万tの間で推移している（図4.7）．タイの農業統計によると，タイ北部におけるショウガ生産量は1999～2004年の平均でタイ全体の72％を占めていた．1990年代前半にショウガの生産量が大きく増加した原因の1つとして，その時代に相次いで国外向けのショウガ加工工場がタイ北部に立地したことが影響している（写真4.6）．ショウガは，生食や薬味用の生鮮ショウガのほかに，寿司用の「がり」や各種料理に添えられる「はじかみ」などの調整ショウガ，酢のほかに色素が加えられた紅ショウガに代表される酢調整ショウガ，そして，1次加工だけを施した塩蔵ショウガなど，3種類の加工品が製造されている．かつて農民は，買取価格の安い生鮮ショウガだけを出荷していたが，加工工場が操業を始めてからは買取価格が高い加工用のショウガを出荷できるようになった．これが，農民にとってショウ

写真4.5　飼料用ハイブリッド・トウモロコシの栽培（タイ・チェンラーイ県，2008年11月）

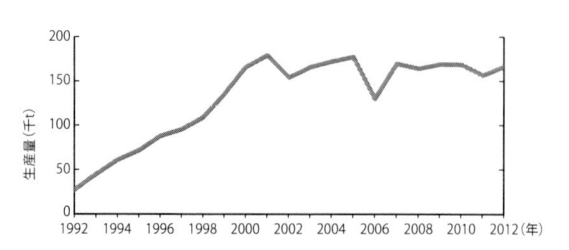

図4.7　タイのショウガ生産量の推移（1992～2012年）（FAO統計データベースFAOSTATをもとに作成）

写真 4.6 日本輸出向けの加工ショウガを生産する工場（タイ・チェンラーイ県，2008 年 10 月）

ガを栽培するインセンティブとなり，ショウガ栽培が1990年代に山地部の村落で一気に広がった．

加工用の成熟ショウガは生鮮ショウガよりも収穫が遅いため，農民は生鮮ショウガの収穫時期になると，その買取価格をみて，生鮮ショウガ用と加工ショウガ用の出荷割合を決める．ショウガの価格は年によって大きく変動するが，加工用の成熟ショウガは生鮮ショウガの2～3倍の価格で取引される．しかし，ここでも市場の原理が働き，生鮮ショウガの出荷が少ないと加工用の成熟ショウガの出荷が多くなり，成熟ショウガの価格が下がる．また，生鮮ショウガを収穫せずに加工用の成熟ショウガになるまで待っても，加工ショウガの需要は限られているので，全てを買い取ってもらえる保証はない．作付したショウガをすべて生鮮ショウガとして出荷するのが，農民にとって最もリスクが少ないことは明らかであるが，その方法では最低限の利益しか得られない．農民は常に情報収集を行い，作付したショウガをすべて出荷でき，かつ最大の利益を得られるような出荷比率を実現するために努力をしている．

4.5.3 ショウガ流通における農民と仲買人

ショウガを含め，各種の農産物を農民から買い取る仲買人は「ヨン（佣）」と呼ばれている．仲買人は，生鮮ショウガと成熟ショウガの両方を買い取り，加工用の成熟ショウガは，契約を結んでいる工場に販売する．加工用の成熟ショウガについては仲買人を介さずに直接工場に販売した方が高く売ることができるが，タイ北部チェンラーイ県の11村でショウガ栽培を行っている36世帯に対して調査を実施したところ，収穫したショウガを工場に直接販売していたのは，わずか2世帯だけであった．仲買人を介すると，販売価格が低くなることは農民も知っているが，農民は価格よりも仲買人との関係を重視していた．なぜなら，生鮮ショウガで出荷するか，成熟ショウガで出荷するか，その適切な出荷量を決めるためには，仲買人の情報とアドバイスが必要だからである．

村には複数の仲買人が出入りしており，農民と仲買人の関係は1対1とは限らず，1人の農民が複数の仲買人にショウガを販売することもある．さらに，仲買人は種ショウガや農業資材も提供するが，農民がこれらの資材を仲買人から購入するかどうかは自由である．

次に仲買人と工場との関係をみてみよう．タイ最大の加工ショウガ輸出企業であるチェンラーイ県のH社は，2009年の聞き取りでは8名の仲買人と契約し，それぞれにショウガの買取量を割り当てていた．仲買人は，割り当てられた数量をH社に納めることが求められている．しかし，農民と仲買人の間には売買契約のような厳しい縛りはなく，仲買人は古くから付き合いのある農民にどのくらいの量の成熟ショウガがほしいかをあらかじめ伝えておくだけである．当然，このようなルーズな契約方法では，H社から割り当てられた量を確保できない仲買人も出てくる．

H社は必要とする量のショウガを確保できない場合に備えて，正式に契約を結んでいる8名の仲買人の他に，15名の仲買人と関係を築いており，必要に応じてその15名の仲買人からショウガを買い取るルートを確保していた．農民と仲買人の間の販売もきわめて緩やかな契約であるが，仲買人と工場との関係も同様に柔軟である．以上の農家・仲買人・工場の間にみられるショウガ流通の構造は，図4.8のように示すことができる．固定化している流れは，仲買人と工場の間で交わされる割り当てだけであり，その他は全く固定化されておらず，柔軟な契約栽培の構造を呈している．

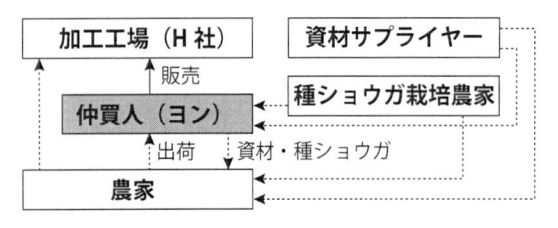

図4.8 タイ北部のショウガ流通の構造
←—固定化した流れ．←⋯⋯固定化していない流れ．

4.5.4 グローバル化時代の東南アジア大陸部の畑作

ショウガに限らず，トウモロコシでもサトウキビでも，東南アジア大陸部において輸出向け商品作物を栽培する農家の生計は，市場価格の上下に大きく影響を受ける．農民は常に判断と選択を迫られながら最適解を導き出そうとしている．その点においては，農民はポプキンが述べるように合理的な経済主体といえる．しかし農民，仲買人，工場のいずれもが，不安定な市場価格のリスク回避と経済活動の持続を願っている．農民と仲買人，また仲買人と工場との関係は，信頼に基づく緩やかな契約が原則となっており，それはスコットの「モーラルエコノミー」と類似の行動規範と捉えられる．仲買人は農民からショウガを買い取ることで利潤をあげているが，搾取はみられず，最終的には，農民と仲買人がともに満足できるような関係を築いていた．

H社の加工ショウガの95％は，日本に輸出されている．日本では，残留する可能性のある全ての農薬に基準値を設定する「ポジティブリスト制度」が2006年5月より施行されている．したがって日本に農産物加工品を輸出するためには，厳しい農薬管理が求められるが，ここでも仲買人は非常に重要な役割を担っている．H社は仲買人に対して講習会・技術指導会などを通して化学肥料や農薬の知識を教育し，彼らに農家の化学肥料と農薬を監督させていた．このような状況において，残留農薬を心配する一部の仲買人が無農薬でショウガを栽培しているラオスに注目し，ラオスから種ショウガを仕入れるような新しい動きがみられた．すなわち，対日輸出農産物の厳しい残留農薬基準とタイの仲買人に与えられた農薬管理という特殊な役割は，タイ国内のみならず隣国ラオスの農産物生産にも影響を与え始めているのである．

［横山　智］

引用文献

菊池眞夫（2005）：熱帯モンスーン・アジア稲作農業の50年——スリランカとフィリピンの経験を中心として．泉田洋一編：近代経済学的農業・農村分析の50年．pp. 233-269．農林統計協会．

北原　淳（1985）：開発と農業——東南アジアの資本主義化．世界思想社．

佐藤孝宏（2006）：東南アジア大陸部の統合型データベースを利用した稲作の地域間比較．河野泰之編：東南アジア大陸部の統合型生業・環境データベース構築による生態資源管理の地域間比較（平成15〜17年度科学研究費補助金・基盤研究（B）（二）研究成果報告書）．pp. 64-81．京都大学東南アジア研究所．

福井捷朗・星川圭介（2009）：タムノップ——タイ・カンボジアの消えつつある堰灌漑．めこん．

David, C. C. and Otsuka, K. (1994)：*Modern rice technology and income distribution in Asia*. Lynne Rienner.

Geertz, C. (1968)：*Agricultural involution：The processes of ecological change in Indonesia*. University of California Press.（ギアーツ，C. 著，池本幸生訳（2001）：インボリューション——内に向かう発展．NTT出版）

Hayami, Y. and Kikuchi, M. (1982)：*Asian village economy at the crossroads*. University of Minnesota Press.

Popkin, S., L. (1979)：*The rational peasant：The political economy of rural society in Vietnam*. University of California Press.

Scott, J. C. (1976)：*The moral economy of the peasant：Rebellion and subsistence in Southeast Asia*. Yale University Press.（スコット，J. C. 著，高橋　彰訳（1999）：モーラル・エコノミー——東南アジアの農民叛乱と生存維持．勁草書房）

Shiva, V. (2000)：*Stolen harvest：The hijacking of the global food supply*. South End Press.（シヴァ，V. 著，浦本昌紀監訳．竹内誠也・金井塚務訳（2006）：食料テロリズム——多国籍企業はいかにして第三世界を飢えさせているか．明石書店）

コラム4　ラオス農山村地域の生業複合

東南アジアの内陸国であるラオスは，人口の約70％が農業に従事している．ラオスにおける主たる農業活動は稲作であり，山地部では焼畑陸稲作，平地部および盆地部では水田水稲作が営まれている．水田の多くは雨季の雨水頼りの天水田であるが，近年は灌漑化も進み乾季作ができる地域が増えている．

農山村地域住民の生活は稲作が中心になっていることは間違いないが，得られる米のほとんどは自家用に消費され，余剰米を販売できるのは，二期作可能な灌漑が整備されている地域の住民に限られている．自給自足で食料が得られる生活でも，病気になれば薬代は全額負担となるし，子どもの教育にもお金が必要である．したがって，農山村地域住民でも生活するためには現金収入が必要である．では，農山村地域で自給的な稲作を営んでいる住民は，どのようにして現金収入を得ているのであろうか．

焼畑を営む山地部では，森林で野生動物などの林産物の狩猟採集を行う．また，天水田を営んでいる平野部では，雨季になると河川が氾濫して形成される湿地で漁を営み，乾季にはバッタなどの食用昆虫を採集する．さらに，山地部でも平野部でも，ウシ，ブタ，ニワトリなどの家畜を飼育している．場所によっては，稲の代わりに商品作物を栽培する．農山村地域で稲作を営んでいる住民は，稲作以外の多種多様な活動から現金を得ているのである．単純に稲作が主業で他が副業と分けることができないのが，ラオス農山村地域の生業形態である．このような自給作物の生産と複数の現金収入源となる活動を組み合わせた住民の生業形態は「生業複合」と呼ばれている．

生業複合は，互いの活動が有機的に関係し合っていることが特徴である．山地部で焼畑を営む地域では，陸稲を生産した直後の休閑地でウシの刈跡放牧を行い（写真1），さらに年数を経た休閑地で多様な林産物を採取している．また，天水田を営む地域では，カニやカエルを捕まえる水田漁撈が同時に営まれており（写真2），稲を収穫した後の水田は放牧地となる．そして，近くの森ではタケノコを採取したり，食用にするためのツムギアリの卵を採取したりする．農山村地域で稲作を営む住民が，農耕民なのか狩猟採集民なのかを判別できないのが生業複合の特徴である．また，自然資源を有効に活用しているという点で，理想的な生業形態とみなされる半面，それぞれの活動が空間的にも時間的にも有機的に関連し合っているため，その活動が1つでも消滅すると，他の活動に対して大きな影響が生じる脆弱性ももち合わせている．

生業複合は，地域の自然環境的な要因や民族ごとに異なる伝統知識の継承度合いによって種々の形態がみられる．ラオス農山村地域は持続的な自然資源利用を実践している数少ない地域の1つとして世界的にも注目されている．しかし，近年は現金収入を出稼ぎに求める動きが活発化している．都市や他国への出稼ぎの増加によって，ラオスの農山村地域の生業複合の多様性が徐々に失われようとしているのは非常に残念なことである．

［横山　智］

写真1　焼畑休閑地における刈跡放牧（ラオス・ルアンパバーン県，2011年8月）
休閑期間1年目の土地は毎年移り変わるので，放牧地も毎年変わることになる．

写真2　天水田でカニを捕まえる少女たち（ラオス・ヴィエンチャン市，2012年8月）
水田でカニや食料となる野草などを採取するのは子どもたちの仕事である．

5 グローバル化の下での都市と農村の経済的関係

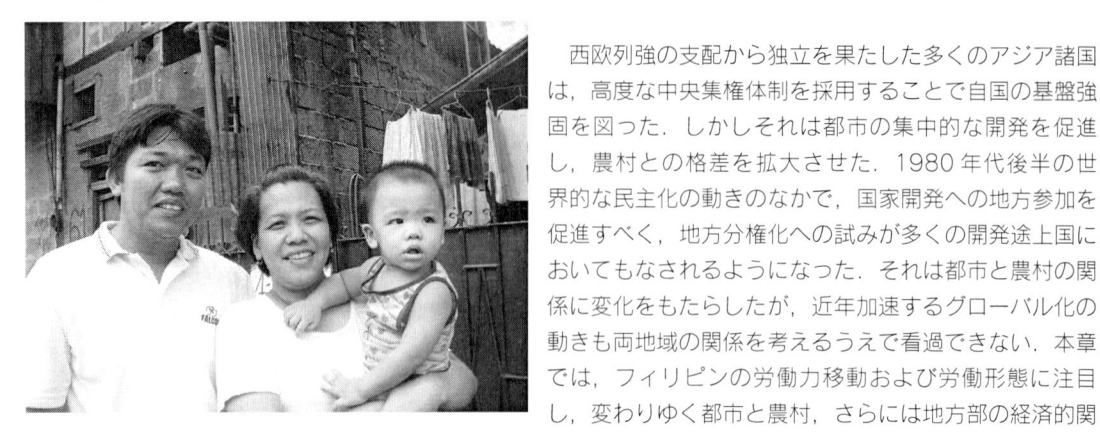

西欧列強の支配から独立を果たした多くのアジア諸国は，高度な中央集権体制を採用することで自国の基盤強固を図った．しかしそれは都市の集中的な開発を促進し，農村との格差を拡大させた．1980年代後半の世界的な民主化の動きのなかで，国家開発への地方参加を促進すべく，地方分権化への試みが多くの開発途上国においてもなされるようになった．それは都市と農村の関係に変化をもたらしたが，近年加速するグローバル化の動きも両地域の関係を考えるうえで看過できない．本章では，フィリピンの労働力移動および労働形態に注目し，変わりゆく都市と農村，さらには地方部の経済的関係性を検討する．

ミンダナオ島からマニラ首都圏に移住してきたタクシードライバーの家族（2006年12月）

5.1 経済的自立に向けた試み

東南アジア地域は，生態系の複雑さにその多くが規定される．いく筋かの大河が流れ込み，その間の急峻な山岳地帯に地域が分断される大陸部では，その広大な地域を統合する政治権力が生まれにくく，一方で熱帯雨林に覆われた島嶼部においては大規模な農業社会が発展しがたく，島々で独自の社会が構築された（浅見，1999）．それは多民族が混住する地域であることを意味し，そこにはさまざまな文化が醸成し得る土壌があった．

豊かなその土地は，大航海時代には東西両文明を結ぶ海のシルクロードの通過地として，また香辛料の産地として国際交易において重要な役割を果たした．しかしそれは，西欧列強による東南アジア地域の植民地化に帰結した．

数世紀にわたり同一国ですら複数国の植民地となった経験を有する東南アジア諸国は，第2次世界大戦後に宗主国からの独立を果たした．まず政治的な独立を実現し，次に外国への従属を断ち切り，自ら国家経済を管理し成長させることで経済的自立を目指すこととなった．しかし植民地統治下で自給自足型の経済体制を破綻させられた東南アジア諸地域にとり，それは容易な道程ではなかった．そこで輸入代替工業化戦略に代表される経済ナショナリズムを鼓舞する政策を導入することで，経済成長の実現を図ることとなった．

しかしながら，技術が未熟な状態での工業化政策で国際的な市場経済に立ち向かうのは困難をきわめ，高関税や幼稚産業の育成などによる政府の保護を必要とした．それは開発を促進するという名目で進められた開発独裁を正当化する根拠ともなったが，同時に政治腐敗や汚職を助長し，政情不安を引き起こした．

そして1980年代後半からは加速化する世界的な民主化への動きもあり，東南アジア諸国においても小さな政府が求められ，また，経済成長における民間活力の利用が注目されるようになった．低水準に抑え得る人件費がゆえに，多くの企業が東南アジア諸国に進出し，直接投資により利益を拡大させた．一国に拠点を置くもの，あるいは同一企業であっても東南アジアの域内で分業体制をとるものもあった．これは東南アジア諸国側においても雇用創出や技術移転を実現し，市場経済下で成長を遂げたという意味で，経済的転換点であったといえよう．

5.2 首都および首都近郊の経済的優位性

まず東南アジア諸国の国内経済についてみてみると，多くの国々が植民地化され，資源の活用に

おいて過剰なまでの効率性を求められてきた歴史がある．植民地首府が置かれた地域に政治経済的な中枢機能および商業機能も集中させられ，その結果，複数都市間での分業体制の構築が妨げられた．高度な利便性を有するその地域は，独立後は首都として機能することが多く，国内の他地域に比して突出した中枢管理機能の集積がみられる．

世界に目を転じると，経済のグローバル化の進展にともない，資本主義の世界システムのなかで資本と労働の国際移動の結節空間として機能する「世界都市」が出現し，高次サービス産業の発達や集積がみられるようになった．その結果，開発途上国の中核都市も新たな国際分業システムの階層に組み込まれることになった．

一方でグローバル化は，世界レベルでの金融やサービスの経済化の進展や多国籍企業の増大をもたらした．途上国経済に注目すると，その多くは新自由主義政策の下で国際資本に従属させられ，国内労働市場の多様化および多層化をもたらした．それは都市部における雇用機会の拡大と労働者階級の階層分化を進展させ，労働者の困窮化と就労の不安定化につながった．また他方では，企業の経営・管理業務を担う「新富裕層」と，低賃金で劣悪な就労条件下で「新富裕層」にサービスを提供する「新貧困層」の出現に帰結した．

いかなる形態であるにせよ，現金収入の稼得機会が大きいと考えられる都市の人口比率は増大する一方である．表5.1は東南アジア地域の都市人口率を表したものである．シンガポールのような都市国家もあるため，この都市人口率のみにて国家間比較をするのは適切ではないが，対象とする全ての国で，都市人口の経年的増加をみることができる．すなわち，国内での人口配分は偏りを増しており，都市化率は増大の一途をたどっている．

そのなかでも途上国における都市間ヒエラルキーの最上位に君臨する首座都市である首都は，多くの地方および農村居住者にとり将来性と可能性に満ちた土地である．そこに行けば何かしらの仕事に就くことができ，最初は厳しい環境下での生活を強いられることはあっても，社会的地位を上昇させてよりよい就労条件の仕事に転職し，キャリアアップを重ねて成功する可能性がそこにはあるように映る．現在置かれている状況から変わる見込みがほとんどない地方および農村部での生活よりは，わずかでも可能性が存在する首都は，ある種の「約束された土地」なのであろう．また，いずれの国においてもいかに首都圏に人口が集中しているのかを同表からみてとることが可能である．

それでは首都圏の経済水準の高さとはどれほどであろうか．ここでフィリピンを事例として世帯所得から各地域の経済水準をみてみたい．図5.1は同国を17地域に区分し，各地域の平均世帯所得の分布を表したものである．地域単位でみた全国の平均世帯所得が18万2000フィリピンペソ（以下ペソ，2014年2月現在で1ペソは約2.3円）であるのに対し，最高値のマニラ首都圏が35万6000ペソ，最低値のムスリム・ミンダナオ自治地域が11万3000ペソとなっている．所得水準の高い地域がマニラ首都圏周辺地域に集中しているのに対し，低い地域は縁辺部に広く分布している．これらのことからも，いかに首都圏とその周辺の経済水準が高く，それが周縁部の人口にとり

表5.1 東南アジア各国の都市人口比（％）

国名	1950年	1960年	1970年	1980年	1990年	2000年	2010年	首都人口（2010年）
インドネシア	12.4	14.6	17.1	22.1	30.6	42.0	49.9	4.1
カンボジア	10.2	10.3	16.0	9.0	15.5	18.6	19.8	11.0
シンガポール	99.4	100.0	100.0	100.0	100.0	100.0	100.0	100.0
タイ	16.5	19.7	20.9	26.8	29.4	31.1	33.7	12.2
フィリピン	27.1	30.3	33.0	37.5	48.6	48.0	48.6	12.7
ベトナム	11.6	14.7	18.3	19.2	20.3	24.4	30.4	3.4
マレーシア	20.4	26.4	33.5	42.0	49.8	62.0	72.0	5.5
ミャンマー	16.2	19.2	22.8	24.0	24.6	27.2	32.1	2.2
ラオス	7.2	7.9	9.6	12.4	15.4	22.0	33.1	13.1

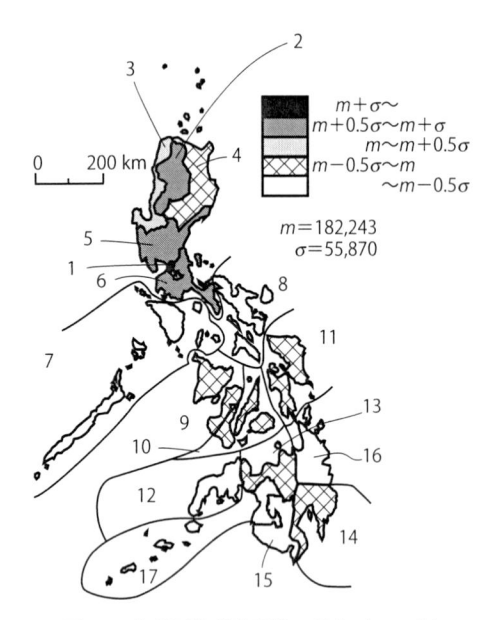

図5.1 年間平均世帯所得の分布（2009年）
（National Statistics Office, 2011 より作成）
単位はフィリピンペソ.

プル要因となるかが理解できるであろう.

　もう1つの経済水準から首都圏の卓越性をみてみたい．表5.2は，地域別の非農業部門と農業部門の最低賃金を示したものである．これからも首都圏の最低賃金が他地域と比較して高いことが明白である．非農業部門における最低賃金では最高値のマニラ首都圏と最低値のカラガ地域の格差は1.89倍となる．また農業部門では，プランテーションの最高値を示すマニラ首都圏と最低値を示すムスリム・ミンダナオ自治地域の格差は1.90倍，非プランテーションの最高値を示すマニラ首都圏と最低値を示すイロコス地域の格差は2.04倍となっている．このことからもマニラ首都圏は賃金水準が高いと同時に，労働者の権利が他地域と比較して擁護されていると考えられる．

　常に交通渋滞に見舞われ，人びとの往来が激しく，眠ることのない活気に満ちたマニラ首都圏は，多くのフィリピン国民にとり，特別な地域である（写真5.1）．国家の中枢を担う政府行政機関，国内および外国両資本の民間企業の本社が多く置かれ，そこには権力と財が集中する．さらに大学などの高等教育機関も多数立地し，数多の人びとがマニラ首都圏の大学に進学することを幼少期より目標とする．しかし一方で，犯罪発生率も高く，マニラ首都圏に長年居住する人でさえ，犯罪に巻き込まれないための方策を日常的に施している．正負いずれの意味でも，国民にとって特異な存在であるマニラ首都圏は，地方に居住する人々にとって憧憬の地であると同時に，「マニラ帝国」として国の資源を独占し，その価値観を時には地方にも強要する，警戒すべき地域となっている．

表5.2 地域別の非農業部門と農業部門の日額最低賃金（単位：ペソ）

地域（数字は図5.1と対応）		非農業部門	農業部門	
			プランテーション	非プランテーション
1	マニラ首都圏	419–456	419	419
2	コルディリエラ行政地域	263–280	246–262	246–262
3	イロコス地域	233–253	233	205
4	カガヤンバレー地域	247–255	235–243	235–243
5	中部ルソン地域	285–336	270–306	258–290
6	カラバルソン地域	255–349	251–324	231–304.5
7	ミマロパ地域	205–275	215–225	215–225
8	ビコール地域	228–252	228	228
9	西部ビサヤ地域	235–277	245	235
10	中部ビサヤ地域	282–327	262–309	262–309
11	東部ビサヤ地域	260	235–241	220.5
12	サンボアンガ半島地域	267	242	222
13	北部ミンダナオ地域	271–286	259–274	259–274
14	ダバオ地域	301	291	291
15	ソクサージェン地域	270	252	249
16	カラガ地域	258	248	228
17	ムスリム・ミンダナオ自治地域	232	232	232

写真5.1 マニラ首都圏ケソン市のトライノマショッピングモール（2013年3月）
2007年開業の高級商業施設．約550店舗が参入している．

写真5.2 マニラ首都圏マニラ市トンド地区のスモーキーマウンテン（2004年10月）
1950年代半ばより約40年間にわたり，首都圏の廃棄物処理を担った．現在は公式には処理場が他地区に移転しているものの，依然として廃棄物が持ち込まれており，スカベンジャーの活動がみられる．

5.3 グローバル化と人口移動パターンの変化

5.3.1 都市・農村間の人口移動

現在，多くの東南アジア諸国が貧困という社会および経済問題に直面している．その主要な問題点としては，栄養失調，低識字率，凄惨な生活環境（写真5.2），平均寿命の低下などがあり，それらが人間的な生活を送ることへの困難性を生じさせることにある（Zulueta and Liwag, 2001）．そして，これらの国々においては，「貧困の悪循環」および「貧困の罠」が存在するため，この問題は容易には解決されず，社会の健全な発展の阻害要因となっている．さまざまな側面をもつ貧困問題に対応するため，多様な施策が講じられている．そしてその多くが，①所得分配の平等化，②経済水準の向上，のいずれか，または両方にかかわりをもつとされる（溝口・松田，1996）．

しかし長期間にわたり宗主国による支配下で資源を搾取され，モノカルチャー経済化により本来の経済構造を破綻させられた国において，貧困問題の解決には非常な困難をともなう．さらにフィリピンを事例にとるならば，貧富の格差の根源となる大土地所有制解体を促す農地改革計画の実施を，歴代の政権は公約としてきている．しかし，議員の多くが地主もしくは地主の親戚で構成される議会での支持を得られず，遅々として進展しないのが実情である．それゆえ農村部の多くの小作人はわずかな小作料収入による生活を余儀なくされており，将来への希望をもつことも，子どもに教育を受けさせるために不可欠な現金収入を得ることも困難となっている．また多くの開発途上国が外資系企業の地域参入がもたらす技術移転と関連産業への雇用拡大を期待しているが，投資環境が既に整備されている都市部への進出は見込むことができても，物理的インフラストラクチャーをはじめとする諸サービスが欠如している地方，特に農村部に民間資本が投じられる可能性は低い．

したがって，農村部に新たな産業が育成され雇用が創出されるまでには多くの時間を要し，その間にも，農村部の余剰労働力は滞留する．また農村部は都市部に比して人口増加率が高いこともあり，いっそう増加する（図5.2）．

この状況を打破するために，農村部の余剰労働力は都市部での雇用機会の獲得に期待して移住する．テレビや新聞，インターネットなどから得られる情報により，都市部では利便性が高く，少なくとも現状よりは豊かな生活が実現すると捉えている．事実，都市部においては活動が農村部のそれに比して活発である労働組合などへの配慮もあり，高い法定最低賃金が設定されている．すなわち，同じ職種に従事しても，都市部での労働では高い賃金が稼得可能となり得る．さらに，首都や

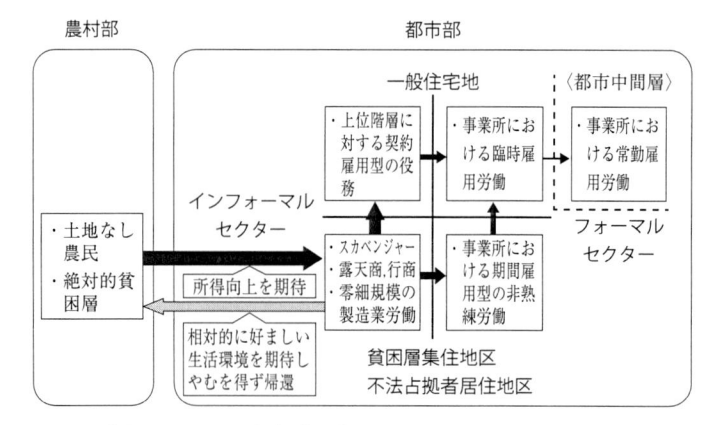

図 5.2 農村部における余剰労働力の移動と就労パターン（貝沼，2009 に加筆）
都市部における縦軸は居住地を，横軸は就業部門を表す．矢印の太さは余剰労働力の大きさ，向きは流れの方向性を示す．

都市部に移住することで子どもにより質の高い教育の機会を与え，自らとは異なる人生を送らせたいという切実な願望もある．すなわち，満足な教育を受けられなかったことが自身の現状を物語っていると考えているのである．

5.3.2 農村部余剰労働力の向都後の就労

ここで再びフィリピンを事例として考えてみたい．生活環境の改善を望んで地方あるいは農村部から都市部に移住した人びとはどのような生活を送るのであろうか．

都市部への転出者の多くは，まずは都市貧困者集住地域に居住する．移住先の地域に親戚や知人がいる場合は，その家を仮住まいとしながら，自身の生活拠点を新たに構え，それと同時に求職活動を行う．出身地における収入源がほとんど存在しない，あるいは不安定であるという理由で都市部への移住を考える場合，事前に就労先を確保してから向都するケースはまれであり，大部分は移動してから就労先を探すことになる．

歴史的にみると，都市化は工業化と並行して進展することが多いが，途上国における都市化は第2次産業の雇用吸収力が著しく低水準である．そのため，零細雑業層，いわゆる都市インフォーマルセクターが移住者に労働の機会を与えてきた．

移住者らは都市インフォーマルセクターで就労しながら，より安定的な条件下での就労機会を模索することになる．都市部における雇用機会の大きさと職種の多さゆえ，そのような就労機会は遠からずやってくると楽観的に信じている者は多い．しかし次第に，一度このサイクルに入るとそこから脱出することがいかに困難かを，痛感するようになる．地方の余剰労働力が常に流入してくる都市インフォーマルセクターは恒常的に労働力過剰状態にあり，雇用機会獲得のためには他者との激しい競争を強いられる．その過程においては過酷で不当な労働条件であっても，確実に収入を得るためにその就労機会に固執せざるを得ない現実があるといえよう．

都市フォーマルセクターへのステップアップを困難にしている理由の1つに，地方出身者の言語に関する問題がある．都市部，なかでもマニラ首都圏でより好条件の就労機会を獲得するためには，タガログ語によるコミュニケーション能力を有していることが不可欠である．マニラ首都圏周辺で使用されるタガログ語は一地方語であり，地方出身者が家庭で使用する言語とは異なる．したがって，地方出身者がマニラ首都圏で就労を希望しても言語の壁があり，それが就労形態をシフトさせる上で大きな障壁となっている．

そして，逆説的ではあるがこの言語の問題が，地方出身者の都市部への移住を決断させる大きな要因の1つともなっている．タガログ語をそのベースとするフィリピノ語は，フィリピンの国語であると同時に公用語でもある．したがって，教育

の現場でもフィリピノ語が教授用語として用いられるものの、それは地方における授業の理解度の低さにつながっており、習熟度の地域格差を創出している。このことに配慮して1999年にタガログ語、セブアノ（ビサヤ）語、イロカノ語の3言語を初等教育で用いるリンガフランカ教育政策が試験的に導入された（金, 2004）。3言語が指定された根拠は、これらの言語を母語とする人口比が上位3位を占め、2000年では全体の66％となる（表5.3）。

たしかに、首都圏以外の地域に対する教育上の配慮はみられたものの、フィリピノ語が日常生活を営む上での使用言語ではない地域の住民にとって、それを母語とする人々との間にはフィリピノ語の運用力において大きな差が依然として存在する。それは特に子どもの将来的な可能性を考えた場合、多大な障壁となる。マニラ首都圏に居住し、そこで一定水準以上の生活を送ることが人生の幸福であると考える人々にとって、早い時期からフィリピノ語の運用能力を高めることは未来の選択肢を広げることになる。そのため、子どもが将来、より条件のよい職に就いて生活していくことができる可能性を高めるためにも、地方から都市部への移動はとまらないのである。しかし移住直後の期待とは裏腹に、考えていたような生活を送り得る可能性はきわめて低く、その多くは都市貧困者集住地区から抜けだすこともできず、就労についても都市インフォーマルセクターにおける就労からの脱出もきわめて困難である。

そのような状況のため、希望をもって都市部に移住したにもかかわらず、都市での生活に適応できなかったり、物価の高さゆえに生活が逼迫し、都市生活の継続が困難になった地方出身者が出身地に帰還していくことも少なくない。地方での居住であれば、現金収入の獲得機会は小さくなるものの生活コストを低く抑えることが可能である。さらに親戚縁者がおり、また相互扶助の価値観が現在でも強くコミュニティ内に存在するため、十分な収入がなくても助け合って生活していくことが可能となる。

5.3.3 地方エリートの移動パターン

次に、地方や周辺部で社会的地位が比較的高い職に就労している労働者の移動パターンを考えてみたい。自らの居住地で一定以上の高い評価を受け、成功者とみられることの多いこれらの労働力は、次のステップとしてどのような選択をするのであろうか。

マニラ首都圏の賃金水準が他地域に比して突出して高いことは表5.2で示したとおりである。さらに、国内では最新の情報を有し、最先端の技術が集結している首都圏は、自らの居住地での就労と同じ職種に就いたとしてもより高い収入を得ることができ、あらゆるネットワークを介してキャリアアップを見込み得る土地である。

多くの開発途上国と同様に、フィリピンも高い人口増加率を記録してきた。1950年には約2600万であった人口は2010年には約9300万まで増大し、50年間で約3.6倍になった。通常、そのように急増する人口は、成長した工業部門に吸収されていくが、1950年代と1960年代の輸入代替工業化政策によって保護された国内産業は、1970年代以降のマルコス政権下でのクローニーキャピタリズム（縁故資本主義）を中心とする政治腐敗と関連して、競争原理が機能しなかった。また国内市場向けの生産のための工業技術が成熟する前に輸出指向工業化政策に移行したことも、国内の関連産業の成長を阻害した。

多くの開発途上国でみられた開発独裁体制による国家の基盤づくりは、一方で政治的な不透明性を高め、それが国民の政治不信をもたらした。首都圏周辺を居住地としない周辺部や島嶼部の地方

表5.3 フィリピンの家庭で使用される言語と人口比（％）

言語	1990年	2000年
タガログ語	32.3	35.1
セブアノ語／ビサヤ語	24.6	22.5
イロカノ語	9.6	8.7
ヒリガイノン語	8.7	7.0
ビコール語	5.0	4.6
ワライ語	3.3	2.7
カパンパンガン語／パンパンゴ語	2.7	2.7
パンガシナン語	1.7	1.6
マギンダナオ語	1.3	1.1
その他の言語	10.8	14.0

エリートにとっても同様に首都圏に対する不信感もあるが，一方で，高い賃金を稼得し得るその地での就労は大きな目標であった．

しかし地方における情報入手の困難性，そして首都圏ですでに形成されている社会的ネットワークへの新規参入は，同郷コミュニティではない限り，事実上困難である．そのようななかで，地方エリートの中には次なるステップとして海外就労を選択する者も少なくない（表5.4）．その背景には，海外での就労であれば，地方出身者であることを過度に意識することなく，一フィリピン人としての実力での競争が可能なことがある．しかし海外で，国内と同等の就労機会を得るのは困難であり，その多くはキャリアダウンの選択をしてでも海外就労を選択する．具体的には，医師が看護師に，教員や研究者が家政婦になるなど，国内で従事していた仕事ほどの専門性を必要とされない職業に就くケースが多い．そのような選択であっても，国内における就労よりは高い賃金を得ることが可能であり，それを足がかりとして就労先でより好条件の就労を求めていくことになる．仮に就労先で職種転換がなされなかったとしても，そこで稼得した収入をもとに本国で起業したり，よりよい環境で自身にとっての本来の職業に従事するために投資する者もいる．

他方で，いずれは帰国することを前提として海外就労を選択したにもかかわらず，就労先の先端的で利便性の高い職場および生活環境に魅せられ，そのまま定住する手段を模索する者もいる．このように，国の発展や活性化へ貢献することを期待されているエリート層が，帰国せずにそのまま就労先に定住することを選択することは，一国の発展にとり大きな損失となっている．

5.4 変わりゆく国境を越える労働形態

5.4.1 リスクの大きい海外就労

失業率の高さは多くの開発途上国でみられる共通の問題であり，それを軽減させるために，例えばフィリピンでは国策として労働力輸出に力点をおいてきた．1980年にはじまる国内の経済危機は人口の国外流出を促進し，その結果，海外雇用による外貨獲得が国際収支の救済策として浮上した（佐藤，2006）．しかし海外就労の機会を獲得するためには，多額の出国準備金，煩雑な手続きを必要とする就労査証の取得に加え，就労が実現した暁には異国での生活に適応していかなくてはならないという困難もある．社交的な国民性のため，比較的早く就労先の環境に順応するとされるフィリピン人にとっても，それは同様である．さらに，国民性として家族・親戚間の絆を重視するため，家計を支えるためとはいえ，家族と長期間離れて生活をすることの精神的負担は並ならぬものがある．

海外での就労を希望する場合，1982年に労働雇用省の付属機関として創設されたフィリピン海外雇用庁（Philippine Overseas Employment Administration，以下POEA）に申請し機会を得るほかは，リクルーターと称される仲介業者を介してのエージェンシーによる斡旋で可能となる．前者の場合，費用は抑えられるものの，実際に就労機会を得るまでには長期間を要する．一方，後者の場合には比較的早い段階で就労が実現する反面，高額の手数料を渡航前にエージェンシーに対

表5.4 フィリピンにおける海外契約労働者の就労先（%）

渡航先	男性	女性	合計
アフリカ	2.9	0.7	1.8
アジア	75.9	85.2	80.3
東アジア	14.0	21.0	17.3
香港	0.6	11.7	5.8
日本	6.5	2.0	4.4
台湾	2.8	4.9	3.8
その他	4.0	2.4	3.2
東南および中央アジア	7.1	11.2	9.0
マレーシア	2.0	1.4	1.7
シンガポール	4.0	8.2	6.0
その他	1.1	1.6	1.3
西アジア	54.8	53.1	54.0
クウェート	1.3	7.5	4.2
カタール	8.1	4.5	6.4
サウジアラビア	30.7	13.8	22.6
アラブ首長国連邦	12.5	18.8	15.5
その他	2.3	8.6	5.3
オーストラリア	2.6	1.5	2.0
ヨーロッパ	9.9	6.1	8.1
南北アメリカ	8.8	6.5	7.7
その他	−	−	−
合計（千人）	1,017	923	1,940

して支払わなくてはならず，多額の初期投資が必要とされる．さらには政府が就労に関与する前者と異なり，不透明な契約体系あるいは就労条件下での勤務を強いられることも多く，多くの問題を抱えているのも実情である．しかし，事前のリスク認識が不十分であったり，一刻も早い収入を求める者も多く，こちらの方法で就労先をみつける者も少なくない．リクルーターのなかには海外の就労先あるいはブローカーと結託し，就労者の財産を奪い，人権を侵害する者もいる．さらに就労者は正当な労働対価を得られないことすらあり，危険をはらんでの就職であるといわざるを得ない．

にもかかわらず，海外就労を求める人材は後を絶たない．それは海外で就労することが，生活費や教育費などのまとまった現金獲得の数少ない手段の1つだからである（上野，2011）．そのような労働力は1980年代後半まで，海外での雇用機会を求めるに先立ち，国内を広域で移動するという現象が多くみられた．そしてその大部分が，農村や漁村などの辺境の地から都市への移動であった．それは海外への移動の機会は都市に移住しない限りみいだしがたいものであり，都市に移住してリクルーターやエージェンシーに接触して情報を得るためである（桑原，1990）．

しかし地方分権化が進み，1990年初頭よりPOEAの地方事務所においても海外就労に関する情報の入手が容易になり，かつてはマニラ首都圏にあるPOEA本部においてのみ可能であった労働契約手続きが，POEA地方事務所でも実施可能となった．それにともない，地方出身の海外就労者が増加した．しかしながら，マニラ首都圏および隣接地域を出身地とする海外労働者のほうが多いことから，依然として首都圏の優位性は変わらないといえよう（Tyner, 2001）．また，海外就労の実現に際しては，首都圏の出身者に比して地方出身者に，より大きなキャリアダウンの側面があったことは否めない．

5.4.2 グローバル化と情報ネットワークの発達が創出した就労

そのような困難な時代を経て，近年，フィリピンは高い英語運用能力を有する国民を多く抱える国家として，新たなビジネスチャンスを獲得しつつある．歴史的にもフィリピンは教育水準が高い国として位置づけられてきた．その背景には，植民地時代における，宗主国による教育政策が関連している．16世紀半ばから約330年間にわたり宗主国であったスペインは現地人下級官僚を養成するための教育を施したが，19世紀末から始まる米国支配下の時代には，住民を自治能力をもつ国民に育成することが領有の目的と掲げられた．このことは当時の多くの宗主国が自国語の教育は現地住民のエリート層に施すことを試みるのみであったのに対し，すべての住民に英語教育を享受したという点で異例であった（May, 1984）．また米国国費留学制度や国立フィリピン大学の設立を統治開始後の早い段階で実施したこともあり，「スペインはカトリックを残し，米国は学校制度と英語教育をフィリピンにもたらした」と現在に至るまでいわれている．

ところで，かねてより，インドには多くの西欧諸国のコールセンターが設置され，英語を扱う業務を受託する企業の活動が顕著であった．これらを実現させた要因として，旧宗主国である英国の影響や英語の公用語化と同時に，低く抑えられた人件費がある．そして現在，フィリピンにも同様のビジネスが台頭しつつある．

ここでフィリピンのビサヤ地域の一地方都市，ドゥマゲッティ市の事例をあげたい．ドゥマゲッティ市が位置するネグロス島はかつて砂糖生産で栄えたが，1980年代前半の砂糖の国際価格の暴落により深刻な飢餓状態に陥った．国際砂糖市場の回復により，現在ではネグロス島の経済も回復したが，新規産業の参入および既存産業の成長の実現の困難性という島嶼部ゆえの課題を抱えている．さらにサトウキビのプランテーション栽培が依然として農業活動の主要部分を占めており，貧富の格差は大きい．一方，同市には1901年に，米国によって創設されたアジア初の大学であるシリマン大学（Silliman University）がある．広大な敷地面積のなかにフィリピン随一とされる規模の図書館を有し，優秀な卒業生を多く輩出してき

た．しかしながら，その人材能力を活かし得る仕事が周辺地域に十分に存在せず，その多くは地域の中心的な役割を担うセブ都市圏（高速艇で2時間の距離）やマニラ首都圏（航空機で1時間15分の距離）に雇用を求めて転出することが多かった．しかし移動先で能力に相応しい就労が可能になる保証はなく，住み慣れた土地を離れるにもかかわらずリスクの大きい判断となることもあった．

そして現在，同地域において英語文章の編集業が成長しつつある．ウェブサイトで国内外に広く仕事を募り，自宅もしくは事務所で業務にあたる．基本的にはインターネットへの接続さえ可能であれば仕事場所を選ぶことなく従事することができ，有能な人材を現地で有効に活用することに貢献している．かつては他島に移住して仕事を得ることができたとしても，それまでに築き上げた人間関係の断絶や，都市居住にかかる高い生活費に耐えられず，故郷に戻る者も少なくなかった．しかし，この請負方式であれば自身の居住地域からさほど離れることなく，自身の能力を活かして国内での平均的な賃金相場に比して高い収入を稼得し得る．

同様に，フィリピン人の高い英語運用能力に対する評価の結果，英語による公的文書の代行作成の請負業も成長傾向にある．また，語学留学先としてコストの高い欧米諸国ではなく，フィリピンを選択するアジア諸国が増加傾向にある．それと関連して，インターネット回線を利用した，英会話レッスンのビジネスなども注目を集めている．こちらもアジア諸国が顧客となるケースが多いが，フィリピンが距離的に近いことや時差が少ないことなども，リアルタイムでの対応が必要な場合に有利に機能する．今後も関連分野の発展とともに，新たな雇用がいっそう創出されていくであろうことは想像にかたくない．

フィリピンでは1980年代後半以降，外資系企業を誘致し，その資本により国を発展させようとする政策を採ってきた．しかし，人件費をいっそう低く抑えられる新たな国が出現すると，外資系企業はそのような国にシフトしていった．また，自国の労働力を海外に送り出し，その送金により外貨を獲得し，国が抱える雇用問題の解決を図ってきたが，世界レベルにおける経済不況や，労働力の受入先国の情勢により，雇用契約期間中であっても契約が一方的に打切られ，本国に強制送還されるケースも少なくない．すなわち，経済の活性化を目指すこれらの政策は，世界の情勢や外交に左右され，また都市部においてのみ有利に機能することが多く，安定的な雇用であるとはいいがたい．したがって，これらを経済開発政策の基盤に据えることの危険性は明らかである．

かつては安価で豊富な労働力が，フィリピン労働市場の特長であり，外資系企業の進出において労働集約型産業の発展と集積が多くみられたが，現在では知的集約型産業への積極的な進出と成長がみられる．それには，2010年の政権交代にともなう治安の安定化や，政治的透明性の向上にともなう制度の効率化が大きな要因として機能しているであろう．さらに，このことは地域連携確立や産業連関の構築が困難な島嶼部においても，グローバル化の進展と情報ネットワークの発達と相まって，地方の有能な人的資源の有効活用に大きく貢献している．このような事例は情報インフラが急速に発展しているフィリピンの地方部で，今後，多くみられていくのではないだろうか．

もはやグローバル化社会におけるフィリピン人労働者の魅力は，その低い人件費にとどまらず，その知的資源としての質の高さに注目が集まりつつある．その1つである高い英語運用能力の素地が，旧宗主国である米国統治下での英語教育にあることを考慮するならば，負で語られることの多いかつての主従関係が，経済成長の原動力に転換する可能性を示唆している．　　　　［貝沼恵美］

引用文献

上野加代子（2011）：国境を越えるアジアの家事労働者——女性たちの生活戦略．世界思想社．

貝沼恵美（2009）：中間層の拡大と重層化する社会構造．貝沼恵美・小田宏信・森島　済：変動するフィリピン——経済開発と国土空間形成．二宮書店．

金　美兒（2004）：フィリピンの教授用語政策——多言語国家における効果的な教授用語に関する一考察．国際開

発研究フォーラム，**25**：99-112.

桑原靖夫（1990）：アジアにおける国際労働力移動の一断面．日本労働研究雑誌，**37**：28-48.

国際連合ウェブサイト：http://data.un.org/CountryProfile.aspx?crName（最終閲覧日 2013 年 6 月 7 日）．

国家賃金および生産性委員会ウェブサイト：http://www.nwpc.dole.gov.ph/pages/statistics/stat_current_regional.html（最終閲覧日 2013 年 6 月 16 日）．

佐藤　忍（2006）：グローバル化で変わる国際労働市場――ドイツ，日本，フィリピン外国人労働力の新展開．明石書店．

古田元夫（1999）：東南アジア二十一世紀への展望．古田元夫編：東南アジア・南アジア（〈南〉から見た世界 02）．大月書店．

May, G. A. (1984)：*Social Engineering in the Philippines*. New Day Publishers.

National Statistics Office (1992)：*1990 Census of Population and Housing*. National Statistics Office.

National Statistics Office (2003)：*2000 Census of Population and Housing*. National Statistics Office.

National Statistics Office (2011)：*2009 Family Income and Expenditures Survey*. National Statistics Office.

National Statistics Office (2012)：*2010 Survey on Overseas Filipinos*. National Statistics Office.

Tyner, J. A. (2001)：Regional Origins of Philippine Overseas Contract Workers. *International Journal of Population Geography*, **7**：173-188.

United Nations (2011)：*Demographic Yearbook*. United Nations.

Zulueta, F. M. and Liwag, D. B. (2001)：*Social Problems and Issues in the Philippines*. National Book Store.

コラム5　タイの自動車産業集積

2011年秋に発生した「タイ洪水」を覚えているだろうか．モンスーン季の降雨とその後の台風の影響によりチャオプラヤ川流域で洪水が発生し，バンコク郊外の工業団地が次々と水没して自動車をはじめ多くの日系メーカーの工場が被災した．この影響により，世界各国の自動車工場や関連工場で部品在庫不足に陥り，操業停止に追い込まれた．「タイ洪水」は，同国の自動車産業がグローバルな自動車生産体制の一翼を担っていることを如実に物語っている．

タイの自動車産業は東南アジアのなかで最も成功しているといわれる．同国は1960年代前半に外資導入型の輸入代替工業化政策を導入し，これにより日系や欧米系の自動車企業が次々と進出した．それらはバンコク都やその隣接県に工場を設立した．その後，現地の自動車工場はタイ政府による現地調達率規制に沿って国産化率を徐々に高めていった．とりわけ，日系企業が国産化を進め販売シェアの拡大に努めた結果，タイでは日系企業を中心に生産販売体制が形成された．現在，国内販売の約9割が日本車である．

1990年代中頃になると，タイ国内の高度経済成長などにともなって自動車生産・販売台数が増加し，自動車産業は離陸し始める．また，この時期にはバンコク大都市圏への人・モノ・金の一極集中問題やタイ政府による工業分散化政策などを背景にして，バンコク大都市圏の周辺部に工業団地が開発された．そこに日系自動車企業や同部品企業が立地した結果，自動車産業集積は厚みを増すとともにバンコク大都市圏からその周辺へと外延的に拡大していった．同国の工業団地は外資を含む民間資本による開発が活発であり，日本商社なども関与している．このように，タイではインフラ整備から生産活動まで幅広く日本企業がかかわっている．

一方で，ASEANでは域内の自動車工場間で重要部品の域内水平分業を実施し，これにかかわる関税を半減するとともに，この輸入分を国産部品としてカウントするという枠組みが1980年代後半から開始された．タイはこうしたネットワーク型の生産体制のなかでハブ拠点としての役割を担うこととなった．さらに1997年，アジア経済（通貨）危機が発生し，自動車産業も急激な販売不振に見舞われた．日本自動車企業はこの事態に対処するため，タイが1tピックアップトラックの大市場であることを活かして，タイを同車種の世界的輸出拠点と位置づけて生産台数の拡大を図った．

タイの自動車産業はこのようないくつもの危機を乗り越え，世界有数の自動車産業集積を形成してきた．バンコクの道路に溢れんばかりの日本車は，タイの経済成長の証であるとともに日本自動車産業のグローバルな生産販売体制の結果でもあるのだ．

［宇根義己］

写真1　バンコク中心部の交通渋滞（2011年8月）
自動車の急増に道路整備が追いつかず，交通渋滞が慢性化している．

6 都市の拡大と地域構造の再編

シンガポールの観光地を訪れるインド人観光客
（2011年9月）

　東南アジアの地域構造の再編は，インドシナ半島の諸国とマレーシアなどの島嶼部の諸国の2つの地域に分けられる．インドシナ半島は，ベトナム戦争を経て社会主義の大国が成立し，東西対立の最前線となった．半島部では戦争と内戦が続き，経済と社会が安定的に成長しなかった．島嶼部は，都市問題などを抱えながらも首都圏を中心に資本主義経済が成長した．東西対立の終焉とともに半島部にも，市場経済システムが導入された．経済成長が始まると，都市問題の深刻化などかつて島嶼部が経験したような変化が起こってきた．

6.1 東南アジアの独立と都市成長

6.1.1 植民地化と東西対立

　東南アジアは，タイを除く全ての国が欧米諸国の植民地となった．植民地化の開始時期はさまざまであるが，植民地化の経験は，独立後の国家運営に大きな影響を与えた．植民地化されなかったタイも，独立を維持するために中央集権的な国家体制を構築しなければならなかった．こうした各国の現状を理解するためには，植民地化の影響を理解するべきだろう．

　西欧の中で東南アジアに最も早期に到達したスペインとポルトガルは，両国間で合意した世界分割の政策にしたがって，スペインは大西洋と太平洋を越えて東から，ポルトガルはインド洋を超えて西から東南アジアに到達した．マゼランが太平洋を超えてフィリピンに到達したのは1521年である．大航海時代の始まりから第2次世界大戦の終了後（以下，戦後）まで，東南アジアは欧米諸国の植民地となった．

　戦後，東南アジア各国が独立した後も植民地時代の影響は，深く残った．インドネシアのように独立戦争を経た国は，軍部が政治と経済に大きな影響を与えた．また長い植民地時代を通じて，旧宗主国は言語と文化を残していった．やがて戦争中に開発された交通・通信技術の革新が，民間にも普及するようになった．そして1960年代に入ると，欧米先進国の工業が，交通・通信技術の革新に支えられて東南アジアに進出してきた．

　1960年代の東南アジアは，資本主義と社会主義という東西対立の最前線であった．その東西対立は，当時の南北ベトナムの間で戦われたベトナム戦争に象徴される．ベトナム戦争は，社会主義に支援された北ベトナムの勝利で終わり，東南アジアに巨大な社会主義国が成立した．インドシナ半島の社会主義化が，急速に進展した．インドシナ半島の東西対立と内戦は，中国の政策転換と旧ソビエト連邦の崩壊によって，1990年代に終焉を迎える．そこでタイ政府の首脳は，インドシナ半島のこの変化を「戦場から市場へ」と比喩的に述べて，半島部の経済を成長させようとした．

　他方のマレーシアとシンガポールを含む島嶼部の植民地は，資本主義の国家として独立した．これらの国々も，国内に共産ゲリラによる武装闘争を抱えていた．しかし諸国は，欧米諸国の支援によって，都市問題などを抱えながらも経済成長を継続させた．東南アジアを島嶼部とインドシナ半島に分けると，現在の東南アジアで激しく地域構

造が再編されているのは，島嶼部ではなく，インドシナ半島である．

6.1.2 都市人口の増加

東南アジア諸国の地域構造は，各国の政治・経済と社会・文化の変化とともに再編されている．地域構造の変化の仕方は各国によって異なるけれども，主に産業活動の再編動向が地域構造の変化を規定すると考えてよいだろう．これは日本の高度経済成長期の地域再編を考察した地域構造論に基づく考え方である．

ただし，技術革新が産業構造の再編をもたらす際の連関の構造は，先進国の日本と発展途上国の東南アジアで大きく異なる．日本のように，一国内において産業が自律的に連関するような構造は，東南アジアにはない．また地域構造を変革する主体となる産業は日本とは異なって，工業と観光業の2つの産業である．さらに多様な民族が国内におり，国民統合が充分でない国が多い．そこで，地域構造の再編を考える場合も，各国の社会・文化とその政治的影響が大きいことを考慮するべきだろう．

まず都市に居住する人口数で定義される各国の都市人口の動向を確認しておきたい．表6.1は，国際連合の都市人口推計を用いた各国の都市人口の長期的な推移である．国連の統計は，推計を行った時点の経済成長率や人口動向などをもとにしており，一定の限界がある．推計されたとおりの経済成長率や人口動向が将来にわたって維持されるとは限らない．この限界を踏まえた上で，東南アジア諸国の長期的な都市化の傾向をみよう．

表6.1をみると1990〜2010年の20年間で，島嶼部の諸国の中で都市人口が2倍以上になった国は，マレーシアのみである．しかし，半島部ではタイとミャンマーを除く各国がいずれも倍増した．また2010〜2030年の期間でも，半島部の方が都市人口の拡大比率が大きい．つまり，2010

表6.1 東南アジア諸国の都市人口推移（単位：1万人）（国際連合のWorld Population Prospects：The 2008 Revision, World Urbanization Prospects：The 2009 Revisionをもとに作成）

地域区分	1950年	1970年	1990年	2010年	2030年	2050年
島嶼部						
インドネシア	957	1,996	5,425	10,296	14,578	19,001
	9	19	53	100	142	185
フィリピン	543	1,206	3,033	4,578	7,256	10,137
	12	26	66	100	158	221
マレーシア	124	363	901	2,015	2,900	3,485
	6	18	45	100	144	173
シンガポール	102	208	302	484	546	522
	21	43	62	100	113	108
ブルネイ	1	8	17	31	45	57
	3	26	55	100	145	184
半島部						
タイ	340	777	1,668	2,314	3,362	4,398
	15	34	72	100	145	190
ベトナム	319	785	1,342	2,705	4,659	6,587
	12	29	50	100	172	244
ミャンマー	277	603	1,009	1,699	2,855	3,984
	16	35	59	100	168	234
カンボジア	44	111	122	303	587	1,043
	15	37	40	100	194	344
ラオス	12	26	65	214	470	731
	6	12	30	100	220	342
日本	2,887	5,557	7,773	8,488	8,570	8,140
	34	65	92	100	101	96

各項目の上の数字は都市人口，下の数字は2010年を100とした換算値．2030，2050年は推定．

年を基準にすると，過去20年間と今後20年間のいずれも島嶼部よりも半島部の国の方が，都市人口の拡大比率が大きい．

　都市人口の拡大は，各国の都市化の進展を意味するが，都市の拡大には次の3通りの異なる内容がある．第1は，農村部から人びとが都市に移住して都市人口が増加するパターンで，都市人口の社会増と表現される．第2は，都市人口の自然増で，婚姻などによって子どもが生まれ，都市人口が増加する．そして第3に，従来は農村であった場所が制度改革などによって，都市となることがある．発展途上の変動的な社会では，制度改革によって都市人口が急増する場合もある．例えば，タイ政府は2000年に，それまで市と村の中間に位置していた衛生区（スカーピバーン）を市に格上げした．この制度改革によって，タイの都市人口は統計上急増し，国の都市人口比率が2001年には前年よりも10%も上昇した．

　東南アジアの島嶼部と半島部を比較すると，島嶼部の国々の方が独立まもない時期から，経済成長を続けた．都市人口の拡大は，島嶼部の方が半島部よりもかなり早期に始まった．半島部の国々は，戦後も長く戦乱と内戦が続き，都市産業は安定的には成長しなかった．ベトナムやカンボジアのように，社会主義政権下で都市から農村部への強制的な人口移動政策を実施する国もあった．カンボジアは，1970年代前半に都市人口を急減させた．だが当時のポル・ポト政権による現実離れのあまりに強制的な人口移動政策は，長続きしなかった．やがて都市人口が回復して1985年には，1970年に近い水準にまでになった．こうした政治的混乱などから，都市人口の拡大時期は島嶼部の国々よりも遅くなった．

　表6.1には参考のために，日本の都市人口の推移も示している．日本は，1950年代中期から1970年代初頭までの高度経済成長期に，都市人口が倍増した．1980年代後半の東京圏への産業と経済の一極集中の時期にも都市人口は若干増加したけれども，それ以降はあまり変化がない．日本の経験から推測すると，20年ほどの期間内で1国の都市人口が倍増するということは，その間に大きな社会変動があったと推測できるだろう．2010年を基準にした20年間に都市人口が2倍以上になった国々の社会変化は，日本の高度経済成長期に匹敵するような大きな変化があったといえる．インドシナ半島の諸国には今後，大きな変化があると予想することもできよう．

　ことにラオスの向こう20年間の都市人口は2倍以上の，カンボジアでも2倍近い増加があると推定される．ベトナムやミャンマーでも，都市人口が相当増加する．これらはいずれも社会主義政権下にあり，居住地の移動は自由でなかった．経済の自由化とともに，今後も都市人口の増加が予想されている．

　他方の島嶼部は，都市人口の増加傾向が半島部ほどではない．小規模な都市国家のシンガポールは，厳しい人口政策によって，人口増加はそれほどないし，長期的には人口減少が予想されている．ただし，島嶼部のインドネシアやフィリピンは，人口規模が大きいという特徴がある．諸国の都市人口の増加率は半島部よりも小さいけれども，実質の人口増加数は大きい．インドネシアは今後20年間で約4300万，フィリピンでも約2000万もの都市人口が増加すると予想されている．

　東南アジアの国々は一般に，首都圏に人口が極端に集中している．そして人口規模が第2位以下の地方都市の人口が小さくて都市数も少ない．インドネシアは2億4000万もの人口を抱える大国だが，多くの島嶼に分かれている．このために，首都圏への人口集中の比率は，統計上は大きくない．しかしジャカルタ首都圏は，フィリピンのマニラ首都圏とならんで，東南アジアでも最大の都市圏となっている（生田，2011）．表6.2は，東南アジア各国の20の主要都市圏を示している．また，これらの大都市圏が，各国のどこに位置しているかを図6.1に示した．表6.2によると，東南アジアで最大の都市圏はマニラで，人口数は2000万以上である．マニラ大都市圏の特徴は，人口規模が大きいのみではない．比較的豊かな都市中間層と，貧困層の対比が東南アジアの大都市圏の中でも，最も顕著である．ジャカルタにも多

表 6.2 東南アジアの主要都市圏（単位：万人）(Thomas Brinkhoff. The Proncipal Agglomerations of the World のウェブサイトより作成)

順位	都市圏	国名	人口
1	マニラ	フィリピン	2050
2	ジャカルタ	インドネシア	1880
3	バンコク	タイ	1370
4	ホーチミン	ベトナム	775
5	シンガポール[a]	シンガポール	650
6	クアラルンプル	マレーシア	645
7	ヤンゴン	ミャンマー	495
8	バンドン	インドネシア	308
9	スラバヤ	インドネシア	290
10	メダン	インドネシア	270
11	ハノイ[b]	ベトナム	268
12	セブ	フィリピン	258
13	スマラン	インドネシア	163
14	プノンペン	カンボジア	159
15	パレンバン	インドネシア	152
16	ダバオ	フィリピン	150
17	ペナン[c]	マレーシア	142
18	マカッサル	インドネシア	142
19	マンダレー	ミャンマー	108
20	バタム	インドネシア	104

a) シンガポールには，ジョホールバル（マレーシア）を含む．
b) ハノイの合併後の人口は，約1000万人．
c) ジョージタウンは現在公式名称ではないので，ペナンと表現した．
都市圏の定義：中心都市と市街地が連続している隣接都市もしくは，通勤交通で連結されている周辺都市を含む．

くの貧困層が居住するけれども，彼らは市街地内の多くの地区に分散して居住している．他方のマニラの貧困層は，数が多いことに加えてマニラ市とその隣接地区に集中している．マニラ都市圏とジャカルタ都市圏の貧困層の居住パターンは異なる．市街地内の居住環境の劣悪な場所に居住するという点は同じなのだが，環境劣悪な場所の分布パターンが大きく異なっている．

表6.2にはインドネシアの8都市圏が含まれる．インドネシアは，ジャワ島に人口が集中しているが，そこにはジャカルタ，スラバヤなど4都市圏が集中している．インドネシアは多くの島々に分かれる島嶼国家だが，ジャワ島への人口集中が著しい．ジャワ島の東側には，日本人にも比較的なじみ深いバリ島があり，世界的な観光地となっている．東南アジアの各国の首都圏にはいずれも，日系企業の進出が著しい．そして，ジャワ島西部のジャカルタ大都市圏には，日系企業がとりわけ多く進出している．マレー半島対岸のスマトラ島にも，多くの地方都市圏がある．

バタム都市圏は，シンガポールに隣接するバタム島の人口規模を示している．バタム島が，この規模の都市圏になったのは，シンガポールの影響が大きい．シンガポールは，マレー半島の南端に隣接する小島であり，経済規模に比べれば島の面積は驚くほど小さい．華人国家のシンガポールとインドネシアの国家関係は良好ではなかったけれども，両国政府は欧米や日本などの多国籍企業を誘致するために，バタム島の工業団地開発を協力

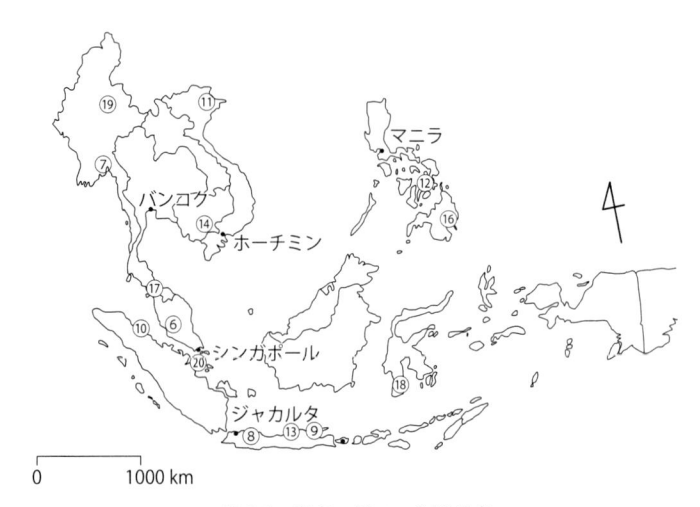

図 6.1 東南アジアの主要都市
図中の数字は，表6.2の順位番号に対応する．

して行った．開発された工業団地には，多国籍企業が多数立地し，多くの労働者をインドネシア各地から吸引した．シンガポールを経由して輸入される工業製品の部品は，バタム島で加工され，シンガポールに再輸出される．両都市間は高速艇で1時間程度であり，1つの都市圏であるともみなされる．

シンガポール都市圏の人口数は，マレーシアのジョホール州の州都ジョホールバルの人口を含んでいる．ジョホールバルとシンガポールの間は陸橋と橋とで結ばれており，多くのマレーシア人がシンガポールに日々，通勤する．シンガポールを中心として，ジョホールバルとバタム島とを含む地域は，見方によっては1つの大都市圏であるともいえ，シジョリ（SIJORI）地域とも呼ばれている（生田ほか，2000）．ただしこの国境を越える大都市圏の中で自由に往来するのは，人間ではなくむしろ先進国の多国籍企業の部品や完成品である．賃金水準の高いシンガポールは，部品や完成品の輸出入業務，それから製品の企画や企業の管理部門に特化している．ジョホールバルやバタム島は，国境を越えて運ばれてくる部品を労働者が加工する役割でしかない．一部には国境を越えてマレーシアからシンガポールにバイクなどを使って通勤する人びともいるが，多くの労働者は，運ばれてきた部品を加工するのみである．1990年代になるとシンガポールの工場がマレーシア側に立地移動したために，国境を越えて通勤する人々の数は，次第に減少した．

マレーシアの首都のクアラルンプル大都市圏は，東南アジアの首都圏の中では人口規模はミャンマーのネピドーを除くと最も小さい（生田，2001）．その理由の1つは，この国の総人口自体がそれほど大きくないことに加えて，マレー半島南部のジョホールバルや半島北部のペナンのような比較的大規模な地方都市圏が成長しているからである．2つの地方大都市圏が，農村人口の吸引先となり，首都圏への人口集中の程度を弱めた．このようになったのも，イギリスによる植民地政策の影響が大きい．

6.2　都市開発と産業成長

6.2.1　首都圏の開発整備

東南アジアの産業成長は，工業と観光という2つの部門に依存したが，工業開発の当初は，輸入代替工業化を目指した．これは，長い植民地時代を経て独立することができた発展途上国の基本的な国づくりの方針であった．先進国からの工業製品の輸入を制限して，自国の産業を成長させようとした．

マレーシアから独立したシンガポールは，国内市場が狭小であったために当初から輸出志向の工業化しかなかった．フィリピンは，旧宗主国のアメリカ合衆国からの企業進出が独立早期の段階で進展しており，輸入代替工業化政策をとりにくかった．首都のマニラは，アメリカの都市圏管理の手法を導入して，首都圏の広域開発を進めようとした．だが制度はできても，実効ある組織に成長することはできなかった．また国内に深刻な民族問題を抱えていたマレーシアは，輸入代替工業化政策を本格的には推進しなかった．というのは，国内産業を成長させようとすると，マレー人ではなく，華人企業家を支援することになってしまうというジレンマがあったからである．

東南アジア諸国は，首都圏への過剰な人口集中による過剰都市化に対応しなければならなかった．充分な産業成長がないままに，農村から首都圏への人口流入が続いた．不法居住や失業者の拡大に対応するために，政府は雇用創出に直結する工業化，すなわち外資導入へと転換せざるを得なかった．

工業拡大の中心は，道路や工業団地の整備が相対的に進んでいた首都圏であった．首都圏の開発はフィリピン，インドネシアやタイ，マレーシアで進行した．シンガポールは狭小な都市国家であり，農村はなかった．マレーシアは，マレー半島北部のペナンやジョホールバルへの多国籍企業の進出と人口集中が進み，産業が拡大した．このため首都クアラルンプルの人口集中圧力は，他の国に比べると小さかった．

首都圏や大規模な地方都市は過剰都市化し，政

府は都市整備を進めようとした．この時，都市整備の主体が主に公共主導によるものか，あるいは民間企業に大きく依存したかによって，市街地形成のされ方が異なるものとなった．マレーシアやシンガポールは，中央政府が主導する公共主導の街づくりがなされた．これに対して，インドネシアやフィリピンでは，大規模な民間企業（財閥）に依存した．この違いは，各国経済の運営体制と社会体制の違いを反映する．インドネシアとフィリピンは，マレーシアやシンガポールに比べれば，政治活動の自由度が大きく，政治的にみてより自由な社会といえるだろう．他方のマレーシアとシンガポールは，イギリス植民地時代の治安維持法を引き継いでおり，言論活動の制約が大きい．これら2か国は，規制的で管理主義的な国家であるが，他方では公共が主導する計画的な市街地を形成した．もっとも，市街地を一体的で計画的につくるという点に限るならば，1財閥による大規模な都市開発であっても一定区画内の開発の計画性は確保できる．マニラ首都圏はそのような大規模開発が多くある．だが，市街地を広域的に計画しようとすると，公権力が都市の全域に開発規制をかけるマレーシアやシンガポールの方が適している．

いずれの国であっても都市開発の主体である民間企業には，華人系企業グループと在来民族による企業グループの2種類がある．インドネシアやフィリピンも，都市開発に関しては華人企業グループが大きな役割を果たした．シンガポールは華人国家である．マレーシアの都市開発は，マレー人のためになされたのだが，結果的には華人系企業がマレー系企業を凌駕することになった．マレー人が支配する政府系の公営企業は，政府の民営化政策によって民間企業となり，首都クアラルンプルで大きな企業集団となっている．このような特殊な事例を除けば，マレーシアでも華人系企業の影響力が大きい．

首都圏の果たす役割は各国によってやや異なるが，多国籍企業が集中し，各国経済の拠点であることには変わりない．首都圏は，工業団地や道路などの産業基盤が整備された．そして交通混雑なども他にも地下水の汲み上げによる地盤沈下や水不足，水質汚濁などの都市問題も起こっている．低湿な沿岸部に大都市圏が形成されたために，洪水が起こりやすい構造ともなっている．ジャカルタでは2007年に大洪水が発生し，多くの人々が影響を受けて，多数の死者がでた．市街地の地盤沈下は，地下水の汲み上げだけでなく，高層ビルなどの大規模構造物の建築によるところも大きい．ジャカルタの地盤は脆弱であり，海水面の上昇よりもむしろ，これらの活動の方がはるかに大きな影響がある．ジャカルタだけでなく，マニラやバンコク，そしてホーチミンなども状況は類似する．

バンコク都市圏では2011年に，長く続いた大雨のために大規模な洪水被害があった．バンコク北部の工業団地は，かつて低湿な水田地帯であったが，そこが洪水の影響を受けた．多数の日系企業も，大きな影響を受けた．この洪水はタイにとって，1997年のアジアの金融危機以降で最大の経済的な被害となった（コラム5も参照）．2011年には同時にメコン川もあふれ，カンボジアの多くで，洪水被害があった．大都市圏のみならず，各国の都市基盤の整備はまだ充分ではない．ことに，道路，公共交通，学校・医療施設，公園などの公共施設が不足している．

6.2.2 観光業の成立

東南アジア各国において工業とならぶ主要産業が，観光関連産業である．観光関連の産業は，工業よりもむしろ多様で幅広い産業連関の構造がある．ことに東南アジアの工業は，先進国の大企業の分工場であり，多様な連関工業は必要としないものが多い．これに対して，観光関連の産業は，小売業や各種のサービス業などさまざまな都市型の産業と密接な連関構造がある．つまり，観光開発の進展にともなって，各種の雇用が増加する際の連関の構造は，工業団地を整備して外国の多国籍企業を導入する工業化政策よりもむしろ，多くの雇用を創出できる可能性がある．

観光関連の産業について，それを都市成長との関連からみると，両者は複雑に関連していることがわかる．東南アジアの観光を考える際にも，植

民地化という歴史的な経緯を考慮するべきだろう（生田，2012）．例えば，インドネシアのバリ島の観光開発は，旧宗主国のオランダによって1930年代に始まった．オランダは，植民地時代にバリ島を観光拠点として開発を始めた．独立後のインドネシア政府は，この方針を引き継ぎ，先進国から支援を受けつつ観光開発を推進した．そして，多くのオーストラリア人や日本人が訪れる世界的な観光拠点を創出した．

東南アジアの観光開発には2つの類型がある．1つは，先進国の観光客を吸引するビーチリゾートの開発があり，他方は国内の観光需要の拡大にも対応した観光地の開発である．東南アジアの観光開発の歴史的経緯をみると，前者のビーチリゾート開発が先行した．リゾート開発は，各国の沿海地域を対象とする．後者の観光需要の拡大は，独立後の各国の経済成長と国民の生活水準の上昇に対応している．上述のバリ島は，この2つが総合化されている．

東南アジアの観光業も，先進国との多様な連関関係の上に成立してきた．日本の地域構造の再編は国内産業の成長を主体としていたのに対して，東南アジアの地域構造の再編は，それとは大きく異なる．東南アジアでは，多国籍企業の進出や先進国の観光客を対象とするリゾート開発などは，先進国との関係で拡大した．日本のような1国内で閉じた自律的な産業成長とは異なる，国際的な連関構造のなかでの産業成長であり，地域構造の再編である．首都圏や地方の主要都市圏の成長もまた，国際経済との連関のなかで実現する．それは工業のみならず，観光関連の産業でも当てはまる．ただし，連関の構造は，各国独自の産業成長によっても影響を受ける．各国の国民所得が上昇すると，国民の観光需要も拡大する．各国の観光関連産業は，自国民や近隣諸国の観光需要によって拡大するようにもなった．

近年の東南アジアは，国際労働移動をめぐる課題も大きい．東南アジアの都市型産業で注目されるのは，サービス関連産業であり，その一例が外国人による家事労働である．フィリピンは，家事労働者の供給国としてよく知られているが，労働力の主体は女性である．シンガポールにおいて外国人による家事労働が拡大してきた．多くはフィリピン人女性であるが，インドネシア人も多い．また，マレーシアでもインドネシア人の家事労働者や農業労働者が増えている．

6.3 地域構造の形成と再編

6.3.1 拡大メコン圏の形成

インドシナ半島では長く戦乱が続いてきたけれども，1990年代に入ってようやく平和が訪れ，本格的な経済開発が始まった．さらに，中国政府が同意して，同国の南部内陸開発とも関連する拡大メコン圏の開発がアジア開発銀行主導で進められた．これには日本政府も関連している．東南アジアの半島部は，拡大メコン圏の形成という国レベルを超えた地域統合が進行している．その中核的な事業が，半島を縦横に走る高速道路の建設である．それは国連（ESCAP）によるアジアハイウェイの建設事業とも重なるが，この事業によって各国の地域構造が再編されている．インドシナ半島の国々は，国境を超える地域開発が進行している．高速道路が整備されてきたので，物流体系が変化してきた．この時同時に，国内の各種制度の調整も迫られている．すでにみたタイの都市制度の改革などのような制度改革も進めなければならない．

東南アジア各国は，これまで地域間格差の是正よりもむしろ，経済成長の実現を重視してきた．各国の首都圏は，国の経済成長を牽引する主要なエンジンとなった．首都圏は，学校や病院などの社会基盤の不足を犠牲にしながら工業団地を整備し，外資系企業を受け入れた．このため，例えばタイでは，国内の周辺地域から首都圏への労働移動が続いた（宇根，2009）．そして地域間格差の問題が，より深刻になってきた．タイの首都バンコクの交通混雑と都市問題はよく取り上げられるが，バンコク首都圏と地方圏の経済格差の問題も大きい．2010年にバンコクで発生した大規模な騒乱は，都市と農村の対立を反映するともいわれた．タイの地域間格差の拡大にともなう問題は，政治の権力闘争と結びついて，複雑に展開した．

そしてその結果，軍部によるクーデターとなった．この騒乱は2014年にも発生した．タイは今後，地域間の格差を縮小する地域政策に本格的に取り組むことになろう．

ベトナムは，国の地域構造が市場経済システムの導入との関連で変化している．かつての1990年代にベトナムが外資導入を開始した時の開発は，産業基盤が比較的整備されていた同国南部に位置するホーチミンが中心であった．この都市はかつて南ベトナムの首都であり，道路なども比較的整備されていた．そこで，外資系企業がホーチミン郊外の幹線道路の沿線に進出した．やがて政府は，外資導入を全国的に拡大したが，同時に首都ハノイの整備を進めた．ハノイの人口規模は，ホーチミンよりもかなり小さかったけれども，周辺自治体を合併し，人口規模と行政域が拡大した．そして，モノレールなどのインフラ整備を進め，首都圏の整備が推進されている．ベトナムの国土は，南北に細長い．このため，同国の北部に位置するハノイを成長させることは，国土計画上のバランスからみて合理的であった．ベトナムの気候と風土は南北で大きく異なる．

現在のインドシナ半島で政治経済的に最も変化しているのが，ミャンマーである．ミャンマーはイギリス植民地から独立したが，1962年の軍部によるクーデターによって社会主義国となった．ビルマ式社会主義の最大の特徴は，中国とは異なって農業の集団化を行わなかったことである（Nang, 2000）．そして，国主導の輸入代替工業化を推進しようとし，工業に加えて銀行や出版社なども国有化した．政府は植民地時代に外国人，華僑系やインド系の企業家の所有になっていた企業を社会主義のもとで国有化し，ミャンマー人のものとした．しかし国有化政策は失敗し，結果的に農業部門が拡大した．さらに通貨危機が1980年代の軍事政権下に発生した（西澤, 2000）．この結果，政府は1988年以降に市場経済を導入するなどの経済改革を行ってきた．1990年代に入ると，民間銀行も設立されるようになった．そしてASEANに加盟するなどの改革を進めてきたが，カレン族，カチン族などの少数民族の諸問題が，政治と経済に複雑に関連している．少数民族とはいえ，その総数はかなり多くて，総人口の30％以上を占めるという．ミャンマーは石油や天然ガスなどの地下資源が豊富で，天然ガスは多くの外貨を稼いできた．

ミャンマーも他の東南アジア諸国と同じように，首位都市への人口集中が著しい．以前の首都であったヤンゴンに，人口が集中している．政府は過剰都市化した都市の雇用を創出するために，経済特区を創設して，外資を導入しようとしている．ミャンマーは21世紀に入ってまもなく，国土の中央部に新首都ネピドーを建設し，首都移転を進めてきた．新首都建設の意図は，国防上の観点が指摘されているけれども，明確ではない．しかし首都移転は，ミャンマーの地域構造を考える上では大きな意味がある．マレーシアのように首都の近傍に華人を排除したマレー人のみの政府機関コミュニティをつくる型の機能移転ではない．マレーシアに比べるとミャンマーは，華人との民族対立は表面には現れていない．現在，新首都の人口は急増しており，外資系企業の事務所等の進出も始まった．ネピドーとさらに内陸のマンダレーは，アジアハイウェイも経由し，拡大メコン圏の結節点ともなりつつある．

内戦による混乱が長く続いたカンボジアもまた，政治的安定を得た後には経済開発を推進しはじめた．政府はベトナムや中国などの外国系企業に開発権を与えて，鉱山・ゴム農園開発に加えて工業団地・商業施設などの建設を進めている．だが，開発権を得た企業と住民の間には，居住権と立ち退きをめぐる紛争が多発している．土地をめぐる紛争はカンボジア全土で起こっているが，首都プノンペンが多くを占めている．工業の主な進出先は，全国に20以上設定されている経済特区であり，日系企業の進出も増加している．ベトナムとの国境に近い場所に開設された経済特区への企業進出が多いようだ．

このように多様な東南アジアであるが，半島部を中心に都市が拡大し，地域構造が再編されている．

表6.3 東南アジア主要国の地域構造

指標	インドネシア	フィリピン	マレーシア	シンガポール	タイ	ベトナム
自然条件	島嶼国	島嶼国	東西マレーシア	島嶼国	インドシナ半島	インドシナ半島
歴史経緯	オランダによる植民地化	スペイン・アメリカによる植民地化	イギリスによる植民地化	イギリスによる植民地化	独立の維持（中央集権体制）	フランスによる植民地化
産業化	多国籍企業・公営企業	アメリカ系企業・多国籍企業	多国籍企業	多国籍企業・国内金融グループ	国内企業育成・多国籍企業	多国籍企業・アジア企業
華人	企業集団	企業集団	民族別政党	華人国家	同化政策	ベトナム戦争の影響
都市化	ジャボタベック・バタム島	カラバルソン	地方拠点（ペナン・ジョホールバル）の成長	都市国家	バンコクへの集中	ホーチミン対ハノイ
地域政策	経済回廊	地域間格差是正	国家都市化計画・イスカンダル計画	SIJORI	地域間格差是正（拡大メコン圏）	首都圏整備（拡大メコン圏）
対立軸	ジャワ島対その他の外島	南北	半島部対東マレーシア	SIJORI対アジア進出	首都圏対地方圏	南北

6.3.2 諸国の地域政策と共同体の創設

表6.3は，東南アジア主要国の地域構造の特徴を示している．地域構造の再編にあたって，陸続きで国境を接し，人々の交流が容易なインドシナ半島に属するか，それとも島嶼部かという地理的条件の違いは大きい．またインドシナ半島の国々が，基本的には民族別の国家として成立したのに対して，島嶼部は多民族国家となったという基本構造が大きく異なる．この違いは，植民地化のされ方が異なるという歴史的経緯の違いによってもたらされているのだが，地域構造再編の基底的な部分を決めている．

表6.3に示した国の多くは資本主義国として成立し，開発主義の政府によって経済開発が推進されてきた．ベトナムは中国に追随して，市場経済システムを導入した．各国の地域構造再編の要因となる産業は，工業と観光業である．工業開発は，外資系企業に依存した．このため，雇用の創出は比較的早期に達成したけれども，工業成長の基盤は脆弱なものであった．多国籍企業は，安い労働力と土地，そして成長する市場を求め国境を超えて自由に移動する．1990年代になると，東南アジアに立地していた先進国の多国籍企業は，東南アジアの工場を縮小し，中国へ移行する傾向をみせた．このため各国の現地雇用は減少した．

東南アジアの資本主義国は，首都圏への産業と人口の集中を回避するために，地方開発を進めようとした．しかし実態はすでにみたように，産業経済と人口の首都圏への著しい集中をもたらした．日本は高度経済成長期に入ると，大都市圏の産業を地方に分散するための地域政策を強力に推し進めた．だが東南アジア諸国は，日本ほど強力な地域政策は実施できなかった．工業を地方に分散するための工業団地などの基盤整備は，タイやマレーシアで進められた．フィリピンでもその計画はあった．しかし実際の地方工業化は，マレーシアを除くとあまり進展しなかった．マレーシアもマレー半島の南部と北部という国内の一部地域のみの工業化であり，東マレーシアを含む全国的なものとはならなかった．

諸国は今後，農村地域から流出してくる人口を全国に分散する地方都市で受け止めるために，政府による地域政策の拡充が必要となっている．地方都市で雇用機会を増やし，農村から流出してくる人口を地方圏で吸収することができるならば，それだけ首都圏への人口流入は減少する．今後増大する都市人口を，国内のどの地域にあるどの都市に導くかは，各国の地域政策の重要な課題の1つである．こうしたことを考えると，各国の主要都市が国内にどのように空間分布しているかという点が重要である．

各国政府は，地域政策をより重視するようになってきた．その一例がインドネシアである．図6.2は，インドネシアの地域政策を示している．

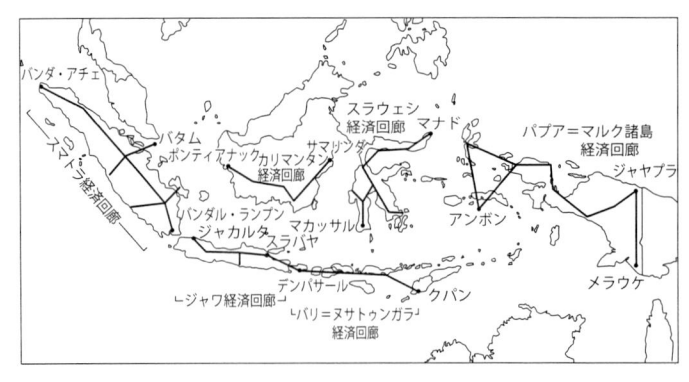

図6.2 インドネシアの経済回廊（佐藤，2011）

インドネシアは，人口の多いジャワ島から他の外島への移住政策も行ってきたけれども，充分な効果はなかった．そこで主要な島嶼に経済回廊を設定することになった．これらの回廊では道路などのインフラ整備を進め，経済活動の拡大を計画している．図中の太線は，主要拠点間の結合計画を示している．この経済回廊の考え方と政策立案には，日本の経済産業省（旧通商産業省）の支援が大きかった．かつて通商産業省は，高度経済成長期に新産業都市の形成などを通して，日本の地域政策に大きな影響を与えた．当時の日本の新産業都市計画は，地元への利益誘導を目指す政治家と住民の行動によって，あまりに多く計画され，失敗した．新産業都市の計画以降にも，さまざまな計画が提出され，政府に依存する体質を継続させた．こうした負の経験が，今回の経済回廊の創出にあたっては逆にプラスに生かされることを期待したい．

またマレーシアのように，多国籍企業の流出が続き，危機感を抱くようになった国もある．連邦政府は企業の転出に対応するために，国の地域政策を変更した．連邦政府は国の基本的な開発計画である第9次マレーシア・プラン（2006～2010年）にイスカンダル・マレーシア計画を位置づけた．そして，シンガポールに隣接するジョホールバルを中心とする地域に，イスカンダル地域開発公社を設置した．この開発公社は，シンガポールとマレー半島南部との経済統合を推進する主体となっている．

東南アジア諸国は，自国産業の拡大に努めているけれども，それは容易なことではない．自国産業の拡大を図ろうとする時，観光業は有力な産業である．観光関連産業も，先進国の消費者に依存するところが大きかったけれども，各国の経済成長にしたがって自国民の観光関連の消費も拡大してきた．東南アジア各国の経済が成長してくると，観光需要が拡大し，域内の観光関連産業は，同じ東南アジアの他国の観光客の誘致も目指すようになった．観光関連産業は，地域構造の再編にも寄与している．

観光関連産業は，東南アジアでは工業とならぶ主要産業である．日本では，工業の海外流出に対応するために，観光関連の産業が育成された．日本の工業と観光関連の産業の関係は，東南アジアとは異なっている．日本の観光関連産業の育成は，工業の海外進出が本格化し，地域の雇用が失われるようになった1990年代以降に本格化した．しかし東南アジアの観光関連産業は独立当初から進められ，すでにみたように植民地時代から旧宗主国によって開発が推進された場合もある．

東南アジア各国は経済が成長する首都圏と，その他の地方との間の地域間格差の拡大が著しい．このため各国の中央政府は，地方圏の成長を目指した地域政策を本格的に検討するようになった．例えば東南アジアの中ではインドネシアとフィリピンで，地方分権が進展した．東南アジアの地方政府は一般に，弱い権限と不十分な財政基盤しかなく，自治と統治の能力は，日本よりもはるかに弱いものでしかない．そのような中で，権限が地方に委譲されると，旧勢力が復活するなど社会が

むしろ不安定化することもある．したがって今日の東南アジアでは，中央政府が強力に主導する地域政策にも重要な役割がある．

各国の中央政府が経済成長を実現するためには，確かに首都圏に産業を集中させた方が効率的ではある．しかし，それによって経済が成長しても，地方圏との格差がいっそう拡大する．また逆に，地方圏の産業経済を拡大しようとすると，国全体の経済成長率が維持できない可能性がある．そこで東南アジアは，経済共同体の創出を目指している．経済共同体に続いて，2020年までに安全保障と社会・文化の側面も含めた ASEAN 共同体の創出を予定している．

経済共同体などの共同体の形成は，多国籍企業の流出を食い止めようとする東南アジア諸国の危機感の表れである．共同体の構築は，経済成長の一手段となっている．共同体の形成によって，国土の辺境地域の開発は，ある程度進展するかもしれない．政府主導の地域政策がどのように実現していくか，各国の地域政策の進展と拡大メコン圏の整備などが注目される．経済共同体の創設や，ASEAN 共同体の構築は，東南アジアの経済成長を持続させることが目標である．東南アジアの地域統合は，中国とインドという周辺地域との経済競争との関連からとらえるべきだろう．これらの課題を考えるにあたって，各国経済を閉じて孤立的な国家としてとらえるのではなく，地域統合がゆるやかに進展した共同体ととらえる見方も有効だろう．

［生田真人］

引用文献

生田真人（2001）：マレーシアの都市開発——歴史的アプローチ．古今書院．

生田真人（2011）：東南アジアの大都市圏——拡大する地域統合．古今書院．

生田真人（2012）：東南アジアの観光開発——タイとインドネシアの4地方都市を事例に．立命館大学人文科学研究所紀要，**98**：9-48．

生田真人・松澤俊雄編著・大阪市立大学経済研究所監修（2000）：クアラルンプル・シンガポール（東南アジアの大都市3）．日本評論社．

宇根義己（2009）：タイ・アマタナコン工業団地における自動車部品工業の集積プロセスとリンケージの空間的特性．地理学評論，**82**（6）：548-570．

佐藤百合（2011）：経済大国インドネシア——21世紀の成長条件．中公新書．

西澤信善（2000）：ミャンマーの通貨危機．国民経済雑誌，**181**（2）：1-13．

Nang, M. K. K.（2000）：ミャンマーの都市化と経済発展．立命館国際地域研究，**15**：141-163．

7 開発にともなう自然環境の変化と保全

フィリピンのオーロラ州に残された国道沿いの自然林（2008年6月）

人間活動のあるところには常に開発が存在し，そうした意味においては東南アジアも例外ではない．鉱業，農業，林業，工業などにともなう開発とこれに付随する環境問題，環境保全に向けた取り組みは，大小の違いこそあれ東南アジア諸国に共通した事象である．気温と降水量に恵まれたこの地域の自然環境を代表する豊かな森林は，人間のハビタット（居住空間）を提供し，また農業は自然環境と人間との強いつながりの上で成り立っている．ここでは森林開発と農業開発を中心に，東南アジア諸国で自然環境を変化させてきた開発の過程と現状，保全に向けた取り組みについて概観する．

7.1 東南アジアにおける森林被覆面積の変化

まず，東南アジアにおける森林被覆と農地の現状を，大まかに2010年における各国の農地面積と森林面積から捉えることにする．なお本章における統計データは，FAO（国際連合食料農業機関）およびITTO（国際熱帯木材機関）によっており，信頼性は高いと考えられるが，特に森林面積に関してはFAOの定義する森林被覆の認定の確度に国による違いが生じている場合もあり注意が必要である．FAOの統計では，樹木被覆に関連したカテゴリーとして，ForestとOther wooded landがある．前者は樹高が少なくとも5mに達し，樹冠部が10%を超す0.5haを上回る土地であるほか，林業目的のプランテーションなどを含む．後者は灌木や小木を含む樹木被覆に該当する．ここでは，いわゆる森林（Forest）の統計を示している．

7.1.1 森林面積の減少

東南アジアの陸地の約50%は森林に覆われ，残りの土地の約30%が農地である（表7.1）．この割合は，東南アジアで最大の陸地面積をもつインドネシアとほぼ同等である．シンガポールは別として，森林面積割合の最も小さいのがフィリピンであり，タイ，ベトナムがこれに続く．これらの国は農地面積割合において上位3か国になっていることも特徴となっている．森林面積が100万ha以上の国々について1990年以降の森林面積変

表7.1 東南アジアの農地面積と森林面積（FAOSTATデータベースより作成）

	農地面積	森林面積	陸地面積	農地面積割合（%）	森林面積割合（%）
ブルネイ	11	380	527	2.2	72.1
カンボジア	5,655	10,094	17,652	32.0	57.2
インドネシア	54,600	94,432	181,157	30.1	52.1
ラオス	2,378	15,751	23,080	10.3	68.2
マレーシア	7,870	20,456	32,855	24.0	62.3
ミャンマー	12,526	31,773	65,326	19.2	48.6
フィリピン	12,000	7,665	29,817	40.2	25.7
シンガポール	1	2	70	1.1	3.3
タイ	21,060	18,972	51,089	41.2	37.1
東ティモール	365	742	1,487	24.5	49.9
ベトナム	10,768	13,797	31,007	34.7	44.5
東南アジア全体	127,234	214,064	434,067	29.3	49.3

表7.2 東南アジア各国の森林面積（森林面積が100万ha以上の国）（FAOSTATデータベースより作成）

	森林面積（1,000 ha）			年変化率（1,000 ha/年）	
	1990年	2000年	2010年	1990～2000年	2000～2010年
カンボジア	12,944	11,546	10,094	−140	−145
インドネシア	118,545	99,409	94,432	−1,914	−498
ラオス	17,314	16,532	15,751	−78	−78
マレーシア	22,376	21,591	20,456	−79	−114
ミャンマー	39,218	34,868	31,773	−435	−310
フィリピン	6,570	7,117	7,665	55	55
タイ	19,549	19,004	18,972	−55	−3
ベトナム	9,363	11,725	13,797	236	207
合計（東南アジア全体）	247,260	223,045	214,064	−2,422	−898

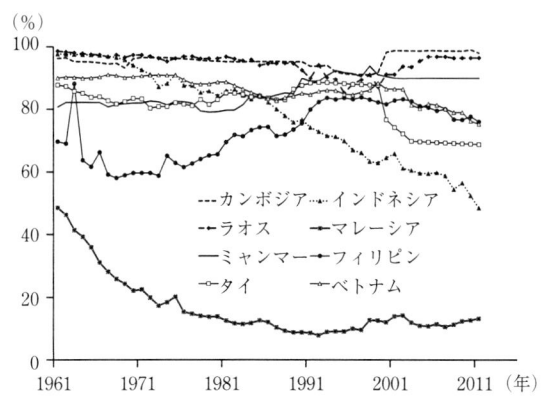

図7.1 東南アジア各国の全木材生産に対する薪炭材割合（ITTOデータベースより作成）

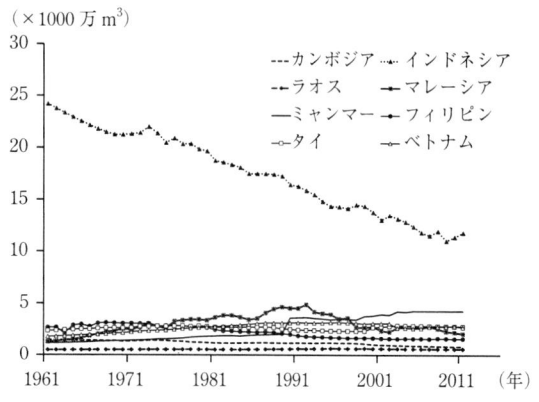

図7.2 東南アジア各国の全木材生産量の推移（ITTOデータベースより作成）

化（表7.2）をみると，フィリピン，ベトナムを除く国々で減少しているが，前半の10年（1990～2000年）と後半の10年（2000～2010年）で，カンボジアとマレーシアは減少が大きくなっているのに対し，その他の国は小さくなっている．後半10年における東南アジア全体の森林減少の鈍化は，森林面積の最も大きいインドネシアの減少の鈍化によるところが大きいことがわかる．ミャンマーは東南アジアにおいて，インドネシアに次ぐ森林面積を有しているが，森林面積はインドネシアの3分の1程度である．それにもかかわらず同期間においてインドネシアの減少量の約60%にあたる森林減少が認められ，2000年の森林面積に対する国別の減少率はカンボジア（−1.26%/年）に次いで大きなもの（−0.89%/年）となっている．これは東南アジア全体の減少率（−0.40%/年）の倍以上にあたる．

こうした近年における森林面積変化を森林面積が100万ha以上の国々について木材生産の観点から眺め直してみる．これは，東南アジア各国において統一的に長期的な森林面積変化を追う資料が存在しないからである．木材生産には，大きくは産業用途としての側面と燃料（薪炭材）としての側面がある．2010年の対象8か国における木材生産の合計は約2億7000万m³であり，その中の60%強が薪炭材として利用されている．

7.1.2 木材生産量の推移

図7.1に各国における全木材生産に対する薪炭材の占める割合の変化，図7.2に各国における全木材生産量の推移を示した．薪炭材の割合は，マレーシアが1960年代から2010年に至るまで，対象各国の中で最も低く，最近30年間にわたって20%を下回る割合となっている．東南アジア最大の森林面積をもつインドネシアでは，1960年代から1970年代にかけて80%を超える木材生産が薪炭材のためのものであったが，近年は60%

未満にまで低下している．その他の国では，1990年代末から急速に薪炭材の割合が低下したタイ，それとは逆に増加しているカンボジアやラオスといった国々が目にとまる．表7.2に確認されるように，マレーシアは1990年以降の10年間と比較して，2000年以降の10年間での森林面積の減少率が大きくなっている国であるが，全木材生産はこの期間において減少している．このことは，単位面積当たりの森林蓄積（森林を構成する樹木の幹の体積）が小さい土地における森林伐採が近年進んだ可能性を示唆しており，2000年以降の10年間における薪炭材割合の若干の増加とも整合する．

インドネシアの木材生産量は，多少の変動があるものの，1960年代から薪炭材割合の低下とともに減少しつづけている．図7.3に示されるとおり，産業用木材生産は未だに増加傾向にあることからも，薪炭材消費の低下が全木材生産量の低下に寄与するところが大きいと考えられる．インドネシアに次いで森林面積の大きいミャンマーでは，1990年以前には2000万m³未満であった全木材生産量が，2000年代後半には4000万m³を超えるまで拡大し，森林面積と同様，インドネシアに次ぐ木材生産量となった．この間，薪炭材割合も90%近くにまで増加し，産業用木材の生産に顕著な増加が認められないことからも，近年における全木材生産量の増加に対する薪炭材増加の寄与がきわめて高いといえる．

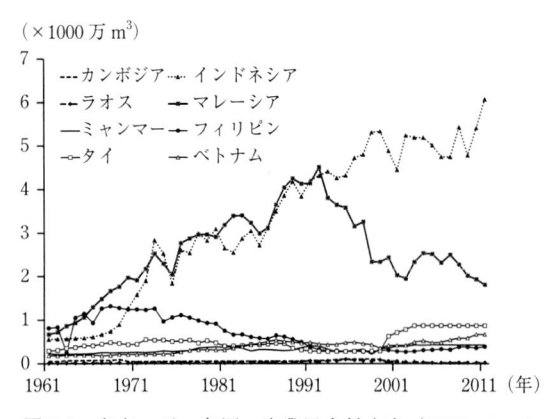

図7.3 東南アジア各国の産業用木材生産（ITTOデータベースより作成）

7.1.3 産業用材の増加と薪炭材の減少

東南アジアの国々では1960年代から1990年代に至るまで，丸太材などの木材輸出にともない多くの森林が失われてきた．フィリピンはその中でも最も森林面積が減少した国であり，表7.1にみるように現在の森林面積は国土の4分の1程度しか存在しない．図7.3において確認されるとおり，この国の産業用木材の生産量は1960年代から1980年代にかけて高く，1960年代から1970年代には，20%を超える産業用木材が輸出されていた．これにも増して，産業用木材に占める輸出木材割合が高かったのがマレーシアであり，1960年代後半から1990年代前半に至るまで40%を超える割合となっていた．1990年代前半をピークとする産業用木材の生産量の減少と同時に，輸出割合も減少し，近年では20%前後となっているものの，マレーシアは東南アジア諸国の中で最も高い国である．

以上，森林面積の減少に直接かかわる木材生産量の用途にみるように，東南アジア各国において森林減少に寄与する主要因は，その重みづけにも大きな違いが存在することがわかる．1990年から2010年にかけて森林面積の減少が最も大きいインドネシアでは，全木材生産量に占める薪炭材と産業用材の割合がほぼ等しく，この国に次いで減少が大きいミャンマーでは，全木材生産量の約90%が薪炭材である．また，マレーシアではミャンマーとは逆に薪炭材の占める割合は10%程度にとどまっている．こうした点のみならず，森林蓄積といういわば森林資源としての質と量の問題は，同量の木材生産を行う場合に開発される森林面積に違いをもたらすものであることを理解すべきであろう．FAO（2009）によれば，インドネシアの全森林蓄積量は52億1600万m³であり，一方，マレーシアのそれは52億4200万m³である．マレーシアの森林面積はインドネシアの4分の1に満たないにもかかわらず，森林蓄積量は同等以上である．同資料によれば，両国の1ha当たりの森林蓄積量には6倍の違いが存在するので，同量の木材生産を行う場合には面積において6倍の違いが生じることになる．

7.2 第2次世界大戦後の森林開発

7.2.1 持続不可能な伐採

持続可能な森林資源開発という意味において熱帯原生林を捉えると，伐採後に元に戻るまでには100年以上が必要といわれている．これを踏まえれば，第2次世界大戦後の人口増加と商業伐採の負荷の下では，持続可能な森林資源開発は不可能である．したがって，現代において持続可能な森林伐採活動とは，伐採地区が次の伐採活動に十分なほど育つことを意味しており，例えばインドネシアでは35年程度が必要とされている．しかしながら，こうした意味においても，第2次世界大戦後の東南アジアの森は，最大持続可能生産量（いわゆるMSY）を超えてしまった．もちろん，それよりずっと以前に，ジャワ島のバリやベトナムの紅河デルタのような地域では，開発が進んでいたが，それは主に人口増加による農業利用のための土地開墾として考えられる．1960年頃からは，人口増加は商業伐採を後押しするものへと比重を移していった．

商業伐採と木材輸出，およびその後の合板やパルプや紙の輸出は，1960年代から多くの地域で認められたが，フィリピンやマレーシアのサラワク州サバ地区，カリマンタン島のインドネシア地区に集中した．それは，フィリピン諸島，マレー半島，スマトラ島，カリマンタン島，ジャワ島，スラウェシ島，ニューギニア島といった地域がマレーシア植物区系区に属し，直立し樹高が高い堅木であるフタバガキが多く分布し，伐採業者を惹きつけたためであった．1950年代に始まった大規模なフタバガキの伐採は，硬材を求める日本の需要を1つの要因として始まったが，それ以降，アメリカ合衆国，ヨーロッパ，中国，東南アジアなどの需要の高まりとともに拡大した．この際，重要であったのが，これまで職人的だった林業が機械化され，従来開発の進まなかった未開の土地に開発が及んだことである．

1960年代後半に，インドネシアが経済的不況から脱するために行った丸太製品の輸出は，産業用木材生産を真の意味で拡大させ，1970年代には，この生産だけでインドネシアのMSY（1年につき2200万～2500万 m^3 とされる）を超えた．こうした中で，インドネシアは環境のためでなく，丸太加工産業の成長のために，1980年代初期に丸太輸出を禁止した．産業用木材生産量の増加は一時的に遅くなったが，1980年代後期からの合板，パルプ，紙の生産と輸出により再び増加は強まった．一方，タイは1980年代後期に伐採禁止令を課し，その結果として国内の丸太生産は減少したが，同時にインドネシア，マレーシア，フィリピン，ミャンマーなどの国からの材木輸入を促進したため，他の東南アジア諸国の環境を悪化させたともいわれている．

7.2.2 違法伐採とその影響

東南アジア諸国において，税，免許，伐採，再植林料金などの伐採活動にともなう収入（森林使用料）は，その一部分のみが，インフラ投資，経済開発，1人当たり収入の増加のために使われた．例えば，インドネシアでは，正当に受領すべき森林使用料のわずか10～30％しか，国が受け取っていないと指摘されている．つまり，違法伐採の割合が極端に大きく，また，森林伐採にかかる免許の多くが，政治家，官僚，軍人などの友人や家族に与えられ，法令に準じた使用料と税金が完全に徴収されないという事実も存在していた．こうした政府による違法伐採や政治腐敗，低率な森林使用料が，経済的あるいは環境的な高コストをもたらした．低価格な木材製品とそのために低い輸出収入，非効率性は，より高い伐採率へとつながった．したがって，1960年以降に生じた過剰な森林伐採は，内的・外的な木材需要の増加や関連する投資や機械化といった技術的変化によってのみ説明されるものではなく，組織的な側面，政治生態学（ポリティカルエコロジー）的な側面を強くもっていたとされている．

東南アジア諸国の政府と森林公共事業は，さまざまな意味で区画化を行った．政治的な森林の創造ともいえる線引きは，多くの先住民の移住または社会的疎外をもたらした．これは，必ずしも狩猟採取民や焼畑耕作民といった高地に住む種族だけではなかった．1960年以前においても，多く

の森林指定保護地区は存在していたが実質的なものではなく，あくまで紙の上での話であった．違法伐採への関心や関連する巨額の金，未開墾森林開発への競争は，保護森林を実質的なものへと変化させた．移転あるいは土地の権利に関する取り決めは，先住民の抗議と抵抗につながった．一方で，インドネシアやフィリピンで指摘されているように，統治者やその関係者が，さまざまなパトロン−クライアント・ネットワークにおいて重要な役割を果たし，経済的にも環境的にも損害を与えていった．多くの東南アジア諸国が，森林の持続可能な開発を目的とした選択伐採や自然再生，再植林などに関する林業法をもち，違法業者に罰金を課したが，このことが管理する者と管理される者との癒着を強める方向に働き，実質的な管理がなされないまま森林被覆の消失が続いてきた．

森林被覆の消失は，常に生物多様性の損失を招き，フィリピンでは多くの固有の動植物を失った．楽観的あるいは偽りの，高い森林被覆率が統計資料としても提出される中で，開発と伐採は進み，土壌侵食の増加，灌漑水路でのシルト沈積，土石流，水資源の減少をもたらした．森林伐採後の山地・丘陵地には，ごく限られた利用しかできない，生産性のきわめて低い人為的極相としてのコゴン草原が拡大した．

7.3 近年における違法伐採と認証制度

7.3.1 依然続く違法伐採

東南アジアでの違法伐採は，近年においても国レベルで十分な対処が行われておらず，いわゆるガバナンスの弱さに起因する地域問題として頻繁に指摘される．違法伐採による木材は，国境地域へと流れ込み，違法伐採を隠す文書が発行されることによって合法化された木材となる．例えば，近年においてもこうした木材がインドネシアからマレーシア，シンガポール，中国へ，また，カンボジアからタイやベトナムへ，ミャンマーから中国へと流れていることが報告されている．

前述のようにインドネシアでは，1990年代に比べ2000年代の森林伐採量は減少しており，Lawson and MacFaul（2010）によるChatham Houseレポートによれば，この間の違法伐採は75% 減少したとされている．とはいえ，同報告によれば，依然として全木材生産量の40% が違法伐採によるものとされる．インドネシアの森林部門における違法行為は，調査する大部分のNGOが最も注目をする点であり，過去何十年にもわたる，インドネシアのアブラヤシ生産と泥炭湿地林の開発の悪影響は，後述のように近年その注目の大部分を集めている．

マレーシアの森林の大部分は国有であり，2000年代の違法伐採率は若干の減少傾向にあるものの，それでも木材生産量の 14〜25% が違法伐採によるものとされる．こうした違法伐採の大部分が，許可を受けた会社の公認区域内でのやり方の問題とされる．

タイの森林のおよそ半分は保護林であり，2005年から2010年の統計では森林伐採による森林減少率は0.1% にとどまっている．これは，産業伐採に対する国の規制が功を奏した結果であったが，一方で増えつづける木材需要はその供給先をミャンマーやラオス，カンボジアに見出している．こうした中，Environmental Investigation Agency（2012）で報告されているように，カンボジアとの国境地帯に沿って近年違法に伐採された中国市場向けのシャム・ローズウッドの取引がNGOにより指摘され，2013年にはこうした取引を抑制するためにカンボジアとタイの政府は境界域でのモニタリング，違法な活動に関する情報共有などに関する協定を結んでいる．

ベトナムはフィリピンとともに，東南アジアにおいてはめずらしく森林面積が増加している国であるが，原生林の面積は国土の44% を占める森林のわずか1% を占めるにすぎない．森林面積拡大はその大部分が大規模な森林プランテーション開発によっており，全森林面積の4分の1を占めている．森林面積が増加するベトナムは木材加工国でもある．しかし，輸入される材木の約18% が違法なものであるとされている．密輸量は，2000〜2007年の間に3倍となり，その多くがラオスから流入していることが近年指摘されている．

ラオスは近年，未加工木材輸出から徹底管理された森林プランテーションによる輸出木材生産へと転換し，国内生産の大部分が輸出用の木材となっている．一方，非木材森林生産物が不可欠な収入源となっているラオスの最貧層の90%にとって，こうした転換による影響は甚だしいことから，政府は国の残りの森林を保護しようとしている．

フィリピンの森林被覆は，過去20年間で拡大してきているが，それでも国土の26%にすぎない．この4分の1にあたる面積が保護林となっており，保護と収穫・生産に向けた開発を国の森林政策として優先させているが，未だ違法伐採は現地メディアに常に取り上げられる問題となっている．近年においても違法木材取引における軍の関与が指摘されるなど，法による厳正な対処と取り締まりが求められている状況にある．

7.3.2 認証制度の導入

現在においても違法伐採への対処は，東南アジア諸国の森林保全において喫緊に解決されるべき問題となっており，それぞれの国の森林管理体制や他国との連携を含めた取り組みが進められている．その1つとして大きな役割を担っているのが，認証制度による管理である．1993年にカナダのトロントで設立されたForest Stewardship Council（FSC：森林管理協議会）をはじめ，PEFC森林認証プログラム（Programme for the Endorsement of Forest Certification），LEI（インドネシアエコラベル協会：The Indonesian Ecolabelling Institute），MTCC（マレーシア木材認証協議会：Malaysian Timber Certification Council）などグローバル，あるいは国ごとに行われている認証制度が存在している．

近年，インドネシア，マレーシア，ラオス，ベトナム，タイなどの東南アジア諸国で導入が進められているFLEGT（Forest Law Enforcement, Governance and Trade）は，2003年5月の欧州委員会（EC）が欧州地域横断的な違法伐採対策として策定したEU加盟国を対象とした行動計画の名称であり，法律を遵守した伐採木材のみをEUに輸入することが許される自主的な計画となっている．2005年および2008年12月に適用された実施規定は，EU内の法的枠組みであり，二国間におけるFLEGT Voluntary Partnership Agreements（VPA：自発的パートナー協定）に加盟する国々からEUへの木材輸入を管理する．その内容には，①違法伐採問題への公平な解決の推進を含む木材輸出国の支援，②EUと木材輸出国間におけるVPAの開発，実施を含む合法材貿易の推進，③調達手順内で木材を指定する場合の合法性の確認の方法など官公庁へのガイドを含む公共調達方針の推進，④合法材調達など自主的な行動規範を含む林業界におけるグッドプラクティスの推進，民間企業による取り組みの支援，⑤融資，投資部門へのセーフガードの推進，⑥計画実施を支える現行法の活用およびEUTR（欧州連合木材規制）など新法の適用となっているが，あくまで生産国側での合法性，合法証明制度を基に合意を形成する形をとっており，EUの定義やEUの求める制度などが強制されることはない．

7.4 農業開発と「緑の革命」

7.4.1 限界に達しつつある農地開発

人口増加は，農業拡大と開発において主要な推進力であり，工業化の進まない多くの東南アジア諸国にとって，農業生産は経済基盤であり，経済成長の主軸でもある．人口増加は，食料増産と関連して，1960年代ごろまで農地開発の主要因であり，環境影響に対する重要な背景であり，当然のことながら，現在もこの背景は変わらずに存在している．東南アジア全体の農地面積は，森林の減少とともに拡大し，1960年はじめの約8500万haから，2010年にはおよそ1.5倍の1億3000万haとなった．この拡大は一定の速度で生じたわけではなく，1960年代から1980年代半ばまでの一定速度での拡大期，1980年代半ばから1990年代後半にかけての急速な拡大と停滞，1990年代後半から現在へと続く急速な拡大期からなる．2011年を100として農地面積変化を俯瞰すると，1961年では66，1984年で75，1990年から1998年までが85前後であり，2003年に90となっている．

こうした農地面積の変化は国によって異なり，近年になり農地拡大が進んでいる国と，すでに農地開発の限界に達した国に分けられるようにみえる（図7.4）．同様に2011年における農地面積を100として，90に達した年に基づいてこうした状況を確認すると，カンボジア，インドネシア，ラオス，ミャンマー，ベトナムといった国々では，2000年代に90に達したのに対し，マレーシア，フィリピン，タイといった国々では，1990年以前には90以上となっている．表7.1にみるように，フィリピン，タイの農地面積は陸地面積の40％以上に達しており，これらの国々では農地開発の限界に達しているものと考えられる．1980年代以降の東南アジア全体の農地面積の拡大はインドネシアによるところが大きく，インドネシア政府によって2011年5月に発表された長期経済開発計画「インドネシア経済開発加速・拡大マスタープラン2011〜2025年」を考慮すれば，今後も東南アジア全体の農地面積拡大に大きく寄与するものと考えられる．

今後も続くと考えられる農地拡大，特にプランテーションと関連した農地拡大については7.5節で述べるとして，本節では第2次世界大戦後の農業開発と環境問題を整理して説明する．

7.4.2 「緑の革命」による生産性の向上

最近の50年間におよぶ開発による環境影響は，プランテーション農業や輸出指向農業，鉱業や特に森林伐採のような貿易指向の経済活動との強い結びつきをもった複合的な環境問題となっている．こうした農業的土地利用の変化とそれに付随する環境問題の中で，第2次世界大戦後の東南アジアの農業部門に最も重要な展開を強いたと考えられるものに，いわゆる「緑の革命」が挙げられる．これは，灌漑への投資の増加や機械化，人工肥料，農薬，除草剤といった収穫過程における直接的影響のみならず，農民の高地への侵入や，農業部門におけるGDPと労働力のシェア縮小を招くものであった．

1960年代から1970年代に始まる「緑の革命」にともなう灌漑の水路網への投資は，1970〜2000年において灌漑農地を年平均でおよそ2％以上拡大させ，二期作も多くなった．これによる生産性の増加は，人口増加によって失われつつあった量的な食料安全保障を賄うものとなった．同様に，米やトウモロコシといった作物の高収量品種（HYVsなどのハイブリッド品種）の導入は，より高い生産性と結びついたが，一方で化学肥料と農薬の多用を導くものだった．フィリピン・ロスバニョスにある国際稲研究所（IRRI）によって開発されたHYVsは，1960年代後期までに広くアジアの稲作地帯に広められ，1969〜1971年と1990〜1992年での比較によれば，1年当たり平均で1.5％の単位面積収量を増加させるものであったとされる．水を多く必要とするように設計されたHYVsは，農業的土地開発において灌漑網の拡大を必要条件とするものであり，灌漑された低地におけるHYVsの広がりは，疑う余地なく1960年代以降の実収入上昇に寄与するものであった．「緑の革命」による農業拡張事業を推進しようとした大部分の東南アジアの国々は，国の補助金や助成金とともに新しい作物に対する情報も提供して，これを推進し，地域においても協同組合の設立によって事業が始められた．

7.4.3 緑の革命の弊害

「緑の革命」は，大きく急速な農業革命であった．生産性の向上をもたらしたが，広い意味でさまざまな環境，すなわち自然環境だけでなく社会環境への影響をもたらしたとして批判もされている．自然環境に対する側面として，HYVsの水稲栽培は高地農業を損ない，大規模な農薬使用がこ

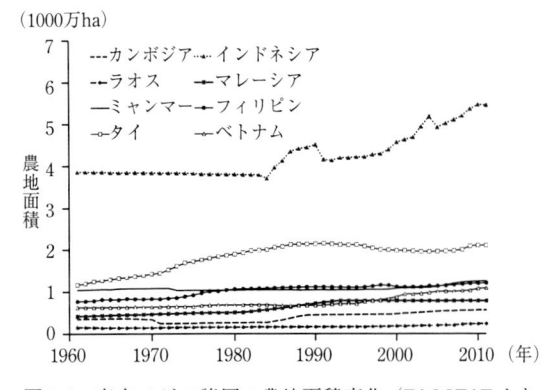

図7.4 東南アジア諸国の農地面積変化（FAOSTATより作成）

れらに耐性のある病害虫を生みだし，さらなる化学物質の使用を促す結果ともなった．さらに，従来栽培されていた米の品種が減少し，HYVsを中心とした少ない品種を選択することになり，病害虫被害がいったん生じると，その影響は大きなものにならざるを得ない状況も生み出された．

社会環境的側面として，HYV（種苗）-肥料-農薬-水が1つのパッケージであることは，これを導入する農家の経営的な健全性を必要とし，信用貸し，助成金を利用できる農家を選択する側面ももつことになった．灌漑の水路網の拡張と「緑の革命」の浸透が個人収入の増加につながり農作業の省力化を可能とする機材の購入が進められた．そして農作業の機械化が行われたことで，人件費の削減も行われるようになった．このことは，小さな農地しか所有できない農民の農繁期における追加所得を減らし，彼らの生活の維持を困難なものにしていった．土地をもたない村民は，収入を得るために他の仕事を探す必要がますます生じ，農村から都市部への人口移動の重要な要因（プッシュ要因）の1つともなった．

1960年代以前には大農園以外で用いられることがなかった人工肥料や農薬，除草剤といった化学物質の使用が，小農耕作者にも広がっていった．化学肥料への変化は，HYVsに対応するものでもあったが，それは機械化による農作業用の家畜の役割低下の結果として生じた家畜による動物性肥料からの転換でもあった．除草剤は，従来人手によって行われていた除草作業に取って代わり，結果として機械化と同様の役割を果たした．当然のことながら化学肥料や農薬，除草剤の使用は農業生産と生産性の向上に寄与したが，一方で土壌や水質の汚染をもたらし，農村の社会システムや自給農業として完結していた持続可能な系も壊すものだった．

7.5 拡大するプランテーション

近年の途上国や中進国の経済発展と人口増加，油脂・紙などの需要増加，バイオ燃料の普及は，東南アジア諸国において森林からプランテーションへの急速な土地変換を生じさせている．世界的に油脂用，バイオ燃料用，パルプ用などに使用される作目の農地が，森林からの転用とともに拡大しており，FAO（2010）では2001～2010年の10年間での森林減少と土地の劣化の大きな要因として，森林火災や自然災害などに合わせた農地などへの用途転換を挙げている．国によっても異なるが，トウモロコシ，大豆，サトウキビ，アブラヤシ，ジャトロファ，アカシア，ユーカリなどがプランテーションの代表的な作目である．ここでは，東南アジアにおいて拡大の著しいアブラヤシプランテーションを取り上げる．

7.5.1 アブラヤシプランテーションの拡大

1960年代以降にアブラヤシプランテーションは，マレーシア，インドネシアにおいて，急速に拡大しはじめた．これは，天然志向が強くなった先進国の消費者が，植物性油脂を好むようになったことと，生産国が自国内のアブラヤシ産業の育成に努めたことが背景にあるとされている．2000～2010年の10年間をみても，マレーシアとインドネシア両国合計のアブラヤシ収穫面積と生産量は，2倍近くに拡大している．特に，インドネシアでの収穫面積は2000年の201万4000 haから2010年の574万 haへと2.8倍以上の拡大をしている．近年では世界全体の85％以上のパーム油がインドネシアとマレーシアの2国で生産されている状況にあり，さらに2国間において1200万tのパーム油のバイオディーゼルへの利用を決めていることから，生産が今後も拡大すると考えられる．

7.5.2 転換後の荒廃のメカニズム

アブラヤシは，その実を採取してすぐに搾油しないと油の変性が進むため，近くには必ず大規模な搾油工場が立地する．また，ココヤシと違ってココナッツミルクなどの生活に使える副産物はない．特に，泥炭湿地林においても拡大するアブラヤシプランテーションの開発は，同地において従来から指摘されてきたココヤシ栽培による環境影響と同様の結果を生み，さらにその規模の違いは明白である．

ココヤシ栽培を例にとって泥炭湿地林の開発過程を示す．まず，水路の掘削，森林の伐採と伐採

木の焼却，ココヤシの苗の植えつけといった順に進められ，10年程度で収穫が可能となり，ココヤシ園へと変化することになる．ここで問題となるのは，泥炭のもつ物理的あるいは化学的性質である．もともと大枝や幹が緩やかに組み合わされた泥炭は構造的に弱く，また無機質が一般的に少ない．開発にともなう排水は，泥炭の分解と収縮を引き起こし，この結果として地盤の沈下が生じ，洪水の被害も生じやすくなり，ココヤシは根上がり状態になり不安定になる．また，数年もたつと無機栄養分の不足に陥り，ココヤシの成長は阻害されるようになり，10～15年程度で移動を余儀なくされるという．結局，利用困難な土地だけが残される．

泥炭湿地林におけるアブラヤシプランテーションの開発もまた同様の問題点が指摘できるが，規模の大きさから，泥炭分解による二酸化炭素排出量の増加も懸念される．自然林からアブラヤシプランテーションへの転換は，単に緑の質の転換でなく，量的な減少にもつながっている．

7.5.3 先住民と開発業者の摩擦

泥炭湿地林を含むアブラヤシプランテーション開発は，先住民にとってはいっそう利用価値のないものであり，生物多様性に依拠した生活基盤を破壊するものでもあるため，多くの紛争を引き起こしている．1997年にマレーシアのサラワク地域で起きた先住民族のイバン族に対する警官隊の発砲事件や，1999年における同族と開発業者の労働者との衝突などを例として，近年においても開発による壊滅的な環境破壊と同時に生じる人権侵害が複数のNGOによって報告されている．問題の背景として，土地法で認められている先住民族の「先住慣習地」が，実際には尊重されていないことが挙げられている．こうした状況を踏まえ，マレーシア政府は，民間部門に対し，2020年までにマレーシア半島，サバ地区，サラワク地区に，それぞれ37万5000 ha，50万 ha，120万 haの森林農園（forest plantation）を設立するよう財政的支援を行っている．

一方，インドネシアにおいても，マレーシアと同様の先住民族・農園間の土地に関する紛争が起きており，2007年の時点においても少なくとも500の紛争が353のコミュニティに影響を与えているといわれている．法的な枠組みも大きな問題である．いったん住民が土地の利用を認めてしまうと，投資法によって最大165年もの使用権がプランテーション企業に与えられ，プランテーション法では，アブラヤシに限っては操業許可が1企業当たり最大10万 ha認められるといった優遇措置がとられている．マルチステークホルダーによる持続可能なパーム油のための円卓会議（RSPO）は，認証制度の開発と運用を行い，自主的な基準を元にした国際的な取り組みを進めているが，国内のこうした制度との溝が問題となっている．

7.6 現場目線での課題解決に向けて

本章では，東南アジアの自然環境に現在も影響を与えつづけている森林と農業の開発について，第2次世界大戦後の展開と現状を概観した．ここに挙げた以外にも，露天掘りによる鉱業開発によって生じる直接的な景観破壊や森林破壊，捕獲から養殖へと変化した漁業にともない生じたマングローブ林の破壊，観光開発によって生じる現地住民の生活基盤の変化がもたらす環境影響など，開発によって生じてきた多くの環境変化が存在している．これらの開発はどれもハビタットの破壊，生物多様性の減少に結びついた開発であり，当然のことながら自然資源の消失を通じて，人間社会への影響を重大なものとしている．統計資料からみれば，東南アジアの木材生産は薪炭材としての利用が大きいが，森林被覆変化に対しては商業伐採やプランテーション開発にともなう土地利用変化の影響が大きい．商業伐採の中に含まれる違法伐採の割合は未だに高い割合を示し，他国との取引において認証制度の役割は重要となっている．大規模なプランテーション開発は，自然資源に依拠する現地住民の生活基盤を損ない，生物のハビタットの分断を招く．さらに，開発にともなうインフラ整備は，森林内部へのアクセシビリティを高め，他の人為的影響が及びやすくなる．

筆者が現場で観察してきたものは，こうした事

象の一部であるが，本章では実地調査に基づく記述ではなく，あえて人の言葉を借りて述べるようにした．これは，現場でみた地域の印象が東南アジア全体を代表しているわけでなく，総体的な目で観ることはできないと考えたためである．筆者が主要な調査対象地とするフィリピンにおいては，コミュニティ主体の管理システムが森林保全に対して有効であると考えられてきた．しかしながら，葉山（2013）において報告されているように，コミュニティベースの管理システムは，必ずしも長期的には機能しておらず，それが社会全体のコミュニティの成り立ちの性質にも起因しているようである．筆者は，コミュニティ主体の管理として水管理組織を観察してきたが，その組織の崩壊の原因を，計画の不備やエルニーニョとも関連した水不足に求めた．改めて考えると，葉山（2013）が指摘する点も考慮すべきと考えるのだが，共通項として考えると地域住民の日々の生活が，森林の保全や水管理によっていかに短期的な（長くとも1年といった時間の中で）恩恵を受けられるのかという点がやはり重要とも考えられる．アグロフォレストリーは，こうした意味で日々の生活の糧を得ながらも森林保全を可能とする有効な手段であることはいうまでもない．それでも，現状という出発点がどこにあるかによって，それを管理する者やコミュニティへの恩恵の時期は異なってくる．出発点となる現状をどの程度までの開発にとどめられるのかという当たり前の問題が，東南アジアの各地に広く存在している．　　　　　　　　　　　　　　　　［森島　済］

引用文献

環境省自然環境局自然環境計画課ウェブサイト：Forest Partnership Platform.
http://http://www.env.go.jp/nature/shinrin/fpp/index.html（2014年2月閲覧）

東南アジア研究センター編（1997）：事典東南アジア——風土・生態・環境．弘文堂．

葉山アツコ（2013）：フィリピン農村社会の組織力．アジ研ワールド・トレンド，**217**，16-19．

フェアウッド・パートナーズウェブサイト：インドネシアにおけるパーム農園開発の現状．
http://www.fairwood.jp/news/mmbn/mmat/vol028_3.html（2014年2月閲覧）

メコン・ウォッチウェブサイト（2012）：熱帯プランテーション問題に関する調査　中間報告（暫定版）．平成23年度地球環境基金助成事業　熱帯プランテーション問題解決のための取り組み促進事業．
http://www.mekongwatch.org/PDF/PlantationReport_2012.pdf（2014年2月閲覧）

Boomgaard, P. (2007): *Southeast Asia : An Environmental History*. ABC-CLIO.

Environmental Investigation Agency ウェブサイト（2012）: Appetite for destruction -China's trade in illegal timber.
http://eia-global.org/news-media/appetite-for-destruction-chinas-trade-in-illegal-timber（2014年2月閲覧）

FAO (2009): *States of World's Forests 2009*. FAO.

FAO (2010): Global Forest Resources Assessment 2010: Main Report. *FAO Forestry Paper*, **164**. FAO.

FAO ウェブサイト：Summary : Forests and the forestry sector.
http://www.fao.org/forestry/country/57478/en/（2014年2月閲覧）

FAO ウェブサイト：FAOSTAT.
http://http://faostat3.fao.org/faostat-gateway/go/to/home/E（2014年2月閲覧）

International Tropical Timber Organization ウェブサイト：Annual Review Statistics Database.
http://www.itto.int/annual_review_output/（2014年2月閲覧）

Lawson, S. and L. MacFaul (2010): Illegal Logging and Related Trade -Indicators of the Global Response-. Chatham House.
http://www.chathamhouse.org.uk/（2014年2月閲覧）

FoE Japan ウェブサイト：パーム油と森林．
http://www.foejapan.org/forest/palm/（2014年2月閲覧）

コラム6 マレーシアのエコツーリズム

マレーシアはマレー半島とボルネオ島の一部から成立し，比較的治安が良く，物価も安いため，ショッピングやビーチリゾートを楽しむために多くの観光客が訪れる．この地域には熱帯多雨林と呼ばれる，多様な生命が何億年もの時間を費やして繊細な種間関係を築き上げた森林生態系が存在する．例えば，マレーシア全体では1万5000種を超える高等植物，約280種の哺乳類や15万種を超える無脊椎動物などが生息するが，哺乳類の約78%が条件の良い森林生態系に生息するといわれている．これらの森林生態系も重要な観光資源の1つとなっており，マレー半島部では面積43万haを誇るタマン・ネガラ（国立公園）が，ボルネオでは2つの世界自然遺産（キナバル国立公園，グヌン・ムル国立公園）が特に有名で，自然を楽しむためのエコツアーが提供されている．

マレーシアには多くの希少な野生生物が生息しているが，野生生物を観光資源とするツーリズム（ワイルドライフ・ツーリズム）の様子は他の熱帯地域のものと大きく異なる．アフリカでは古くからサバンナに生息する大型哺乳類を観察するサファリ・ツーリズムが盛んであるが，マレーシアを含む東南アジア地域の熱帯林では観察できる野生生物が限られている．アジアゾウやトラなど，人気のある野生生物を保護地域などで直接観察することは一般に困難であるが，昼行性の霊長類や鳥類，とりわけマングローブ林などに多く生息するテングザルは観察しやすい．一方で，保護されたオランウータンを野生に戻すための保護区やリハビリテーションセンターは観光客に人気のスポットであり，野生生物の保全と観光を両立している1つの好例である．

マレーシアにおけるエコツーリズムに関する取り組みは比較的新しい．1996年に「国家エコツーリズム計画」が発表され，マレーシアのエコツーリズムの履行と管理のためのガイドラインや行動計画が示された．この計画ではエコツーリズムを「来訪者の影響を低く抑えつつ自然保護を促進し，地元住民の利益となる活発な社会経済的関与を可能にさせながら，自然の楽しさを享受するために，環境に責任をもちながら，豊かな自然地域へ旅行及び訪問すること」と定義し，エコツーリズム商品の開発やゾーニング，エコツーリズムガイドの教育と認定に加えて，地域住民の積極的な参加を目指している．東南アジアの多くの国々では20世紀後半に多くの熱帯雨林が消失，断片化した．部分的に残されている熱帯雨林を残していくためには，地域住民を排除するような方法ではなく，持続可能な方法で利用していくことが肝要である．そのための手段の1つとして，直接的な資源収奪をともなわないエコツーリズムに大きな期待が寄せられている．

［沼田真也］

引用文献

小方昌勝（2000）：国際観光とエコツーリズム．文理閣．
安田雅俊・長田典之・松林尚志・沼田真也（2008）：熱帯雨林の自然史――東南アジアのフィールドから．東海大学出版会．

写真1 エンダウ・ロンピン国立公園（マレーシア・ジョホール州）で観察された野生のゾウ（2011年8月）

8 オセアニアの地域形成とその歴史的経緯

ニュージーランド・ウェリントンのヨットハーバーと丘陵に広がる住宅街（2013年9月）

オセアニアは，オーストラリア，ニュージーランドおよびミクロネシア，ポリネシア，メラネシアの南太平洋の島々から構成される．オセアニアの多くは，欧米や日本などの植民地や統治下におかれるという歴史的経緯のもとで，地域が形成されてきた．宗主国であるイギリスの影響を強く受け，現在の住民構成にもそれが反映したオーストラリアやニュージーランド，そして外国による統治を受けながらも，先住民の文化が強く残る太平洋の島々がある．本章ではオセアニアをオーストラリア，ニュージーランド，南太平洋ミクロネシアの3つに分け，それぞれの歴史的経緯を反映した地域形成をみていく．

8.1 オーストラリアの地域形成とその歴史的経緯

8.1.1 イギリスからの移民

オーストラリアには，5万年前以前から先住民アボリジニが暮らしていた．アボリジニは，1780年代にはオーストラリア大陸に広く居住しており，特にダーリング川などの川沿いの内陸部を含む南東部，東部の南部から北部にかけての海岸地帯，南西部，サバナ気候である北部に比較的多かった．600以上の集団に分かれて，オーストラリア全土に広く居住していたアボリジニは，地域により言語，社会組織などが異なっていたが，共通性もあった（窪田，2010）．それは狩猟採集を生業とし，創世神話が大事にされ，それに基づく儀礼が生活の中心であったということである．漁労は行っていたようだが，農業は行われていなかった．このようなオーストラリア住民の生活が大きく変わるのは，ヨーロッパ人が移住してくることによる．1788年，イギリスから700人の囚人を含む1000人余りの移民がシドニー近郊のボタニー湾に上陸し，シドニーを基点として開拓が始まった．

オーストラリアの国土の3分の2は乾燥帯であり，温帯でも季節的に降雨が乏しい地域がある（図8.1）．それを含めるとオーストラリア大陸の90%近くが，1年中あるいは季節的に乾燥する地域である．農耕を行うには，適度な降水が必要である．年降水量400mmもしくは500mm以上が農耕可能な地域といわれ，人が快適に住むには

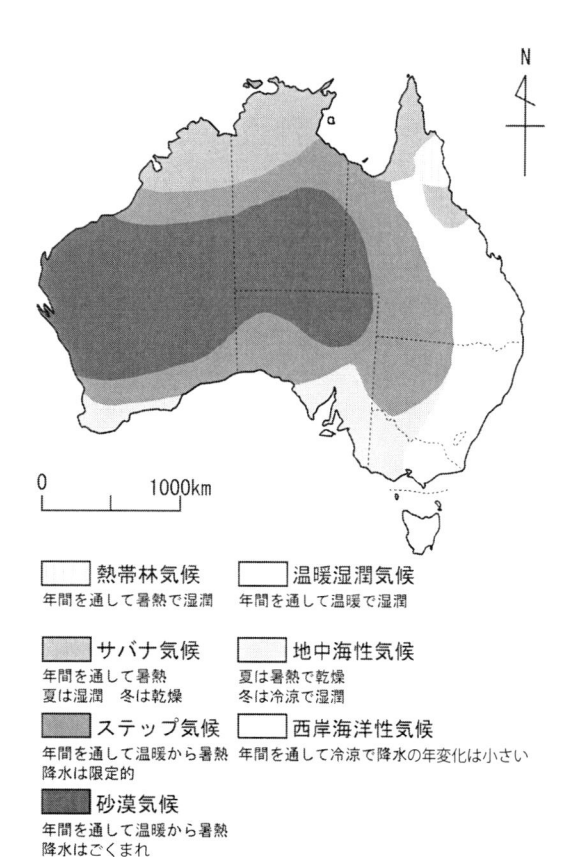

熱帯林気候
年間を通して暑熱で湿潤

温暖湿潤気候
年間を通して温暖で湿潤

サバナ気候
年間を通して暑熱
夏は湿潤 冬は乾燥

地中海性気候
夏は暑熱で乾燥
冬は冷涼で湿潤

ステップ気候
年間を通して温暖から暑熱
降水は限定的

西岸海洋性気候
年間を通して冷涼で降水の年変化は小さい

砂漠気候
年間を通して温暖から暑熱
降水はごくまれ

図8.1 オーストラリアの気候区分（Ciavarella and Calandra, 2000 より作成）

800 mm 以上の年降水量が必要とされる．他方で，北部は熱帯雨林を含む熱帯であり，小麦などの比較的冷涼な気候を好む作物は栽培できず，また土地も赤土で栄養分に乏しく，穀物の栽培に適しているとはいえない．したがって，開拓しやすく，農耕の行いやすい地域は，大陸南東部と南西部にほぼ限られてくる．イギリスからの移民も，大陸南東部において，主に小麦を栽培していった．

また，牧羊は1790年代にイギリスから羊が導入され，1807年には羊毛がイギリスに送りだされている．菊地（2010）によると，牧羊業が定着されるにつれ，海岸平野における牧場経営が手狭になり，1813年にグレートディバイディング山脈を越えて内陸部にある平原にも自然草地が発見され，ここが牧羊業の発展に大きく寄与した．さらに，ここに広がる大鑽井盆地（地下水が自噴していた広大な盆地）では，水を通さない不透水層の下の透水層まで掘った，掘り抜き井戸を造ったことにより牧羊，牧牛が発展した．掘り抜き井戸は，当初自噴していたが，水を多く採取したため，ポンプでの水のくみ上げとなっている．この水は塩分を含むため，人の飲料や作物の灌漑には使えないが，牧畜の飲用水としては利用できた．こうして，農牧地は，降水量の多い大陸南東部・南西部，そして東部の海岸付近から，特に牧場は内陸部の乾燥帯へと広がっていった．

他方，オーストラリアは，イギリスの流刑地という役割も大きかった．流刑地となったのは，従来の流刑地であったアメリカ合衆国が独立したこと，イギリスから約8か月の航海が必要なほど遠い位置関係にあったことなどによる．なお，イギリスからの囚人は1868年を最後として送られてきてはいない．オーストラリアの開発には囚人が利用されたが，よりいっそう多くのイギリスからの移民が農業や牧畜に従事していった．

8.1.2 地下資源の発見から白豪主義へ

1770年に，クックがイギリスの領有地と宣言したオーストラリアでは，イギリスからの移民などにより，農地や放牧地が拡大していった．海岸から内陸への農地の拡大は，マリーと呼ばれるユーカリの低木林といった自然林の伐採を意味していた（片平，2007）．農地での主要な作物の1つは小麦であるが，乾燥などの厳しい自然環境のなかで，収穫量は不安定であった．また，内陸部では乾燥のため，草の生産力が低く，牧羊，牧牛の経営も厳しかった．こうした不安定な農業に頼り，多くの人が厳しい生活を強いられていたオーストラリアに転機が訪れたのが，1851年から始まるゴールドラッシュである．オーストラリアで金が発見されたことにより，世界各地から人びとが集まり，オーストラリアの人口は1849年の27万から1861年には117万と急増した．その後もオーストラリアの人口は増加が続く．ゴールドラッシュは，オーストラリアの人口分布にも影響を与えた．鉱脈は内陸部でも発見されたため（図8.2），内陸部に鉱山集落が出現し，乾燥した内陸部でも集落が点在するようになったのである．

ゴールドラッシュにより，金の積み出し港となったメルボルンには多くの資本が蓄積し，開拓の基点となったシドニーの経済力を上回るようになった．メルボルンとシドニーは，1901年のオーストラリア連邦成立の首都をめぐって対立し，その結果首都は，メルボルンとシドニーとの中間地となるキャンベラとなった．

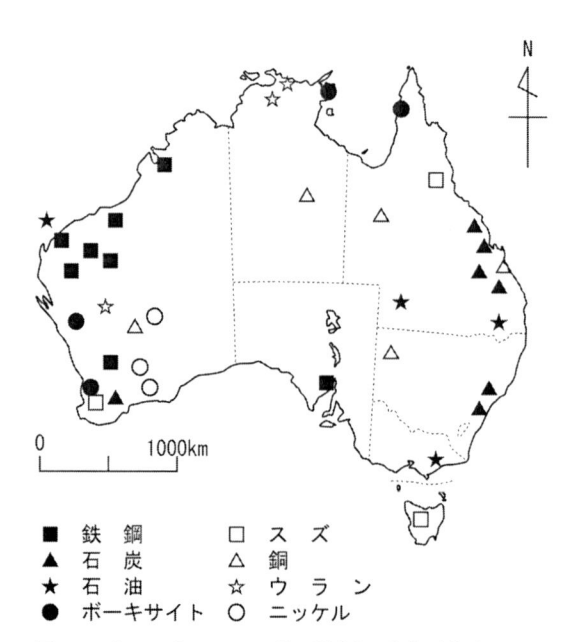

図8.2 オーストラリアの地下資源の分布（菊地，2010などより作成）

■ 鉄鋼　□ スズ
▲ 石炭　△ 銅
★ 石油　☆ ウラン
● ボーキサイト　○ ニッケル

このような都市の確執をも生じさせた金をはじめとする地下資源の発見は，オーストラリアを豊かにさせていった．他方で，鉱山労働者として入植した多くの中国人がゴールドラッシュ後も低賃金労働者として都市で仕事を得ていた．当時，白人の失業者が多かったため中国人の排斥運動が起こり，1888年には移民制限法が施行された．オーストラリア連邦となってからもこの法律は維持された．これにより，移民審査にヨーロッパ言語による書き取り調査が課され，事実上，中国をはじめとするアジアなどからの移民が拒否され，ヨーロッパからの移民のみを受け入れるようになった．こうして白人だけが優遇され，白人だけの社会を維持しようとする白豪主義がオーストラリアで始まった．

しかし，第2次世界大戦後，掘削技術の進展などにより，本格的な地下資源の調査が始まり，ボーキサイト，鉄鉱，鉛，石炭など豊富な鉱物資源の鉱脈が発見されるようになった．鉄鉱は西部の内陸，石炭は東部の古期造山帯であるグレートディバイディング山脈周辺，ボーキサイトは北部の熱帯に偏在しているが，多くは人の住まない内陸部で発見され，そのため開発には多くの資金，また多くの労働力が必要となった．開発資金はヨーロッパのみならず日本などから外国資金が集められ，労働力についてもヨーロッパ系の移民のみでは確保できなくなった．地下資源の発見・開発により，オーストラリアは「ラッキーカントリー」といわれるようになるが，豊かな白豪主義オーストラリアにするための地下資源の開発は，ヨーロッパ以外の資金や労働力を必要とした．そのため，白豪主義への反発が高まり，1958年にはヨーロッパ言語による書き取り調査が廃止され，1975年には人種差別禁止法が成立し，これによりアジアや中東からの移民が多くなった．1978年以降は国策として多文化主義が採用される．このように，異文化を排除した白豪主義から，異文化を尊重する多文化主義へと大転換したのである．換言すれば，豊かな白豪主義を進展させようと外国からの資金や労働者を受け入れたことで，白豪主義が崩壊し，多文化主義へと方向転換せざ

るを得なくなったのである．2010年においても，オーストラリアの住民の約4分の1は，ヨーロッパ，アジアなどの外国生まれである．

このようにオーストラリアは，白豪主義から多文化主義政策に転換し，多くの国からの移民がみられ，多民族が住む都市を形成している．他方，南東部や南西部などでは，灌漑の発達もあり小麦などの農地が多くなるが，乾燥地帯でも牧羊や牧牛がみられ，国土のおよそ半分は，牧場および牧草地である．一方で，乾燥地帯では草の生育がよくないために，農民1人当たりの農地（牧場・牧草地を含む）は，約1000 haであり，牧羊と牧牛の経営のためには広大な牧場が必要となる．このような乾燥地ではあるが，地下資源が開発され，オーストラリアの経済を支えているのである．

8.2　ニュージーランドの地域形成とその歴史的経緯

8.2.1　広大な牧場の背景

ニュージーランドの国土の45％は農地で，その多くは牧場・牧草地である（写真8.1）．ニュージーランドでは都市をぬけると，緑の牧草地が広がり，牛，羊，鹿，馬などが飼われている．しかし，こうした牧草地の広がる景観は，自然景観ではなく人工景観である．

ニュージーランドには9世紀ないし10世紀までは人は住んでいなかったとされる．14世紀にポリネシアから移民が居住し，人口が急増する．それがマオリといわれる人びとである．1600年代半ばになると，ヨーロッパ人が到来し，1790年代以降にはオットセイやクジラを追って寄港

写真8.1　ニュージーランドの牧場景観（2008年3月）

し，燃料や食料を補給するようになる．1810年代には交易商人がマオリと交易するようになり，亜麻，木材，食料などをヨーロッパへ送るようになる．こうしたなかで，1840年にワイタンギ条約がイギリスとマオリの40人以上の酋長と締結され，イギリスの植民地となった．植民地となった後も，イギリスの支配に同意しないマオリの酋長もおり，各地で戦闘もあった．しかし，イギリスの植民地となった以降は，イギリスから移民が急増する．ニュージーランドに移住した多くのイギリス人は，産業革命後のイギリスで失業し，新たな生活の場を求めていた．彼らは，森林や草原を開墾し，牧場・牧草地に変えていった．自分たちの住む場所には，彼らの故郷に由来する地名をつけることも多かった．

ニュージーランドの自然林の割合は，11世紀には現在の国土の75％を占めていたと見積もられている．カウリといったニュージーランド固有の大木などは，カヌーや建築材料として伐採され，1840年には自然林の国土に占める割合は53％に減少し，さらに20世紀に半ばには，牧場の開墾などにより25％にまで減少した．つまり，現在の緑のきれいな牧場は，森林などの自然の景観から代わった人工の景観といえるのである．

他方で，オーストラリアに大きな影響を与えたゴールドラッシュは，ニュージーランドにも飛び火した．1861年にオタゴ半島で金が発見されると，オタゴ地方の中心都市であるダニーデンの人口は，1861年の1万2000から，2年後の1863年には6万へと急成長し，ニュージーランド最大の都市となった．当時の首都は北島北部のオークランドであったが，植民の始まった場所に近いオークランドとダニーデンとの首都をめぐる確執が生じ，両都市の中間となるウェリントンが1865年に首都になった．その後，オークランドは商業・貿易の中心として発展し，現在ではニュージーランドの人口の10％（都市圏人口では30％）を占めるようになった．

8.2.2 牧羊の歴史

ニュージーランドというと羊をイメージする人は少なくないであろう．そこで，ニュージーランドの牧羊の歴史をみながら，ニュージーランドの地域形成をみていこう．ニュージーランドで羊が飼われはじめたのは，1834年のことであり，105頭のメリノ種が持ち込まれた．しかし，湿潤で冷涼なニュージーランドでは高級な羊毛を産出するメリノ種の飼育は難しく，当時は失敗に終わった．その後ロムニー種などの導入により羊の飼育数が増え，1891年のイギリスへの冷蔵（凍）船の就航により，羊肉も輸出できるようになり，羊の飼育数はさらなる増加をみせ，1891年の812万頭から1931年には3000万頭，1963年には5000万頭に達した．さらに，1982，1983年には7000万頭に達し，その数は当時のニュージーランドの人口の22倍にあたる．その背景には，当時の主要な貿易パートナーであったイギリスで羊肉の需要が高かったこと，羊毛の需要も高かったことなどによる．

しかし，イギリスが1973年にEEC（EC）に加盟しヨーロッパ域内での貿易関係を強めたことから，ニュージーランドは，貿易パートナーをイギリス中心のパターンから変えざるを得なくなり，オーストラリア，アメリカ合衆国，日本，中国などを主要な貿易パートナーとするようになってきた．日本では，羊肉よりも牛肉が好まれるなど，輸出品も変えていく必要があった．また，羊毛も他国の安い物が出回るなど需要は伸びない．そのため，羊の飼育頭数は1992年には5000万頭，2010年では3260万頭となり，その数を減らしている．羊に代わり増加していったのは，牛や鹿である（井田，2010）．ニュージーランドの，特に南島の牧場では，以前羊が飼われていた牧場に牛や鹿が飼われていることが少なくない．とはいえ，牛の3倍以上の頭数の羊が飼われているので（人口をはるかにしのぐことはいうまでもない），ニュージーランドにいけば，羊は容易に見ることができる．

8.2.3 パケハとマオリ

ニュージーランドでは，ヨーロッパ系白人をパケハと呼んでいる．ワイタンギ条約締結の前後で，パケハとマオリとの武力衝突があり，マオリの人口は1800年の10万から1890年頃には4万

程度にまで減少したと推測されている（井田，1996）．ワイタンギ条約の解釈がパケハとマオリでは異なるとされていたが，1970年頃まではパケハに有利なように条約は解釈されていた．学校教育においても，1867年から1969年までマオリを対象とした学校があったが，教授言語が英語であり，マオリをパケハに「同化」させる意味合いが強かった．

しかし，1960年代後半からマオリの土地権やマオリ語の復活を要求する運動が始まり，ワイタンギ条約の英文とマオリ語の意味が異なることも指摘され，1975年にマオリの土地の権利を審議するワイタンギ審判所が設立された．さらに，1987年にはマオリ語が英語とともにニュージーランドの公用語になり，1990年にマオリの文化や価値観に基づいた初等・中等学校クラ・カウパパ・マオリの6校が1990年に公教育として認められた．その数はその後さらに増加した．マオリの定義も血縁から1990年代には帰属意識によるものになった．こうして，ニュージーランドではヨーロッパ系白人のパケハと人口の15％程度を占めるマオリとの2文化に基づいた多文化社会へと発展していった．

8.2.4 北島と南島——地域の特性

ニュージーランドは，大きく分けて北島と南島からなる．北島は温暖で適度な降水量がある．そのため，マオリの多くも北島に住んでいた．ワイタンギ条約が結ばれたワイタンギも北島の北部であり，首都のおかれたオークランドも北島である（前述したように，その後，首都はウェリントンに移るが，ウェリントンも北島である）．このように気候の良さからニュージーランドでは北島に人口が偏っている（図8.3）．ニュージーランドの主要輸出品である酪農製品や牛肉にかかわる乳牛と肉牛も北島に多く分布する．酪農は集約的農業であり，都市の近郊で発展しやすい．

他方，南島は冷涼であり，より山がちである．南北に走る山脈の西側では偏西風の影響もあり，降水量が多く，年間6000 mmを超えるような地域もある．そのため，マオリのみが住んでいた頃から，人口は北島に比較して少なかった．羊の数

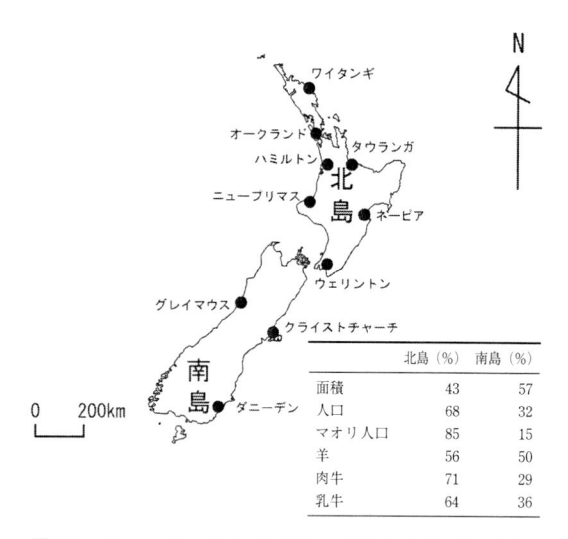

図8.3 ニュージーランド北島，南島の比較（Statistics New Zealandの資料より作成）
人口は2006年，農業は2011年のデータを示す．

	北島(%)	南島(%)
面積	43	57
人口	68	32
マオリ人口	85	15
羊	56	50
肉牛	71	29
乳牛	64	36

は，北島と南島で拮抗しているが，山脈西側の降水量の多い地域では飼育頭数は少ない．南島では人による開発が進まなかったことが自然を多く残すことにつながり，海岸，湖，氷河，山，谷，草原などをめぐるトレッキングコースが数多くある．この自然がニュージーランドの観光資源となった．1800年代後半には，マウントクックなどでホテルが経営され，国内外からの観光客が数多く訪れている．海外からの観光客は，ニュージーランド経済を支える主要な外貨獲得の観光産業の基盤である．その観光客の多くは，自然を楽しむことを目的としている．ニュージーランドでは国土の約30％が，国立公園などの政府の管理下におかれ，こうした自然を保護している．

8.3　南太平洋ミクロネシアの地域形成と歴史的経緯

8.3.1　ミクロネシアの統治の歴史

ミクロネシアは，オセアニアのなかでも最も早くヨーロッパ人との接触をもった（印東，2005）．1520～1521年にかけて，マゼランがグアムに上陸した．その後，スペインはマニラとメキシコを結ぶ中継地としてグアムを1668年に領有した．グアム以外のミクロネシアには，ヨーロッパはあまり関心を示さなかったが，19世紀初頭から捕鯨船の停泊地となる島がみられるようになった．

1800年代中頃には，ヨーロッパ人がもちこんだ病気や兵器による部族間の抗争で人口は激減した．1860年代からはスペインとドイツとの領有権の争いが起こり，1895年にカロリン諸島がスペインの領有となり，ドイツはミクロネシア全域において自由な経済活動と航海が認められた（須藤，2005）．アメリカ合衆国との戦いに敗れたスペインは，1899年にマリアナ，カロリンとマーシャルをドイツに売却し，ドイツはポンペイとヤップに政庁をおいて，ミクロネシアを統治した．

ドイツは，コプラの生産と貿易にしか関心を示さなかったため，ミクロネシアの文化には大きな変化がなかった．第1次世界大戦にドイツが負けたことから，1914年から日本がミクロネシアを統治することになった．日本のミクロネシアの政庁はパラオのコロールにおかれ，日本から多くの移民がミクロネシアに入ってきた．日本は，植民地にしたミクロネシアの経済に強くかかわっただけでなく，教育に対しては軍隊での「日本式」の浸透を図った．このような日本の統治は，1944年まで続いた．第2次世界大戦後，ミクロネシアはアメリカ合衆国の統治を受け，1947年からはアメリカの信託統治となる．マーシャル諸島とパラオは，ミクロネシア連邦から脱退し，マーシャル諸島は1986年に独立，パラオは1994年に独立，ミクロネシア連邦は，ヤップ，チューク，ポンペイ，コスエラの4州からなり，1986年に独立している．しかし，いずれの国も独立後もアメリカ合衆国への依存度が高く，通貨はいずれの国も米ドル，公用語には英語が含まれている．特にミクロネシア連邦では，4つのそれぞれの州および州に含まれる島の固有語があり，英語のみが公用語となっている．

8.3.2　ミクロネシアの地域形成

スペイン，ドイツ，日本，アメリカ合衆国の統治を受けてきたミクロネシア連邦は，経済的にはアメリカ合衆国の影響を強く受けながらも，伝統的文化や日本の文化の影響も残している．伝統的文化を強く継続しているのが，ヤップ州である．ヤップ州では経済的な通貨は米ドルであるが，婚礼などの儀式的な交渉の場では石貨が使われている．学校でも自給的な生活が営めるように，小・中学校では「文化」の時間が設けられ，籠や舟，家のつくり方などを体験的に学習させている．また，写真8.2のような伝統的な衣装を日常的に着ている人も少なくない．さらには，集落には階層性があり，低い階層の集落の人びとが，高い階層の集落へ手伝いにいくという生活習慣も残されている．

ミクロネシア連邦およびパラオでは，日本に近いこともあり，日本からの中古車の輸入が多い．交通規則はアメリカ合衆国の制度が採用されているので，自動車は右側通行であるが，走っている自動車の多くは，右ハンドルの日本車である．ミクロネシア連邦およびパラオにおいても，貿易は輸入超過であり，工業化は進んでいない．そのため，スーパーではアメリカ合衆国などから輸入された食料品，日用品が多くならんでいる．自立した経済をめざそうとはしているが，こうしたアメリカ合衆国をはじめとする外国に依存する経済構造は，今後とも続くことになろう．しかし，一方で，このような経済構造が伝統的な生活を維持させているともいえる．さらに，ミクロネシアでは，きれいな海が観光資源となっている．第2次世界大戦時の軍用機や戦艦が海底に沈んだまま残されており，ダイバーの潜水スポットとなっている．パラオでは，海を観光資源に観光客の誘致を行い，日本，韓国，台湾などからの観光客が訪れている（写真8.3）．無人島へのツアーなども組ま

写真8.2　ヤップの伝統的衣服で生活する人（2012年8月）

れ，観光化を進めつつある．日本人の若いダイバーが，海底に沈んだ日本の戦闘機や戦艦を見て「初めて戦争を身近に感じた」といっていた．そうしたなかにミクロネシア独自の観光のあり方をみいだすことができるであろう．

8.4 オセアニアの地域形成

　オーストラリア，ニュージーランドといったオセアニアの国では，狩猟などを中心としていた先住民の生活が，イギリスをはじめヨーロッパからの移民により，ヨーロッパ的な生活となり，ヨーロッパ，特にイギリスを支える産業が発展し，地域が形成されてきた．ニュージーランドはパケハ（ヨーロッパ系白人）とマオリとの2文化を基盤とした多文化主義を形成し，オーストラリアではヨーロッパのみならず，アジアなどからの移民も増え，多くの地域の文化が入り込んだ多文化主義国家が形成されている．他方，ミクロネシア連邦をはじめとする南太平洋の島々では，スペイン，ドイツ，日本，アメリカ合衆国などの統治を受け経済的にはアメリカ合衆国などの影響を強く受けながらも，先住民が多く住み，伝統的文化も息づいた地域形成がなされているといえよう．

[井田仁康]

写真8.3　パラオ・カヤンゲル諸島（2012年8月）

引用文献

井田仁康（2010）：景観からみるニュージーランド．熊谷圭知・片山一道編：オセアニア（朝倉世界地理講座15）．pp. 209-224．朝倉書店．

井田仁康（1996）：ラブリー ニュージーランド——自然と人間の生活．二宮書店．

印東道子（2005）：ヨーロッパ人との遭遇．印東道子編：ミクロネシアを知るための58章．pp. 70-73．明石書店．

片平博文（2007）：オーストラリア——自然と人間との関係に着目した地誌．矢ケ﨑典隆・加賀美雅弘・古田悦造編：地誌学概論．pp. 79-89．朝倉書店．

窪田幸子（2010）：アボリジニにとってのオーストラリア——北部アーネムランドを中心に．熊谷圭知・片山一道編：オセアニア（朝倉世界地理講座15）．pp. 165-179．朝倉書店．

菊地俊夫（2010）：植民者にとってのオーストラリアの風土——挑戦と挫折，そして幸運をもたらした土地．熊谷圭知・片山一道編：オセアニア（朝倉世界地理講座15）．pp. 149-165．朝倉書店．

須藤健一（2005）：スペインからドイツ統治時代へ．印東道子編：ミクロネシアを知るための58章．pp. 74-77．明石書店．

Ciavarella, G. and Calandra, A.（2000）：*Jacaranda studies of society and environment 1*. John Wiley and Sons Australia.

9 オセアニアにおける伝統文化の変容

ヨーロッパや北アメリカから遠く離れたオセアニアでは，島嶼部を中心に比較的最近まで伝統的な生活が維持されてきた地域が少なくない．オセアニアの文化はどのように形成されたのだろうか．また，ヨーロッパ人の到来以降，オセアニアの文化はどのように変容したのだろうか．本章では，キリスト教の普及やプランテーションの導入，欧米列強による植民地化，第2次世界大戦などに着目しながら，オセアニアにおける伝統文化の変容を考えてみよう．

ニューカレドニア先住民の伝統的家屋カーズを模したホテルの客室（北部州ブエンブ，2007年3月）

9.1 オセアニアの伝統文化

伝統文化とはいかなるものだろうか．この問いに解答を与えることは，実は非常に難しい．なぜなら，文化とは内外の状況に適応して絶えず変化していくものだからである．したがって，ある時点における文化の様相をもって伝統文化と位置づけることはできない．一方で時期を特定しないことには文化の変容を考えることもできなくなる．便宜的にせよ，時期を特定するとなると，オセアニアの場合にはやはりヨーロッパ人との接触が大きな転換点といえるだろう．そこで，まずはヨーロッパ人との接触以前のオセアニア文化を，物質的側面を中心に概観しよう．なお，オーストラリアの先住民の呼称には議論があり，かつてアボリジニという語が差別的に使われていたとしてアボリジナルという表記を用いる研究者もいる．しかし，日本では一般にアボリジニという表記が定着しており，本章ではそれにしたがうことにする．また，本章では人類学を中心とするオセアニア研究の成果（石川，1987；山本，2000；吉岡，2009）に多くを依拠しているが，これらについては煩雑さを避けるために出典の明記を省略していることをことわっておきたい．

9.1.1 ラピタ文化複合とその伝播

考古学の研究成果によれば，オセアニアに人類が進出したのは約6万～5万年前とされる．この人類集団は，土器をつくらない旧石器文化集団であり，現代のオーストラリアにおけるアボリジニなどオーストラロイド集団の直接の祖先である．この旧石器集団はニューギニアからさらに海をわたってソロモン諸島にも進出した．ただし，この動きはソロモン諸島が南限であり，ここまでをニアー・オセアニアという．それに対して，ソロモン諸島から南をリモート・オセアニアといい，次に出現する新石器集団が移動するまでは無人島であったと考えられている．

紀元前1500年頃になると，それまでの人びととはまったく異なる文化をもった新石器文化集団が東南アジア島嶼部を経て南西オセアニアに進出してきた．この集団は土器をつくり，植物栽培や家畜の飼育を行い，形質的にはモンゴロイドに属し，オーストロネシア語を話していた．この集団がつくる土器はユニークな文様で知られ，1952年に発掘調査が行われたニューカレドニアの村にちなんでラピタ土器と呼ばれている．この集団はすでにオセアニアに居住していた旧石器文化集団を避けるようにして，かなり速いスピードで南東方面へ拡散していった．最も古いラピタ遺跡は紀

写真 9.1 帆を立てて航海するアウトリガーカヌー（パプアニューギニア，1992年8月，田和正孝撮影）
フロートを片側だけにつけているシングルアウトリガーカヌー．最近では船外機エンジンをつけている場合が多く，帆を立てて航海する姿はあまり見られなくなっている．

写真 9.2 浜に停泊するアウトリガーカヌー（パプアニューギニア，1990年8月，田和正孝撮影）
フロートを両側につけたダブルアウトリガーカヌー．

元前1300〜1200年頃のもので，ビスマーク諸島に存在する．とはいえ，さまざまな状況から考えて別の土地から拡散してきたと考えられている．その後，トンガ（紀元前850年頃），サモア（紀元前750年頃）まで拡散した．豊かな農耕漁撈文化に特徴づけられるこのラピタ文化複合はポリネシア文化の祖型となった．例えば，この集団は卓越した航海術をもち，特に船体の外側にフロート（浮木）が平行して突きでたつくりで，パンダナスの葉を編んだ帆も備えるアウトリガーカヌーはよく知られている（写真9.1，写真9.2）．また，東南アジア起源のタロイモやヤムイモなどの焼畑を含む根菜農耕，パンノキ，バナナ，ココヤシ，ポリネシアンチェストナッツなどの樹木栽培，イヌ，ブタ，ニワトリといった家畜の飼育，さらには入れ墨の習俗や樹皮布の製作などにポリネシア文化との共通点がみられる．

ラピタ遺跡はサモア以東では発見されていないものの（図9.1），ビスマーク諸島からサモアまでの直線距離にして約4000kmもの距離に広がっている．ラピタ遺跡に共通した生活条件は，まずラグーンをもつ砂浜沿いであり，根菜・果樹類の栽培や家畜飼育に利用できるなだらかな後背地をもち，マラリアにかかりにくい，風通しがよく湿度が比較的低い環境である．

サモアまで到達したラピタ集団の動きは約1000年停滞し，この間にポリネシア文化の特徴となる文化要素がつくられていくことになる．ラピタ土器文様の簡素化あるいは無文化が進行し，トンガやサモアでは土器自体がつくられなくなっていく．また，島々で利用できる資源の違い，さらには自然環境の違いによって，ほぼ同じ時期にラピタ集団が居住を始めたトンガとサモアにおける文化の違いが生みだされていく．そして，今から1700年くらい前，サモアからマルケサス諸島に進出し，そこからハワイへ，あるいはソサイエティ諸島，クック諸島を経て，紀元後1250年頃にはニュージーランドまで拡散した．広大な範囲にわたるにもかかわらず，文化的に均質性が高いポリネシアの特徴は，マルケサス諸島において変容したラピタ文化複合が伝播していったところに起源を求められる（図9.2）．なお，これまでに多くの説が提出されてきたラピタ集団の起源については，言語学や考古学，形質人類学などによる知見が一致せず，難しい課題となっており，実際の人間集団の移動よりもむしろ，地域間の交易の可能性を視野に入れたシナリオも提示されている（石村，2011）．

9.1.2 オセアニアの諸地域とその文化的特徴

ヨーロッパ人との接触以前からみられる文化的特徴を，地域別に整理しておこう．オセアニアは一般に，オーストラリア大陸と3つの島嶼部，すなわちメラネシア，ポリネシア，ミクロネシアに分けられる．ヨーロッパ人による「発見」以前のオーストラリア大陸には，4万年以上前までに移

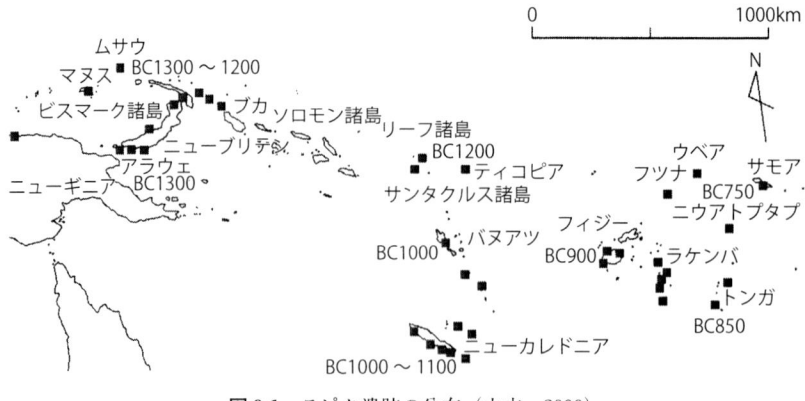

図 9.1 ラピタ遺跡の分布（山本，2000）

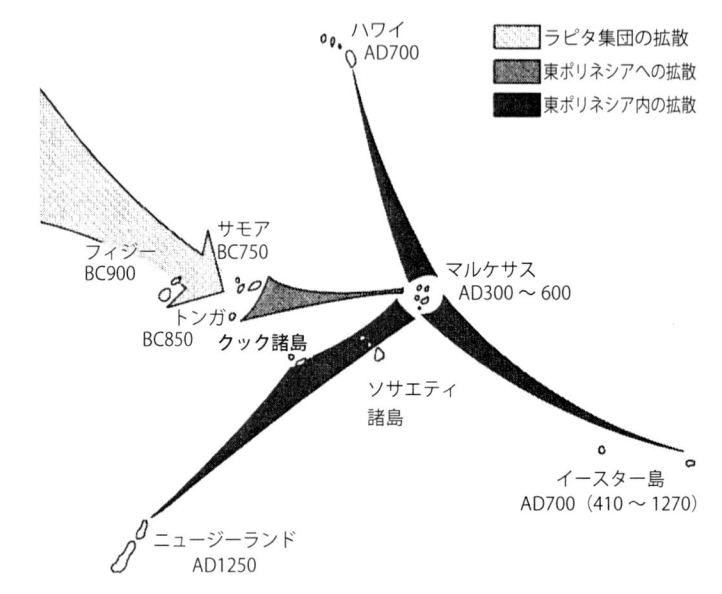

図 9.2 オーストロネシア集団のポリネシアへの拡散（山本，2000）

住してきたオーストラロイド集団の末裔となるアボリジニが広い範囲にわたって居住していた．オーストラリア大陸は早い段階で他の陸地から隔絶しており，アボリジニはヨーロッパ人との接触が始まるまで，オーストラリア各地の環境に適応しながら狩猟採集の経済を営んでいた．ただし，オーストラリアには大型動物が存在しなかったこともあって，狩猟の規模は限られていた．彼らは狩猟道具として弓矢をもつことはなかったが，例えばブーメランを独自に発明した．また，彼らは森や草原に火を放つことで生産性を高めてきた．そうした火入れには，食料資源の確保と増産に加え，焼け跡が防火帯になって大火の延焼を防いだり，交通路の確保に有効であったりという効果があるとされるだけでなく，アボリジニの精神世界のなかで大きな位置を占めているという指摘もある（小山，2002）．

メラネシアは，ニューギニア島からフィジー諸島にいたる，オーストラリア大陸の北から東に連なる島々からなっており，他のオセアニアの地域に比べると規模の大きい島が多く存在する．これらの島々は大陸島であり，標高が高く，低湿地から高山地帯まで存在して自然環境が非常に多様である．これに対応するかのように，例えば言語圏が小規模で細かく分かれているなど，文化的にも多様な地域である．メラネシアでは焼畑による農耕が生業の中心であり，ヤムイモやタロイモが最も重要な作物である．条件さえ整えば年間を通じて収穫が可能なタロイモが日常的かつ主食として重要な作物であるのに対し，収穫が年1回に限ら

れるヤムイモはより儀礼的な意味を与えられている．そのほかに，サゴヤシも広い範囲で食料源となってきた．

ポリネシアはメラネシアと対照的に，広大な海域に島々が点在しているにもかかわらず，文化的に均質である．たとえば，カヴァという，コショウ科の植物の根を砕いて水に浸した上澄み液を飲用する習慣が，イースター島とニュージーランドを除くポリネシア全域でみられる．農耕という点ではメラネシアと同様に，焼畑による農耕が中心であり，タロイモやヤムイモ，パンノキやココヤシが主要な作物である．この地域には土器がなかったため，焼石を用いた蒸し焼きが伝統的な調理法である．なお，上述のように，かつてポリネシアではラピタ土器がつくられていたが，ヨーロッパ人と接触する頃には土器をつくらなくなっていた．なぜ土器をつくらなくなったのかについては今も結論が出ていない．

ミクロネシアは，赤道の北側の広大な海域に文字どおり小さな島々が点在している．そのため，島の位置関係によっては同じミクロネシアの遠方の島よりも他地域の島の方が近い場合がある．結果として，ポリネシアやメラネシアと共通する文化要素が多い一方で，ミクロネシア全域に共通する文化要素はわずかであり，しかも外部からの影響は必ずしも地理的近接性を反映するばかりではない．また，火山島と珊瑚島とでは環境条件も大きく異なる．ミクロネシアの生業の中心は農耕と漁撈であり，農耕ではメラネシアやポリネシアと同様に，タロイモやヤムイモ，バナナ，パンノキなどが主たる作物である．ただし，珊瑚島はヤムイモやバナナの栽培に適していない一方，火山島では島ごとに偏った主作物の選択がみられた．

9.2 ヨーロッパ人との接触とキリスト教

9.2.1 ヨーロッパ人の探検

オセアニアの伝統文化を大きく変容させる契機となったのが，16世紀前半から始まるヨーロッパ人との接触であった．すなわち，1520年にパタゴニア海峡（後のマゼラン海峡）から太平洋に入ったマゼランによる世界周航により，ヨーロッパにおいて太平洋の存在が明らかになると，多くのヨーロッパ人がオーストラリアと太平洋の島々を探検するようになった．ヨーロッパ人による太平洋の探検史は，ヨーロッパにおける勢力の消長を反映して，16世紀をスペイン・ポルトガル時代，17世紀をオランダ時代，18世紀をイギリスとフランスが競合する時代と特徴づけられる（熊谷・塩田，1994）．

マゼランの一行は，ツアモツ諸島（現在のフランス領ポリネシアの一部）やライン諸島の無人島とグアムを経て，フィリピンのサマル島に到着した．ところが，太平洋を西に向かうことは早い段階で可能になったのに対し，西から東への太平洋横断は困難であった．これを克服したのが大圏航路の発見である．1564年にメキシコのアカプルコを出航したレガスピはフィリピンのセブ島にサンミゲルを建設してフィリピンの本格的植民に成功した．そして，メキシコ副王への報告のため，サルセード（Salcedo, J.）と航海士ウルダネーダ（Urdaneta, A.）がメキシコへ向かうことになるが，彼らはセブ島を出帆すると北上し，日本近海を経由して東進し，130日後にアカプルコに無事到着した．これにより太平洋の往復が可能となり，レガスピがルソン島に進出してマニラを建設すると，マニラ・ガレオンの貿易船がマニラとアカプルコとを定期的に結ぶようになった．

その後，1567年から行われたメンダーニャ（Mendaña, Á.）の航海によってソロモン諸島が発見され，彼の2回目の航海（1595年）ではマルケサス諸島が発見された．続いて，1605年にキロス（Queiros, P. F.）が航海を行い，1606年にはバヌアツの大きな島に到着し，エスピリツサントと命名した．しかし，キロスは1人でメキシコに戻り，残された一行はトレスの指揮の下，南方を探検してマニラに向かう途中，ニューギニアとオーストラリアが海で隔てられていることを発見する．これは現在のトレス海峡であり，地理学的に重要な発見となった．

17世紀になると，オランダ人の航海が目立つようになる．例えば，ル・メール（le Maire, J.）とスホーテン（Schouten, W. C.）は1616年にホ

ルン岬を回航して太平洋に入り，ツアモツ諸島のいくつかの島々を発見すると，続いてトンガ諸島の最北部の島々，さらにはビスマーク諸島のニューアイルランド島を発見し，上陸した．彼らの航海により，ニューギニア北東の数多くの島々の様相が明らかになった．

さらにオランダ人は，インド洋からオーストラリア大陸に接近した．例えば1642年には，タスマンがバタビアを出帆し，南緯50度近くから東進してタスマニア島を発見，さらにはニュージーランド南島の南端に到達し，これがマオリとヨーロッパ人との最初の接触となった．しかし，クック海峡には気づかず北東に向かい，トンガやフィジーの島々をめぐって，ビスマーク諸島のニューブリテン島を発見し，バタビアに戻った．また，1644年にはカーペンタリア湾に直航し，オーストラリア北海岸をノースウエスト岬まで探検したが，トレス海峡には気づかなかった．

18世紀に入る頃には，イギリス人やフランス人が太平洋に進出し始める．特に，イギリス人のダンピアは，ニューギニア島とニューブリテン島とを隔てるダンピア海峡を発見したのをはじめ，ニューアイルランド島やニューハノーバー島がニューギニア島から独立した島々であることを発見し，航海記として『新世界周航記』を1697年に出版した．おりしも，タスマンの航海記の英訳が1694年に出版されてベストセラーになっているが，ダンピアは各地における動植物や人文事象についても詳述しており，科学革命時代の博物誌的興味をかりたてた．

さて，この時期の航海者としては，キャプテン・クックとして歴史に名を残すイギリス人クックの右に出るものはいないだろう．彼が指揮をとるエンデバー号は1768年にイギリスのプリマス港を出帆し，ホルン岬を回航，表向きの目的であったタヒチでの金星の観測を終えて，さらに西へ向かった．ニュージーランドを回航し，1770年にオーストラリア南東海岸を発見，ヨーロッパ人としてはじめてオーストラリア東岸を北へ向かい，トレス海峡を通過してバタビア沖に出て，1771年にイギリスに帰還した．続く2回目の航海（1772〜1775年）では，オーストラリアの南に大陸がないことを確認し，ニュージーランド，タヒチ，トンガ諸島，イースター島，マルケサス諸島，ニューヘブリデス諸島，ニューカレドニア，ノーフォーク諸島などをめぐっている．このときはクロノメーターで経度を正確に測定しており，正確な海図の作成に大きな役割を果たした．3回目の航海では北太平洋を探検しており，よく知られているように，アラスカやベーリング海域を航海した後の1779年，クック自身はハワイで殺害されている．

9.2.2 ヨーロッパ人の影響

このようにしてオセアニアはヨーロッパ人に知られていくようになるが，当初はオセアニアの人々に与えた影響は限られていた．例えばメラネシアでは18世紀後半からヨーロッパ人がやってくるようになるが，彼らがメラネシアの島々に求めたのは，食料や水を補給し，休息をとるための寄港地としての役割であり，結果的にヨーロッパ人とオセアニアの人びととが接触する機会は港とその周辺くらいであった．そして，オセアニアにおいてそうした場所を提供したのは，ハワイのホノルル，タヒチのパペーテ，サモアのアピア，フィジーのレヴガなどであった．

しかし，オーストラリアが中国から茶を大量に輸入するようになると，中国に輸出するものがほとんどないオーストラリアは太平洋地域に交易品を求めるようになった．最初に対象になったのが，その香りが中国で好まれたビャクダン（白檀）であり，例えばフィジーでは1804年に発見されると，1810年代までに切りつくされてしまう．次に対象となったのがナマコである．さらに，クジラやクジラの歯，真珠，べっ甲，あるいはココナッツや肥料のグアノなどが中国への輸出品としてオセアニアで求められるようになった．

ヨーロッパ人がこれらを手に入れるために現地の住民に提供したのは，当初はビーズや鏡などの装身具が中心であった．その後，鉄の斧や金属の釣り針などが提供されるようになると状況は変わってくる．すなわち，こうした金属製品は住民の作業を格段に効率的なものにし，結果として伝統

的な技術が徐々に失われ，ヨーロッパとの交易なしには生活できないようになってくるのである．さらに，装飾品や鉄製品などは小さな島では一定数が出回ると需要がなくなるため，常に需要の存在するタバコやアルコールなどが提供されるようになっていく．このようにして，オセアニアの社会や文化は変容をはじめていくのである．

9.2.3　オセアニアにおけるキリスト教の広がり

オーストラリアを別にすると，オセアニアは植民地としての魅力が乏しく，ヨーロッパ人による発見がすぐに植民地化にはつながらなかった．そこでオセアニアでは，キリスト教の布教が植民地化とは別にすすめられた．

オセアニアにおいて本格的な宣教がはじめられるのは，18世紀末のことである．1795年に創設されたロンドン伝道協会（London Missionary Society：LMS）は宗教改革に覚醒された人々が中心となって海外の非キリスト教徒に広く福音を伝えることを目的としており，1797年にタヒチに到着して活動を開始した．改宗はすぐには進まなかったが，現地の有力者であるポマレ2世が改宗し，さらに宣教団の後ろ盾を得てタヒチ統一を果たした．タヒチはロンドン伝道協会の拠点となり，熱心な改宗者をミッションスクールで教育し，島嶼人宣教師を養成して多くの島々に派遣するという制度ができあがった．そして，ロンドン伝道協会の勢力はサモア，フィジー，ニューカレドニア，ニューヘブリデス，トレス海峡諸島を経てニューギニアのポートモレスビーに至るまで広がっていった．ニューカレドニアの先住民女性の間でイギリス発祥のスポーツであるクリケットの人気が高いのはロンドン伝道協会の活動の影響であるという（Gay, 2008）．しかし，1840年代に入ると，フランスが進出するようになり，カトリックによる宣教を後方支援した（写真9.3）．例えばタヒチは1847年にフランスの保護領となり，ロンドン伝道協会は拠点をタヒチからサモアに移すことになった．また，他のプロテスタント諸派も進出し，特にメソディスト派はトンガの有力者タウファアファウ（Tāufaʻāhau）の改宗に成功し（1830年），トンガを統一してトゥポウ1世となった彼の後ろ盾を得てトンガでの宣教をすすめた．さらにフィジーの有力者ザコンバウ（Cakobau）はトゥポウ1世の援助を得てフィジーを統一し，1854年にメソディスト派に改宗した．その結果，フィジーでもメソディスト派への改宗がすすんだ．このようにポリネシアでは有力者が改宗することによってキリスト教は一般の人々へと広がっていった．一方，メラネシアは文化的に多様で強力な政治的有力者が存在しなかったため，各宗派は村落ごとに宣教をすすめていくことになり，その結果，例えばニューカレドニアでは現在でも村落ごとに有力な宗派が異なる状況になっている．

写真9.3　ニューカレドニアの首府ヌメアに建つカトリック教会（2006年8月）
1894年に完成した聖ジョセフ大聖堂はヌメアの市街地を見下ろす丘の上に建っている．

9.3　プランテーションの導入と欧米列強による植民地化

9.3.1　プランテーションの導入

19世紀も半ばになると，ヨーロッパ人の経済活動は中国への輸出のためにビャクダンやナマコなどを採取していくだけにとどまらなくなり，より恒常的で発展性のある交易のかたちとしてプランテーションが導入される．ハワイでは早くからサトウキビのプランテーションが始められ，フィジーでは1860年に綿花のプランテーションが導入された．おりしも，1861年にアメリカ合衆国で南北戦争が始まり，フィジーの綿花は非常に高

額で取引されるようになったが，南北戦争が終結すると綿花の価格が暴落し，栽培される作物はサトウキビやココヤシへと変化していった．そして，プランテーションはニューブリテン島などへも広まっていった．

プランテーションの導入は，オセアニアの島々の人々の暮らしを大きく変えることになった．ビャクダンやナマコの場合，ヨーロッパ人は島へやってきて買い付けをするだけであり，土地は不要で，特に加工する必要もなかった．プランテーションの場合，作物の栽培には大規模な土地が必要であることに加え，例えばサトウキビであれば糖蜜や砂糖への加工，ココヤシであれば油やコプラへの加工が必要になってくるし，経営規模が大きくなると，個人ではなく企業としての活動が求められるようになってくる．そして何よりも，必要な労働力が不足する場合には島外から獲得しなければならない．例えばフィジーではソロモン諸島などから労働者が導入され，さらにイギリスの植民地統治がはじまると，インドから契約労働者が送られてくるようになった．プランテーションの導入によって人の移動がみられるようになってくると，特に村ごとに言語が異なるようなメラネシアにおいて，メラネシア・ピジンという折衷言語が広まるようになる．メラネシア・ピジンは，カトリックで布教のための正規言語となるなど（1931年），宣教師の間でも広まった．1966年にはメラネシア・ピジンで書かれた聖書も発行され，公用語としては旧宗主国の言語にその地位を譲るとはいえ，現代のメラネシア社会では普及した言語となっている．

9.3.2 強まる植民地化

19世紀半ばになると，いよいよ欧米列強による植民地化が本格的になってくる．オーストラリアではいち早く1788年にイギリス人がシドニーに上陸して植民地化がはじめられていたが，ニュージーランドでは1840年にイギリスとマオリとの間にワイタンギ条約が締結され，さらにイギリス領植民地として宣言された．オランダは1828年にニューギニア西半分の領有を宣言し，東半分は1884年にドイツとイギリスとの間で分割する協定が結ばれた．1886年にはニューギニア北東沖の島々も北がドイツ，南がイギリスに支配されるようになった．1857年にドイツが交易拠点を設けていたサモアは1899年にドイツとイギリス，アメリカ合衆国が結んだ協約によって分割され，西部ソロモン諸島はイギリス領となった．さらにイギリスは，1871年にフィジーを統一したザコンバウから主権を譲渡される形でフィジーを植民地とした．フランスは1853年にニューカレドニアを植民地とし，1847年に保護領としていたタヒチを中心とする島々を，1880年からフランス領ポリネシアとして統治した．1887年にイギリスとフランスが共同統治する方向となっていたニューヘブリデス諸島については1906年に協定が正式に締結された．1852年にトゥポウが統一したトンガは，外交権こそイギリスに委ねていたが（1970年に回復），1875年に憲法を制定し，近代的な立憲君主国としてオセアニア島嶼部では唯一政治的な独立を維持した．なお，オーストラリアは1901年に各植民地が連邦を結成して大英帝国の自治領となり，同様にニュージーランドも1907年に自治領となった．オーストラリアとニュージーランドが外交権をも獲得するのは第1次世界大戦後のことである．

このように欧米列強の植民地になったといっても，必ずしも各国が積極的に統治を行ったとはいえないようである．ただ，植民地としての利点がみつかればその限りではない．例えばイギリス人クックによって1774年に「発見」されたニューカレドニアは，1853年にフランス領となるが，当初は流刑植民地という扱いであった．しかし，1864年にニッケルが発見されるとフランスは熱心に植民地経営を始めるようになり，ニッケル鉱山の労働者を域内のみならずジャワ島や同じフランス領であったインドシナのトンキン湾地方，さらには日本から調達した．日本からの本格的な海外移民は1885年に当時のハワイ王国への移民から始まるが，ニューカレドニアへの移民は1892年に始められており，日本人移民史においてもひときわ長い歴史をもっている（写真9.4）．ニッケル鉱山で働くために契約移民としてニューカレド

写真 9.4 ヌメアの日本人墓地で行われたニューカレドニアの日本人移民120周年祭（2012年7月）

写真 9.5 オーストラリア，ダーウィン（ノーザンテリトリー）の日本人墓地（2009年8月）
潜水技術にすぐれた和歌山県南部の出身者が中心であり，潜水病のため若くして亡くなっている場合が多い．

ニアに向かった日本人は1918年までに5,575名にのぼるが，彼らの一部は契約期間を終えてもニューカレドニアに残って，農業や漁業，あるいは首府ヌメアなどの都市で商業などを営んだ．その後に移住した人々も含めて，第2次世界大戦以前のヌメアでは多くの日本人が商店をかまえ，外地とは思えない印象を日本人訪問者に与えるほどであったという．特に，ヌメア周辺における野菜栽培と塩田の経営は高い評価を受けており，それらに携わっていた者は，1941年12月の太平洋戦争開戦に際して始められた日本人の強制退去でも最後（1942年5月）まで現地にとどめられていた（大石，2010）．いずれにせよ，このような植民地当局による労働力の外部からの導入は多民族化を進行させ，現在のニューカレドニアは人口の過半数をしめる集団が存在しないマルチ・エスニック社会となっている．

第2次世界大戦は，オセアニアの人々にも大きな影響を与えた．かつてドイツ領であり，第1次世界大戦後に国際連盟委任統治領として日本統治下にあって南洋群島と呼ばれたミクロネシアの島々はいうまでもない．メラネシアにおいても，現在のパプアニューギニアやソロモン諸島のなかには日本軍と連合国軍との激戦地となった島が少なくない．オーストラリアでも，白豪主義政策下にもかかわらず，主に真珠貝採取のダイバーとして多くの日本人が住んでいたノーザンテリトリーの首府ダーウィンや西オーストラリア州のブルームが日本軍による空爆を受けている（写真9.5）．

もとより，戦争の影響は戦闘が実際に行われたり空爆を受けたりした地域にとどまらない．例えばオーストラリアでは，ノーザンテリトリーにあるアーネムランドの保護区に多く住むアボリジニの人々も動員され，はじめて白人と同じ条件で働いた．実際に戦闘が行われることも空爆を受けることもなかったニューカレドニアでも，ド・ゴール（de Gaulle, C.）の自由フランス亡命政権を支持する植民地当局の下で，1942年から1945年までアメリカ軍が進駐した．また，実際に戦闘が行われたメラネシアの島々でも，人々は連合国軍，特にアメリカ軍とオーストラリア軍の豊かさを目の当たりにした．それだけでなく，アメリカ軍では白人が黒人と一緒に働いていることはメラネシアの人々に強い印象を与えることになった．

9.4 開発と観光の影響

9.4.1 脱植民地化の進行と生業の変化

第2次世界大戦が終わり，オセアニアの多くの地域では主に宗主国の指導の下，独立を達成し，脱植民地化が進んでいる．完全な独立を達成していないフランス領の地域でも，ニューカレドニアやフランス領ポリネシアでは自治権が拡大している．しかし，一般に面積が小さいこれらの国や地域では自立した経済を営んでいくことは容易ではない．

9.1節でみた，オセアニアでかつてみられた在来の生業は，ヨーロッパとの接触や植民地化，近代化のなかで大きく変容してきた．代表的な例と

して，外国資本の導入により換金を目的とした農作物の生産が始められたことが挙げられる．例えば，トンガのカボチャ栽培やパプアニューギニアにおけるコーヒーや茶の栽培である．これらの農作物は外国に輸出することを前提に生産され，国際市場における価格変動の影響を強く受けるという特徴がある．また，貨幣経済の浸透は儀礼的な作物の生産にも影響を及ぼしている．例えばニューカレドニアでは，カナック（メラネシア系先住民の総称）の伝統社会において儀礼的な作物であるヤムイモを商業的に栽培する農民が出現している．こうした農民は，部族の行事にあまり参加せず，しかも少ない品種の栽培に特化する傾向がある．一方で，伝統を守る農民は部族の行事に積極的にかかわり，ヤムイモを商品として出荷することはまれで，かつ伝統的な農法を維持する傾向がある（Gaillard and Manner, 2010）．

海産資源についても，仲買業者に販売することを前提とした海産資源の獲得がはじめられている．具体的には，ナマコやタカセガイなど利用価値の限られていたものが国際市場では高い経済価値をもつことが知られるようになり，オセアニア各地で過剰な採集が行われている．こうした変化は，遠い過去の話というわけではなく，最近でもみられることである．例えば，1990年代前半にパプアニューギニアの漁村を調査した田和（1995）は興味深い報告をしている．1990年に盛んに行われていたナマコ漁は，資源が枯渇し価格が暴落したため，1992年になると多くの村でナマコ漁を断念していた．また，それは日常の食生活にも影響を及ぼし，1990年には輸入・移入食品を多く購入していたのに対し，1992年にはそれが減少するとともに，サゴヤシデンプンに依存する割合が高くなっていた．そのサゴヤシデンプンも店で購入するだけでなく，サゴヤシガーデンでのサゴヤシデンプンづくりを再開している世帯もあったという．さらに，村からの出稼ぎも増えていた．

9.4.2 観光業とその課題

観光による影響も大きくなりつつある．オーストラリア北西部の西オーストラリア州キンバリー地方は，シドニーをはじめとするオーストラリア南東部の大都市はもとより，西オーストラリア州の州都パースからも遠く離れた秘境であり，陸路よりも海上からのアクセスがよいため，最近では遊覧船のツアーで訪れる観光客が目立つようになっている．こうした観光による自然環境への影響はいまのところ軽微であるものの，この地域に多く暮らしている先住民にとって文化的に神聖な場所に対する配慮は十分になされていないとする報告がある（Scherrer et al., 2011）．また，最近では伝統文化も消費の対象とされるようになり，そうした議論においてはオーセンティシティ（真正性）がしばしば問題となるが，オーストラリアの先住民文化を体験する施設における調査によれば，施設を訪れる観光客の先住民文化に対する関心は必ずしも高くなく，オーセンティシティも重視されているとはいえない（Moscardo and Pearce, 1999；Ryan and Huyton, 2002）．一方，ニューカレドニアの旅行パンフレットなどに用いられる写真はフランス領のビーチリゾートを強調したものが多く，先住民が登場する場合には極端に原始的な印象を与えるものに限られているという指摘もある（d'Hauteserre, 2011）．特に小規模な島嶼国および地域にとって，観光は経済活性化の重要な手段として期待され，そうしたなかで伝統文化は確かに観光資源になりうるが，観光客の増加にともなう環境破壊はもとより，観光客に好まれるものだけが強調され，結果的に文化の画一化や未開イメージの固定化が進んでしまうことも懸念される．

9.4.3 変化を続けるオセアニア

本章では，物質文化を中心にヨーロッパ人との接触以後のオセアニアにおける文化の変容を振り返ってきた．オセアニアは，ヨーロッパや北アメリカから遠く離れた地であることに加え，植民地としての魅力に乏しかったこともあって，欧米諸国による植民地化は19世紀半ばまで本格化しなかったが，それでもキリスト教の普及やプランテーションの導入は徐々にオセアニアの人びとの生活を変化させてきた．また最近では，貨幣経済の浸透や観光業の発展によって，島嶼部を中心にオ

セアニアの人びとの生活はさらに変化しつつある．

　急激な近代化を経験したオセアニアでは，島嶼部を中心に，比較的最近まで伝統的な生活が維持されてきた地域が少なくない．しかし，日本におけるオセアニア研究のパイオニアの1人である大島（1993）が，伝統文化の変容は「時々刻々，目のまえでおこりつつある現象」であると約20年前に述べているように，伝統文化はオセアニアでも急速に失われつつある．一方で，現代では「在来の知識」が見直され，伝統文化の回復や保存への関心も高まってきている．伝統文化とその変容はオセアニアを理解するための重要な要素でありつづけるだろう． 　　　　　　　［大石太郎］

引用文献

石川栄吉編（1987）：オセアニア世界の伝統と変貌（民族の世界史14）．山川出版社．

石村　智（2011）：ラピタ人の起源とオーストロネシア語族の拡散．史林，**94**：5-37．

大石太郎（2010）：戦前期ニューカレドニアの日本人移民．移民研究（琉球大学国際沖縄研究所移民研究部門），**6**：99-114．

大島襄二（1993）：オセアニア学への展望．石川榮吉監修，清水昭俊・吉岡政德編：近代に生きる（オセアニア3），東京大学出版会．

熊谷圭知・塩田光喜編（1994）：マタンギ・パシフィカ——太平洋島嶼国の政治・社会変動．アジア経済研究所．

小山修三（2002）：アボリジニと自然環境——ブッシュファイアの技術とこころ．小山修三・窪田幸子編：多文化国家の先住民——オーストラリア・アボリジニの現在．pp.177-197．世界思想社．

田和正孝（1995）：変わりゆくパプアニューギニア．丸善．

山本真鳥編（2000）：オセアニア史（新版世界各国史27）．山川出版社．

吉岡政德監修（2009）：オセアニア学．京都大学学術出版会．

d'Hauteserre, A. -M. (2011): Politics of imaging New Caledonia. *Annals of Tourism Research*, **38**: 380-402.

Gaillard, C. and Manner, H. I. (2010): Yam cultivation on the east coast of New Caledonia: Adaptation of agriculture to social and economic changes. *Australian Geographer*, **41**: 485-505.

Gay, J. -Ch. (2008) *L'outre-mer français*: *Un espace singulier*. Belin.

Moscardo, G. and Pearce, P. L. (1999): Understanding ethnic tourists. *Annals of Tourism Research*, **26**: 416-434.

Ryan, C. and Huyton, J. (2002): Tourists and aboriginal people. *Annals of Tourism Research*, **29**: 631-647.

Scherrer, P., Smith, A. J., Randall, M. and Dowling, R. (2011): Environmental and cultural implications of visitor access in the Kimberley Region, Australia. *Australian Geographer*, **42**: 257-271.

コラム7　ニュージーランドにおけるマオリ文化

　アオテアロア（マオリ語でニュージーランドの意）を訪れたことがある人ならば，赤茶色の切妻屋根の大きな建物を目にしたことがあるのではないだろうか．それはマラエ（marae）と呼ばれるマオリ独特の集会場である．北島の一大観光地ロトルアにいけば，観光客が入れるマラエもあるので，立ち寄ったことがある人もいるかもしれない．マラエとはニュージーランドに限らず，ポリネシア地域に広くみられる言葉で，「村の広場」や「宗教儀礼の場」を意味している．ニュージーランドのポリネシア系先住民マオリの場合も，マラエは「集会場」と訳されることが多いが，より正確には「建物の前の中庭」「建物，もしくは建物を含む広場全体」をさしている．

　マラエの建物は「大きな家（ファレ・ヌイ）」，もしくは「彫刻の家（ファレ・ファカイロ）」と呼ばれ，その名のとおり，通常の家屋よりもかなり大きく，多くの場合，建物の内外にさまざまな彫刻が刻まれている．現代のマラエには，他に「食事をする家（ファレ・カイ）」や，シャワー・トイレ設備なども整っており，宿泊も可能である．では，マオリにとって，マラエはどのような意味をもっているのであろうか．

　伝統的に，マラエは地縁血縁をともにする人々に共有される広場であり，集会の場，歌い語り合う娯楽の場であり，ときには戦士を送り出す場，葬儀を行う場でもあった．ファレ・ヌイはマラエに属する人々の祖先そのものを現す建物と考えられており，彫刻は系譜上の重要人物や祖先とつながりのある伝承から得られたモチーフが選ばれる．とりわけ，ファレ・ヌイの切妻屋根中央にそびえる人物彫像（テコテコ）は，祖先を代表する英雄を現している．こうして，人々はマラエに集うたびに歴史を確認し，その継承者であることを認識するのである．つまり，人々にとってマラエは社会生活の中心であり，かつ世界観の中心でもあるといえるだろう．

　現在でも，マラエで多くの集会や，葬儀，結婚式，誕生日など折々の儀礼が行われており，マラエの重要な役割に変わりはない．記憶を媒介するものは，これまでの彫刻に代わって絵画や写真となり，人々を迎え入れている．

　マラエにおける振る舞いには多くのしきたりがあり，特に他者がマラエを訪問する際には厳しく守らなければならない．訪問の様子を簡単にみてみよう．まず，迎える側の女性からカランガ（歓迎の言葉）が歌われ，訪問者側の女性が答礼のカランガを歌い，初めて訪問者はマラエに入ることができる．マラエに入った後も，迎える側と訪問者側は広場でマオリ語によるミヒ（挨拶），そして挨拶が終了するたびにワイアタ（歌）を交換し合う．最後に，訪問者側はコハ（寄付）をさしだし，建物の前でみんなとホンギ（鼻と鼻をあわせて行う挨拶）を交わさなくてはならない．こうした一連の儀礼を行って，初めて訪問者側はマラエに正式に迎え入れられるのだ．

　また，1980年代，マオリ語の復興をかけて，マオリ語幼稚園（コハンガ・レオ，原義はマオリ語の巣）がつくられたとき，その設置場所がマラエであったのも頷ける．伝統的にも，子どもたちはマラエで年長者からさまざまな技芸や慣習を習得していったからである．その一方，20世紀半ばから続いた急激なマオリの都市化は，先祖とつながる故郷のマラエとの関係性を次第に希薄化させていった．都市居住が長くなったマオリは，それでも「マラエなるもの」を求め，都市マラエをつくっていった．これは，特定のマオリ集団に属するものではなく，汎マオリ的な特徴をもつが，マラエが現代の都市マオリにとっても心のよりどころであることに違いはない．

　このように，マラエは人々の歴史に彩られ，マオリ語による挨拶や会話，歌や踊り，多彩なマオリ料理，慣習，家族的環境によるもてなしや慈しみなど，マオリの伝統文化を心身で感じることができる貴重な空間なのである．

　　　　　　　　　　　　　　　　　［内藤暁子］

写真1　Te Tokanganui-a-noho Marae, Te Kuiti（テ・クィティにある，テ・トカンガヌイ・ア・ノホ・マラエ）（2012年12月）

10 オセアニアにおけるグローバル化と経済活動の変化

オーストラリア経済の玄関口シドニー（2008年2月）

オセアニアでは，ヨーロッパ諸国の支配を経験することにより，1次産品を輸出する商品経済が発達した．このような1次産品輸出型の経済構造は，ヨーロッパ市場までの距離と，その距離を克服できる有力な資源の存在，および資源を加工する工業の未熟性と国内市場の狭小性などによって助長された．この経済構造を脱却する試みは，一部の国で行われているが，その特徴は依然として強く残存している．この経済構造により，それぞれの国の経済は1次産品としての商品の国際価格に左右される傾向を強くし，グローバル化に影響を受けている．

10.1 オセアニア経済の特徴とグローバル化

　オセアニア経済の特徴は本来，自給自足の持続的な経済活動が中心であったが，ヨーロッパ諸国の支配を経験することにより，1次産品を輸出する商品経済が発達するようになった．このような1次産品輸出型の経済構造は，ヨーロッパ市場までの距離の障壁と，その障壁を克服できる有力な地域資源の存在，および地域資源を加工する工業の未熟性と国内市場の狭小性などによって助長されてきた．したがって，オセアニアの国々はオーストラリアやニュージーランドのような先進国であっても，小さなサンゴ礁や火山の島国であっても，多かれ少なかれ，1次産品輸出型の経済構造が21世紀になっても継続している．しかし，オーストラリアやニュージーランドでは，1次産品を加工し，付加価値をもたせて工業製品として輸出する試みが1980年代以降多くなっている．例えば，オーストラリアの鉄鋼業と製鉄業は良質な炭田のあるニューカッスルに始まり，鉄鉱石や石炭の産地に立地し発達した．また，アルミニウム工業も西オーストラリア州のピース地区（パースの南）などのボーキサイト鉱山付近に立地し，ボーキサイトを輸出するかわりに，精錬したアルミナの状態で大半が輸出されるようになった．

　1次産品輸出型の経済構造を脱却する試みは，一部の国で行われているが，その特徴は依然として強く残存している．この経済構造の大きな特徴の1つは常に国際市場を意識しなければならないことである．つまり，それぞれの国の経済は1次産品としての商品の国際価格に左右される傾向を強くしている．国際市場における1次産品の価格が自国の経済を左右するため，そのような国際市場における商品価格に影響を与えようとする活動やアピールも行われてきた．例えば，オーストラリアやニュージーランドを中心に食料輸出国で組織された「ケアンズグループ」は，1次産品としての農産物の国際価格を食料輸出国にとって有利にするため，関税や農業保護政策などの輸出障壁の撤廃を日本などの食料輸入国に求めている．一方，国際市場を意識した経済構造は，市場のグローバル化にも敏感に反応してきた．以下では，市場のグローバル化に敏感に反応した地域の様相とその経緯を，ニュージーランド農業とオーストラリアの食料生産を事例に説明する．

10.2 ニュージーランド農業の再編

10.2.1 草地農業の確立（1882〜1914年）

　ニュージーランドで最初の冷凍船が1882年にダニーデンとロンドン間に就航したことは，ニュージーランド農業としての草地農業が確立する大きな契機になった．つまり，従来ニュージーラン

ドからヨーロッパ市場への農産物の輸出は腐敗しにくい羊毛や小麦に限定され，腐敗しやすい乳製品や肉類の輸出はヨーロッパまでの遠距離性により困難な状況にあった．しかし，冷凍船の就航により乳製品（バターとチーズ）や肉類の輸出が容易になり，酪農業や羊肉生産のための肥育経営が発展するようになった．1885年の輸出総額に占める羊毛と乳製品，および肉類の割合はそれぞれ47.0％と0.7％，および1.7％で，依然として羊毛の輸出が卓越していたが，乳製品と肉類の輸出額は増加傾向にあった（図10.1）．実際，輸出総額に占める乳製品と肉類の割合は1895年にはそれぞれ10.3％と17.2％と著しく増大している．反面，羊毛の輸出総額の割合は1896年の47.2％から減少傾向にあり，1905年には34.4％と商品生産の重要性を低下させている．

乳製品と肉類の輸出額の急増は，人工草地の拡大にも反映された（図10.1）．人工草地面積は1870年に約30万haにすぎなかったが，1910年に約600万haと急激に拡大した．このことは，ニュージーランドにおける森林の農業開発と関係があった．ニュージーランドでは，森林の伐採は1830年代から1840年代にかけて船材を確保するために，さらに1860年代から1870年代にかけて南島のゴールドラッシュとともに行われたが，農業開発のための大規模な森林伐採は1870年代以降に行われた．ニュージーランドにおける森林地域の変化をみると（図10.2），1880年の北島では低地や海岸平野，および火山性高原台地を除く大部分が森林で覆われていたことがわかる．特に，今日の代表的な農業地域であるノースランドとタラナキ，およびマナワツの諸地域は，まだ森林の卓越する地域になっていた．その後，森林を人力で大規模に伐採することにより，また低灌木林に火入れすることにより，北島の森林地域における農業開発が進められた．同時に，幹線の鉄道と道路が伐採した木材を搬出するために敷設され，北島の交通網が1908年にほぼ完成した．この交通

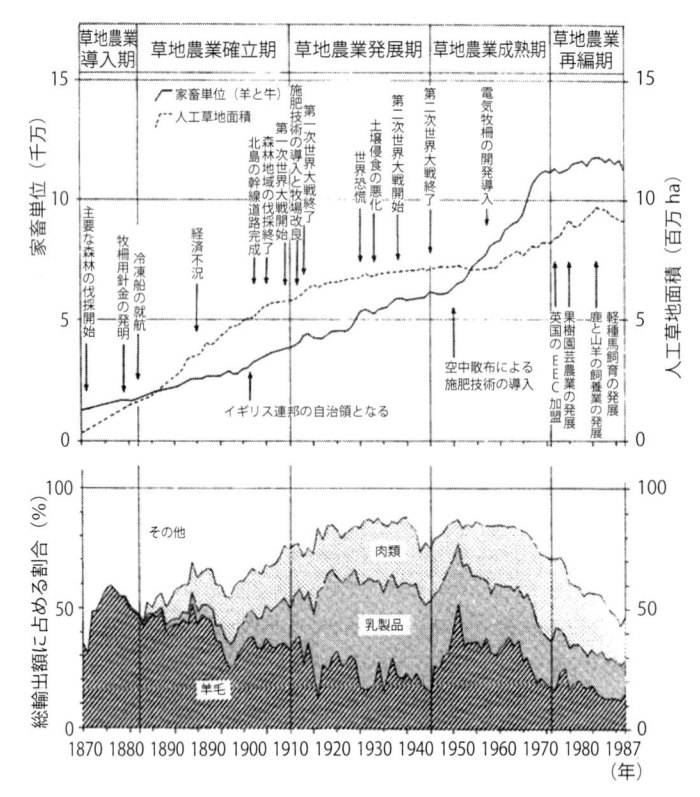

図10.1 ニュージーランドにおける家畜単位と人工草地面積，および主要な農産物輸出の推移（N.Z. Official Yearbook, N.Z. Agricultural Statistics, Report on the Farm Production Statistics より作成）

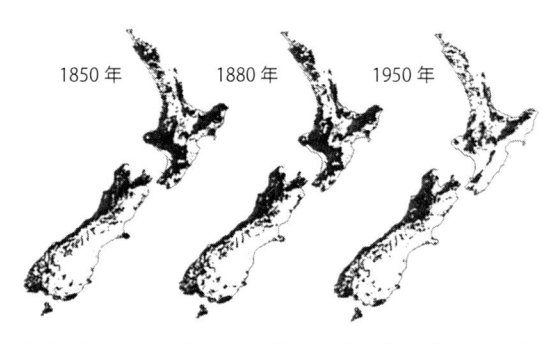

図10.2 ニュージーランドにおける森林地域の変化
（Watters ed., 1965）

網の完成は農牧業におけるインフラストラクチャーの整備にもつながり，ニュージーランド農業の発展要因の1つにもなった．

一方，南島では自然草地を利用した牧羊経営が依然として支配的であったが，カンタベリー平野やオタゴ平野，およびサウスランド地域では穀物栽培と家畜飼養を組み合わせた混合農業が成立するようになった．このような穀物栽培は1870年代前半の世界的な羊毛価格の暴落を契機に，カンタベリー平野やオタゴ平野，およびサウスランド地域で発展した．ことに，これらの地域では小麦がイギリスへの輸出用として多く栽培されるようになり，その収穫面積は1880年に約13万haに拡大した．しかし，ニュージーランドの地理的な隔絶性と，オーストラリアやアメリカ合衆国の大規模な企業的穀物農業の台頭により，ニュージーランドの小麦は1880年代後半から，主に国内用に栽培されるだけになった．代わって，バターやチーズ，および羊肉がイギリスやイギリス自治領に多く輸出されるようになり，酪農経営あるいは肉用羊の肥育経営を主体とする混合農業が発展した．このような混合農業は，南島の低地における穀物と飼料作物や牧草との輪作体系に支えられて成立した．

10.2.2 草地農業の発展（1915〜1944年）

第1次世界大戦により，ニュージーランドはイギリスの食料供給地としての性格を強め，ニュージーランドの農産物の輸出はさらに拡大した．羊毛と乳製品，および肉類の輸出額が輸出総額に占める割合は，この時期を通じて70％以上であり，1930年代には80％以上に達していた（図10.1）．特に，この時期の農産物の輸出は，チーズやバターなどの乳製品の輸出が急激に拡大したことにより特徴づけられる．乳製品の輸出総額に占める割合は1915年で17.3％であったが，1921年に46.5％に急増し，その後は1950年代の前半まで30％以上の水準を維持し続けた．これは，ニュージーランドの低廉な乳製品が大量にイギリスに輸出され，その独占的な市場がイギリスで確立したためであった．特に，バターは「英帝国の徴発」を契機にイギリス市場での地位を高め，その輸出総額に占める割合は1915年の10.5％から1931年の31.0％に拡大した．

低廉な乳製品の大量輸出は，酪農業におけるさまざまな技術革新，いわゆる「酪農革命」によって支えられた．そのうちの1つは，施肥技術を効果的に導入し，牧草の生産量を高めることであった．この時期，ニュージーランドにおける草地造成はほぼ飽和状態に達し，人工草地面積は漸増傾向に転じたため（図10.1），リン酸肥料を大量に施肥し，草地をクローバーと多年性ライグラスの混播牧草に転換することにより，草地の土地生産性と牧養力が高められた．例えば，ニュージーランド全体の人工草地1ha当たりの牧養力は1911年に6.3家畜単位であったが，1930年には8.0家畜単位に拡大した．なお，家畜単位では，必要な飼料量が雌羊を1.0とした時の相対的な値で示されている．羊は雌羊1.0，1歳未満の雌羊0.6，その他の羊0.8と，牛は肉牛・乳牛6.0，仔牛3.0，去勢牛4.0と定義されている．つまり家畜単位は1ha当たりの人工草地で飼養可能な雌羊の頭数が示されており，6.0家畜単位は6頭の雌羊が1haの人工草地で飼養できることを示す．このことは，家畜頭数の増加傾向にも反映され（図10.1），乳牛飼養頭数は1911年の約63万頭から1930年の約144万頭へと2.3倍に増大した．同様に，羊の飼養頭数も1911年の約2400万頭から1930年の約3084万頭に増加したが，その増加率は1.3倍と乳牛のものよりも低かった．

酪農業におけるもう1つの重要な技術革新は，クリームの遠心分離器とミルカーが1915年以降に多くの農場に普及したことであった．ニュージ

ーランドでは，蒸気機関を利用したクリームの遠心分離器が1885年にはじめて導入された．その後，クリームの遠心分離器は乳業工場の強い指導も手伝って，1922年頃までに酪農場に急速に普及し，その数は1922年に3万8801台に達した．遠心分離器の導入により，酪農家は農場で乳脂肪と乳清（ホエー）を分離し，乳脂肪だけを乳業工場に輸送するようになった．このことは，牛乳輸送の費用や労力を軽減するだけでなく，牛乳の品質も向上させた．さらに酪農場では，農場副産物として残された乳清を用いて，豚の飼養が行われるようになった．

他方，ミルカーは1910年頃からニュージーランドの酪農場に普及しはじめた．ミルカーの普及率は1922年に51.2％であり，1942年までには86.2％に達した．このようなミルカーの普及は，農場における搾乳労働を省力化させ，牛乳の生産性をも向上させた．

その他の技術革新として，ジャージー種がショートホーン種に取って代わって多く飼養されるようになった．ニュージーランドの乳牛全体に占めるジャージー種の割合は，1921年に29.6％であったが，1924年に44.3％とショートホーン種のそれを凌駕するようになり，1938年には75.0％と卓越するようになった．これは，バターやチーズの加工生産が盛んになり，乳脂肪分の高い牛乳の需要が高まったためであった．また，1923年には「酪農製品統制法」が制定され，ニュージーランド・デイリー・ボードが組織された．それにより，乳製品の一元販売システムが構築され，乳製品の標準化・規格化と流通販売に大きな改革がもたらされた．

10.2.3 草地農業の成熟（1945〜1970年）

第2次世界大戦後，ニュージーランドの農産物はイギリスに引き続き多く輸出される傾向にあり，羊毛と乳製品，および肉類の合計の輸出額は1945年の約120万NZドルから1965年の約613万NZドルに増大した．しかし個々の品目別にみると，乳製品の輸出総額に占める割合は1945年の37.1％から減少傾向にあり，1970年には19.4％に低下した．特に，チーズはイギリス市場でヨーロッパの酪農国と競合するようになり，その輸出額に占める割合は1970年に4.1％と著しく低下した．そのため，ニュージーランドの酪農産業は新たな商品と市場の開発を進め，粉ミルクやカゼインがバターやチーズとともに多く輸出されるようになった．他方，羊毛需要の世界的な拡大を反映して，羊毛の輸出総額に占める割合は急増し，1965年には51.8％とピークに達した．その後，この羊毛の割合は1965年からは減少傾向に転じ（図10.1），1970年には18.8％を占めるにすぎなくなった（表10.1）．

羊毛と乳製品の輸出総額に占める割合が全体的に停滞傾向，ないし減少傾向にあった状況に対して，肉類の輸出総額に占める割合は増加する傾向にあった（図10.1）．これは，ヨーロッパやアメリカ合衆国などにおける食肉需要の拡大を反映したものであり，ラムやマトンの羊肉だけでなく牛肉も多く輸出されるようになったためであった．特に，肉類の輸出総額に占める割合は1951年に10.3％であったが，その後は1970年の33.5％と急激に増大した（表10.1）．牛肉が多く輸出されるようになったため，肉牛飼養頭数は1946年の約207万頭から1960年の約302万頭に増加し，その頭数は乳牛飼養頭数を上回るようになった．また，生産者乳価の低迷と牛肉価格の高騰も，肉牛を多く飼養する酪農場や牧羊農場を増やし，酪農から肉牛飼養への転換を促進させた．それらは，家畜単位の急激な上昇により特徴づけられた（図10.1）．

家畜単位の急増に対して，人工草地面積は1946年の718万haから1965年の777万haへと漸増傾向を示すにとどまっている．このことは，単位草地面積当たりの牧草生産量と牧養力が急激に拡大したことを意味している（図10.1）．実際，ニュージーランド全体における人工草地1ha当たりの牧養力は，1947年の8.4家畜単位から1965年の12.2家畜単位に急増した．このような牧養力の拡大は，クローバーと多年性ライグラスによる混播牧草の栽培技術が定着したこと，リン酸肥料と石灰を大量に施肥する空中散布技術が確立したこと，さらに電気牧柵の開発により合理的

表10.1 第2次世界大戦後のニュージーランドにおける羊毛と乳製品，および肉類の輸出額の推移（1945～1985年）（単位：100万NZドル，括弧内は輸出総額に占める割合，単位：%）（N. Z. Official Yearbook により作成）

年次	羊毛	乳製品				肉類	輸出総額
		バター	チーズ	粉ミルク	カゼイン		
1945	25.4 (15.8)	36.5 (24.0)	19.0 (11.8)	2.0 (1.2)	0.1 (0.1)	35.2 (21.9)	160.7
1950	149.3 (40.9)	71.7 (19.6)	29.1 (8.0)	6.6 (1.8)	1.3 (0.4)	57.2 (15.7)	364.9
1955	187.9 (36.3)	89.6 (18.4)	32.8 (6.7)	8.2 (1.7)	2.5 (0.5)	100.5 (20.6)	488.0
1960	205.0 (33.9)	100.3 (16.6)	37.1 (6.1)	11.1 (1.8)	8.4 (1.4)	156.9 (26.0)	604.6
1965	208.6 (28.1)	119.6 (16.1)	40.7 (5.5)	18.9 (2.5)	16.8 (2.3)	208.5 (28.1)	742.2
1970	204.2 (18.8)	109.7 (10.1)	44.3 (4.1)	31.1 (2.9)	25.8 (2.4)	364.3 (33.5)	1,086.1
1975	267.1 (16.1)	122.1 (7.5)	48.4 (3.0)	103.1 (6.4)	14.7 (1.0)	438.0 (27.0)	1,621.5
1980	930.8 (18.1)	360.6 (7.0)	105.9 (2.1)	214.3 (4.2)	112.5 (2.2)	1,183.6 (23.0)	5,152.2
1985	1,475.4 (13.0)	636.5 (5.6)	256.8 (2.3)	530.1 (4.7)	273.8 (2.4)	2,228.1 (19.7)	11,315.8

で効果的な草地管理ができるようになったことに起因していた．

　ニュージーランドにおける1970年の1ha当たりの家畜単位と施肥量，および空中散布による施肥面積の地域的な分布が図10.3に示されている．図10.3（a）によれば，家畜単位の分布は北島で高く，南島で低いことがわかる．特に，ワイカト地域とベイ・オブ・プレンティ地域，タラナキ地域，およびマナワツ地域では主に酪農経営が発達しており，1ha当たりの家畜単位が12以上になっている．南島でも，酪農経営や羊の肥育経営が発達しているウェストランド地域やサウスランド地域，およびクライストチャーチ近郊では，1ha当たりの家畜単位が6以上と相対的に高い．このような家畜単位の分布は施肥量の分布と相関が高い．図10.3（b）によれば，1ha当たりの施肥量も北島で卓越し，酪農地域における施肥量が相対的に多いことがわかる．これに対して，空中散布

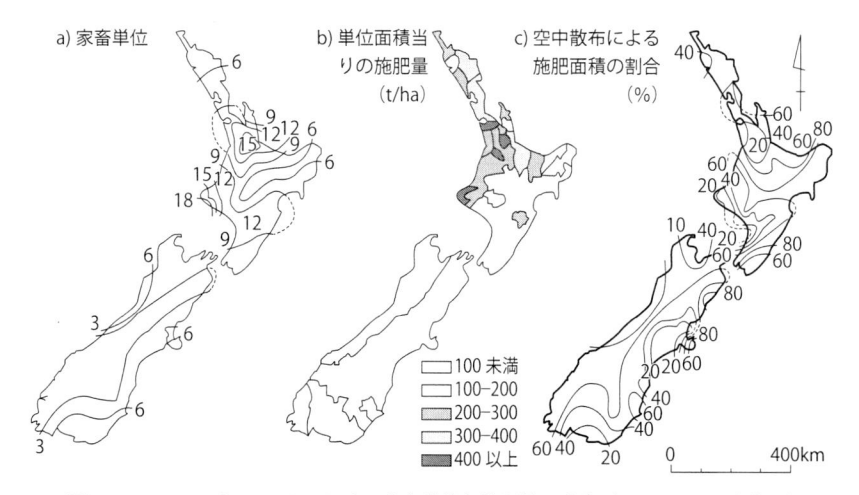

図10.3 ニュージーランドにおける家畜単位と施肥量の分布（Moran, 1974を修正）

の施肥面積の割合は（図10.3（c）），低地で低く，丘陵地や山麓で相対的に高くなっている．したがって，丘陵地や山麓では肥料の空中散布により，草地改良が進み，草地農業の集約化が図られてきたといえる．

10.2.4 草地農業の再編（1971年以降）

イギリスは従来からニュージーランドの農産物にとって重要な市場であった．しかし，イギリスが1973年にヨーロッパ経済共同体（EEC，現在のEU）に加盟したことにより，イギリス市場におけるニュージーランドの農産物の優位性が崩れた．羊毛と乳製品と肉類がニュージーランドの主要な輸出品目であることに変わりなかったが，それらの輸出総額に占める割合は1973年の71.8%から1985年の47.2%に低下した．かくして，ニュージーランドは商品生産と市場の多様化を進めるようになった．商品生産の多様化に対応して，乳製品の粉ミルクやカゼインの生産が増加し，バターやチーズとともに主要な輸出品目になった（表10.1）．粉ミルクやカゼインの生産とともに，生産された牛乳のすべてが加工利用されるようになり，集乳方法も農場で分離した乳脂肪だけを集めるものから，生乳すべてをタンカー（集乳車）で集めるものに変化した．タンカーによる集乳は従来よりもコスト高になるため，酪農経営の規模拡大が図られ，中・小規模の酪農場は肉牛生産や果樹生産などに転換し，淘汰された．

同様に，乳製品加工の多様化と相まって，ジャージー種とホルスタイン種が競合するようになってきた．1970年の乳牛構成と比較すると，1987年ではジャージー種の乳牛全体に占める割合が70%から35%に著しく減少している反面，ホルスタイン種のそれは12%から45%に急増し，ジャージー種の割合を凌駕するようになった．これは，ホルスタイン種が粉ミルクに加工するための大量の牛乳を生産することができるためであった（写真10.1）．さらに，牛肉需要の増大と肉牛飼養の発展もまた，肉牛としての性格を兼ね備えたホルスタイン種の普及に拍車をかけ，酪農と肉牛飼養を組み合わせた牧畜の経営形態が発達してきている．実際，酪農と肉牛飼養を組み合わせた農場は，1987年現在で酪農場全体の81.3%に当たる8,655戸であり，約65万頭の肉用乳牛を供給している．他方，ジャージー種は乳脂肪分の高い牛乳を生産し，チーズやバターの加工や多頭放牧に適している．そのため，その資質を生かして，ジャージー種とホルスタイン種の交雑種が開発され，その飼養が従来のジャージー種に代わって増加している．

この時期の牛肉需要の拡大は牧羊経営における肉牛飼養の地位も向上させた．従来，肉牛飼養の主要な目的は，牧羊農場の草地の維持管理にあった．これは，肉牛が羊よりも牧草の嗜好性が少なく，茎質の牧草や伸びすぎた牧草を，さらに若木までも食べてしまうためである．食肉価格と羊毛価格の上下変動に対応するため，牧羊農場では南島の山岳地域を除いて，肉牛と肉用羊の飼養が主要な商品生産部門になった．また，肥料の空中散布によって丘陵地域の牧養力が拡大したため，丘陵地の牧羊農場における仔取り経営と低地の牧羊農場における肥育経営との地域分業が明確でなくなった．つまり，丘陵地域の牧羊農場は肥育用の羊の生産を経営の中核にするとともに，仔取りから肥育までの一貫経営も行うようになった．

草地農業の再編化と多様化に対応して，新たな農業が発展してきたことも，この時期の特徴になっている．1つは，鹿と山羊，および馬の飼養であり，もう1つは果樹園芸農業である．鹿の飼養は1969年に正式に認可され，従来の牧畜技術や施設を利用できることと，羊や肉牛の飼養と容易に両立できることから，1980年から1981年にか

写真10.1 ニュージーランドのワイカト地域におけるホルスタイン種による酪農（1996年2月）

けて急速に普及した．鹿の飼養頭数は1985年現在で約34万頭であり，その飼養目的は漢方薬になる袋角と食用の鹿肉の生産である．近年では，鹿肉の輸出が好調なことを反映して，鹿飼養の主な目的は袋角から鹿肉の生産に変化しつつある．山羊の飼養は牧畜農場で副業として行われていたが，1980年以降に商業的牧畜業として発展してきた．これは，羊毛価格が低迷し，山羊1頭当たりのモヘヤやカシミヤ，あるいはカシゴラの収益性が羊1頭当たりの羊毛のそれよりも高いためである．さらに，馬の飼養は1980年代以降に都市近郊に多く立地するようになり，収益性の高いサラブレッドの生産が地価上昇に対応して行われている．また，馬の飼養農場は都市住民の馬を余暇活動の乗馬用として預かることにより，都市の余暇空間としても機能している（写真10.2）．

一方，果樹園芸農業は第2次世界大戦後に土地条件の良い地域で発展し，それらの地域形成は1970年代以降の都市化とともに決定づけられた．つまり，牧畜農場が都市化による地価の上昇に対応して細分化して売却され，それらの一部に果樹

写真10.2 ニュージーランド・オークランド郊外における馬の飼養農場（1996年2月）

園芸農業が立地した．そして，果樹園芸農業は高い収益性と生産性を反映して，次第に商業的牧畜業に取って代わるようになった．1985年のニュージーランドにおける果樹園芸農業の分布によれば（図10.4），リンゴやナシ，およびモモやブドウは，オークランド地域とポバティ・ベイ地域，ホークス・ベイ地域，マルボロウ地域，そしてオタゴ盆地に分布している．これらの地域は土地条件と気候条件の良い伝統的な果樹地域でもある．これに対して，キューイフルーツやアボカドなどの亜熱帯性果樹は，ノースランド地域とオークラ

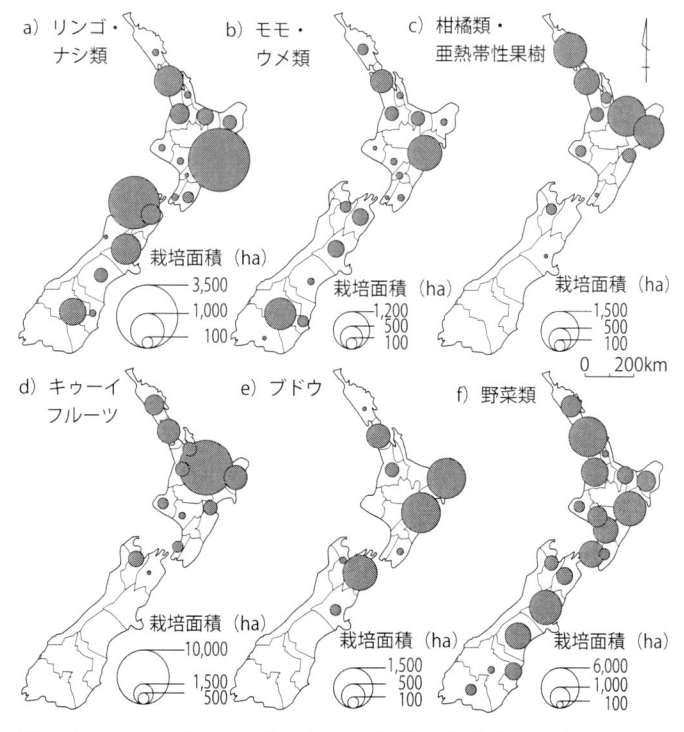

図10.4 ニュージーランドにおける果樹園芸農業の分布（1987年）
（Statistics Agricultureより作成）

写真10.3 ニュージーランドのベイ・オブ・プレンティ地域におけるリンゴ栽培（1996年2月）

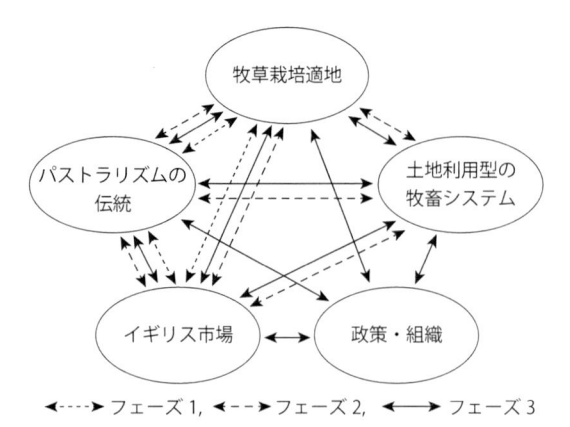

図10.5 ニュージーランド農業の形成・再編プロセスの概念モデル

ンド地域，ベイ・オブ・プレンティ地域，およびポバティ・ベイ地域に分布しており，その地域形成は単位土地面積当たりの収益性を高めるために都市化の進展と牧畜農場の細分化とともに発展した（写真10.3）．さらに，野菜栽培は都市化とともに近郊農業として発展し，その地域形成はオークランド地域やウェリントン地域，およびクライストチャーチ地域などで進んだ．

10.2.5 ニュージーランド農業の遷移システム

ニュージーランドでは，商業的牧畜業が農業地域の中核にあり，その草地利用システムは粗放的なものから集約的なものまで多様である．粗放的な商業的牧畜業は羊毛生産や仔取り生産のための羊の放牧経営であり，集約的な商業的牧畜業の典型は酪農である．それらの中間的な商業的牧畜業として，肉用羊や肉牛の肥育経営や，仔取りから肥育まで行う肉用羊と肉牛の一貫経営，および羊毛生産と羊肉生産の複合経営が存在する．これらの伝統的な牧畜業は，ニュージーランド各地の自然環境や社会・経済環境，および歴史・文化環境に適応し，それらを改変しながら地域分化し，3つの基本的なフェーズを経て農業地域を形成してきた（図10.5）．フェーズ1は草地農業確立期に，フェーズ2は草地農業発展期と草地農業成熟期に，さらにフェーズ3は草地農業再編期にあたる．

フェーズ1では，ヨーロッパの農耕文化や商業的牧畜業が牧草の栽培適地とイギリス市場，およびパストラリズム（牧歌的農村生活）の伝統という環境条件に支えられて移植・導入された．そのため，農業開発は土地を改変し，草地面積を拡大する方向で進められた．フェーズ2では，低コストで国際競争力のある商品を生産するため，土地利用型の牧畜システムがフェーズ1の環境条件に加わり，輸出指向型産業として商業的牧畜業を支えた．そのため，農業開発は土地利用型の牧畜システムに適応できるように土地を拡大し改変するだけでなく，草地の単位面積当たりの土地生産性を高める方向で行われた．これに対して，フェーズ3では国際的な経済環境の変化や農産物輸出のグローバル化，および国内における都市化の進展が契機となり，商業的牧畜業の再編や新しい農牧業の導入が行われるようになり，政策や組織が環境条件として重要な役割を担うようになった．したがって，農業開発は資本集約的なものとなり，収益性と労働生産性を高める方向で行われている．3つのフェーズを比較すると，地域の農業開発や農業振興を支える環境条件の組み合わせ（システム）がそれぞれ異なり，フェーズの進展にともなってシステムは複雑になる．

それぞれのフェーズでは，酪農・牧羊業・肉牛飼養の伝統的な牧畜業の土地利用が環境条件やその変化に応じて，酪農から牧羊業へ変化するような労働粗放化の，あるいは肉牛飼養から酪農へ変化するような労働集約化の傾向をもっている．つまり，伝統的な牧畜業の枠組みのなかで，酪農・牧羊業・肉牛飼養の土地利用は可逆的変化を含む循環系のシステムを構築し，グローバルな経済を

含むさまざまな環境条件の変化に対して一種のフィードバックシステムをもっていた（図10.6）．このようなシステムは，それぞれの牧畜経営が自然環境に適応しながら，土地と施設装備，および家畜を共有し相互補完できる関係にあったことに支えられている．したがって，伝統的な牧畜業の枠組みは，農産物価格の国際的な変動や地価の上昇，あるいは農業人口の世代交代や高齢化，さらに都市化や兼業化などの社会・経済環境の変化に対して柔軟性や抵抗性をもっていた．このことは，フェーズ1からフェーズ3までの農業開発に継続性をもたせ，その効果を持続させるのに役立った．

他方，フェーズ3になると，新興的な農牧業の枠組みが鹿・山羊・軽種馬の飼養や果樹園芸農業などの土地利用の台頭とともに構築されるようになる（図10.6）．伝統的な牧畜業から新興的な農牧業への移行は，都市化にともなう農場の売買価格や土地課税の上昇，あるいは農場の細分化などの社会・経済環境の急激な変化に対応し，収益性の高度化と資本集約化の方向性をもっている．ま

た，新興的な農牧業への移行は新たな施設装備の配置や拡充などの資本投下をともなうため，一方向的なもので伝統的な牧畜業の枠組みにフィードバックできない．そのため，このような枠組みへの変化は，経済のグローバル化や農産物の国際価格の変動に柔軟に対応できないため，個々の農場にとっては市場リスクの管理が難しくなる．そのリスクを回避する方法の1つとして，「ケアンズグループ」が組織されたといえる．

10.3 オーストラリアにおける食料生産の再編

10.3.1 家族農場がつくるオーストラリアの原風景

オーストラリアは食料の世界的な輸出国であり，食料生産には何の問題もないように思われるが，食料の輸出国であることで大きな問題に直面している．それは，従来の食料生産の担い手であった家族農場の衰退である．オーストラリアの農村を描いた絵画や映像には共通した1つの風景がある．それは夫婦と2人の子どもが連れ立って自家用車に乗り，町に買い物に出かける風景であり

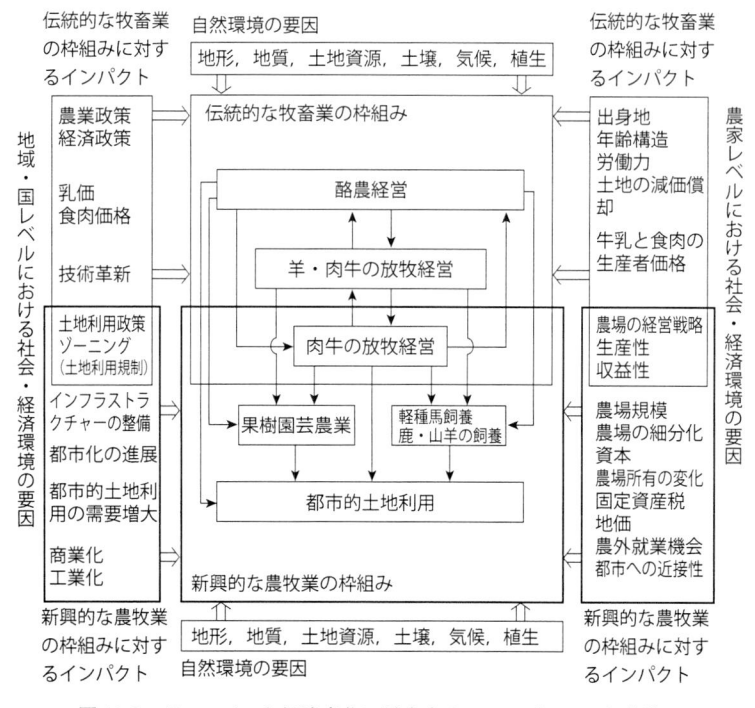

図10.6 グローバルな経済変化に対応するニュージーランド農業のフィードバックシステム

（写真10.4）．買い物に出かけた町には教会と役場，郵便局と銀行，警察署と消防署，そして数軒の商店や雑貨屋やホテル（居酒屋）がひとまとまりとなって立地している風景である．オーストラリアの農村は家族農場を基本的な単位として成り立ち，農村にはそれらの家族農場に必要なサービスを提供する中心地が発達した（写真10.5）．しかし，現在のオーストラリアでは農村の中心地が衰退する傾向にある．それは，食料輸出のグローバル化にともなう発展と少なからず関係していた．

家族農場を主体とする農村は，自然条件に左右され適応しながら農牧業を営み，信仰や伝統に基づく生活文化を頑なに守ってきた．そのようにして家族農場が代々相続され，土地が受け継がれてきたことは，農村の性格や機能が比較的長く維持されてきた大きな要因であった．そのため，農村は保守的性格をもち，一種の政治的な圧力団体として多くの農業政策にかかわってきた．また，家族農場の子弟の多くは高等教育を受け，産業社会のエリートとしての地位や名誉を築きあげることで，農村の存在意義を高めてきた．しかし，1980年代以降，オーストラリアの農村は食料生産のグローバル化に対応した大規模化・効率化・資本集約化のなかで，大きな問題に直面することになった．食料の生産価格の低迷と投入費用の上昇という状況のなかで多くの家族農場の存続が危ぶまれている．

10.3.2　生産主義とオーストラリアの農業・農村

オーストラリアの農業は国際市場向けの農産物を生産しており，その商品生産は市場ニーズと国際競争の影響を直接受けている．国際市場のニーズに応え，国際競争力を高めるため，低廉で大量の農産物が「規模の経済」を最大限に生かして生産されている．また，生産性や効率を高めるため，多くの投入資材や農業機械が用いられるようになり，施設装備の更新も進められてきた．その結果，オーストラリアは国際市場で農産物の自由貿易を求める「ケアンズグループ」の旗頭としての役割を担うようになり，農牧業の発展が約束されてきた．しかし，農場経営の規模拡大や農業の機械化・化学化，および施設装備の充実は多大の資本を必要とした．これらの資本の多くは政府の補助金でまかなわれたが，補助金が農村で多く用いられる不満は都市と農村の対立となって顕在化している．

国際競争力を高めるための，あるいは新たな商品生産を開発するための資本投下が補助金よりも多く必要になると，家族農場は危機的状況になる．実際，小麦や羊毛，あるいは牛肉の生産では，上位約20％の大規模生産者が全体の80％以上の利益を得ており，大規模生産者はますます大きくなり，中・小規模の家族農場は農牧業を中止するか，あるいは農業収入を農外収入で補完しな

写真10.4　オーストラリアの農村をイメージした本の表紙（Pritchard and McManus, 2000）
家族で自家用車に乗って町に買い物に出かける風景は，伝統的な家族農場を象徴している．

写真10.5　ニューサウスウェールズ州内陸部の農村中心地の1つであるマッジー（2007年2月）

ければならなくなる．また，土地利用型の家族農場の約80％は1990年代後半以降，生産主義の生産構造に加え，度重なる干魃により利益を上げることができなくなっている．

生産主義（経済的な利潤を最重要視する考え方）に基づく食料生産は低廉で大量の商品を生産するため，多くの資本を必要とする構造を内包している．このような構造に対応するため，家族農場は大規模化して生き残りを図ろうとするが，対応できない農場は廃業に追い込まれる．さらに，大規模農場は新たな資本を企業や外国資本など外部に求めるようになり，家族農場は企業資本の参入による法人農場として存続するようになる．結果的には，大規模農場や法人農場が食料生産の担い手であった家族農場に取って代わって発達し，家族農場を主体とする農村コミュニティは衰退する．農村コミュニティの衰退は，中心地においてサービス機能が次々に消えていく景観にも反映されている．実際，教会に隣接して立地していた郵便局・銀行・医療施設・学校は，より高次の中心地のものに統合されてしまい，中心地にはわずかな商店と居酒屋が残るだけとなっている．

10.3.3 オージービーフ生産の発展の光と影

オージービーフの生産は，生産主義に基づく食料生産の典型であり，国際市場の価格やニーズの変化，あるいはグローバル化にすばやく対応しなければならなかった．そのため，大規模化・省力化によるコストの節約と資本投下による施設装備の充実が生産者に求められるようになり，そのことが従来の肉牛放牧や牛肉生産の担い手であった家族農場の減少につながった．例えば，オーストラリアの牛肉は国際価格やニーズの影響を受けてgrass fed beef（牧草で肥育した牛肉）からgrain fed beef（穀物で肥育した牛肉）に変化し，その生産は企業的な大規模フィードロットが担うようになった．このことは，1980年代後半以降にフィードロットが急増したことにも反映されている（図10.7）．従来のオーストラリアでは，肉牛の放牧が内陸の乾燥地域や半乾燥地域の広大な家族農場で行われ，牧草や自然草地で牛肉が生産された．しかし近年では，大規模フィードロットがグ

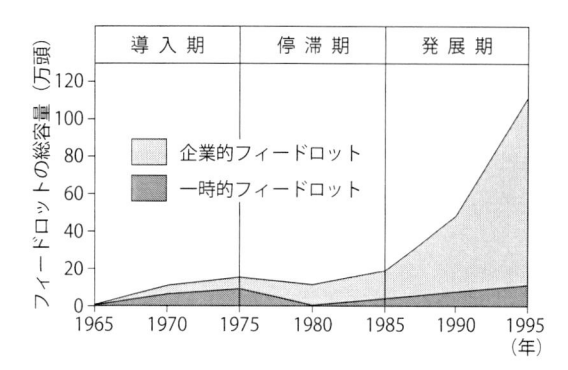

図10.7 オーストラリアにおけるフィードロット産業の発展プロセス（Australian Lot Feeders Association 資料より作成）

レートディバイディング山脈西側の穀倉地域に立地し，穀物を集約的に給与して牛肉が生産されている．

オーストラリアにおけるフィードロット産業の分布を示した図10.8によれば，フィードロットが従来の肉牛生産地域と異なる地域に展開していることがわかる．つまり，従来の肉牛生産は主にクイーンズランド州内陸部の少雨地域や半乾燥地域に分布しており，それは牧草を餌とする大規模な放牧によって特徴づけられている．一方，フィードロットは主にクイーンズランド州南部からニ

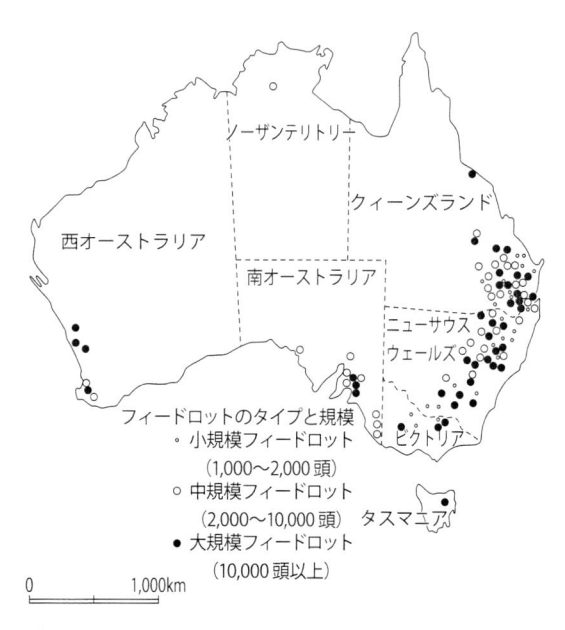

図10.8 オーストラリアにおけるフィードロット産業の分布（Australian Lot Feeders Association 資料より作成）

ューサウスウェールズ州にかけての湿潤地域に分布している．これらの湿潤地域では，適度な気温と降水量に相対的に恵まれていたため，小麦やトウモロコシなどの穀物生産，あるいは穀物と牧羊業を組み合わせた混合農業が発達していた．フィードロットによる牛肉生産は，オージービーフとして国際市場で優位な地位を維持するため，消費者のニーズに応えなければならなかった．オージービーフの最大の市場である日本の消費者のニーズは，柔らかくて美味しい「霜降り牛肉」であり，そのような牛肉を生産するためには，蛋白質が豊富な大量の穀物を集中的に給餌して肥育しなければならなかった．その意味で，フィードロットは穀物生産地域に立地しなければならなかった．

また，フィードロットにおけるオージービーフの生産は，グローバル化によって国際市場におけるニーズの影響を絶えず受けることになる．単に低廉な牛肉を大量に供給するだけでは，国際市場において競合する国々（主にアメリカ合衆国）に対抗することができない．フィードロットによるオージービーフのフードシステム（生産から消費までの流れ）を示した図10.9によれば，フィードロットで肥育される素牛はオーストラリア肉牛生産者協議会（CCA）の安全認証を受けてフィードロット周辺の特約・契約農場から提供されていることや，フィードロットで給餌される穀物もオーストラリア持続的農業協会（NASS）による安全認証を受けたものがフィードロット周辺の特約・契約農場から提供されている．つまり，オージービーフは低廉で美味しい牛肉を安全・安心という付加価値とともに消費者に提供していることになる．このような付加価値は狂牛病などによって牛肉の安全・安心性が消費者から求められることに対する生産地の対応であった．

他方，オーストラリアにおいて，フィードロットとして採算に見合う収益をあげ，国際市場で優位な地位を保つためには，1000頭以上の容量を維持し，生産コストの節約をする必要がある．そのような大規模な容量をもつフィードロットはオーストラリア全体で約10%を占めるにすぎないが，それらのフィードロットの総容量は全体の約85%を占めている．つまり，オージービーフのほとんどが大規模フィードロットで生産されているといえる．大規模フィードロットが効率的に稼働するためには，薄片状にした穀物を蒸して配合する飼料調整施設，および屠殺施設や食肉加工施設が必要になり，その費用は莫大なものになる（図10.10）．また，生産規模が大きくなるにつれて，施設装備への投資が増え，家族農場による資本調達はますます困難になる．そのため，フィードロットの規模拡大は外国資本に依存するように

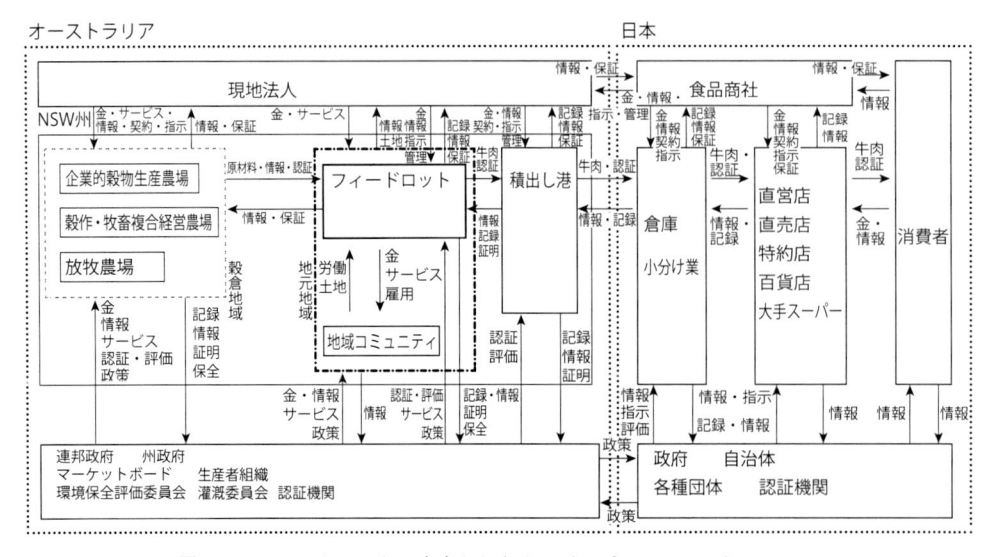

図10.9 フィードロットで生産されたオージービーフのフードシステム

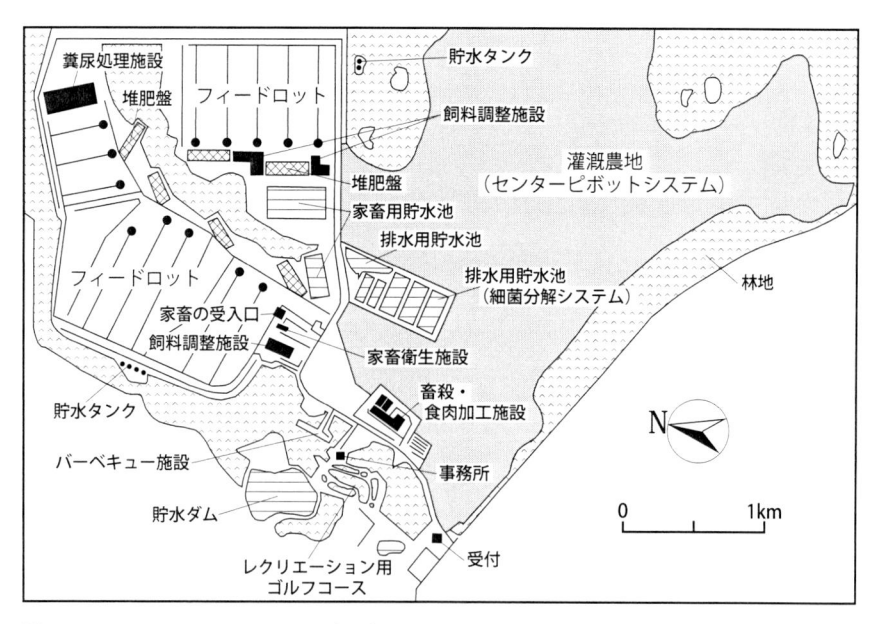

図10.10 ニューサウスウェールズ州内陸部のヤンコ周辺におけるRフィードロット（2002年）（Rフィードロット資料より作成）
大規模なフィードロットに付属してさまざまな土地利用や施設が集約的に配置されている．

なり，外国資本の傘下の大規模な企業的フィードロットが農村に多く立地するようになる．このような企業的フィードロットは東アジアにおけるオージービーフの市場拡大とともに生産を増大させたが，農村における家族農場を確実に衰退させ，それが伝統的な農村コミュニティの崩壊につながった．

10.3.4 食料生産における2つの姿

オージービーフの生産でみられたように，経済的な利潤や効率を最大化する生産主義的な食料生産は，グローバル化によって国際市場におけるオーストラリアの地位を高めた1つの姿であった．しかし，生産主義的な食料生産はローカルな自然環境や社会・経済環境に多くの負荷を与え，土地の劣悪化や塩類化，あるいは農村コミュニティの脆弱化などを引き起こした．それらの反省から，環境保全や農業の多機能性，あるいは農村コミュニティとその生活文化の維持に着目した食料生産がもう1つ別の姿として1990年代後半以降に行われるようになった．特に，食料生産の生態的基盤が注目されるようになり，過放牧や過耕作による土地の劣悪化や灌漑による土地の塩類化を防ぐため，適正規模の土地利用や放牧，および輪作が行われるようになった．このような食料生産は自然環境だけでなく，社会・経済環境にも配慮したものであり，家族農場の伝統的な土地利用システムに回帰するものであった．

確かに，国際競争力のあるグローバルな食料生産を継続するためには，生産主義的なシステムの発達が不可欠である．しかし，オーストラリアの農村におけるローカルな自然環境や社会・経済環境を持続的に保全するためには，家族農場を維持することもポスト生産主義的な視点として重要になっている．実際，オーストラリアの農村は依然として家族農場を基盤としており（2001年の農業センサスでは，全農場の約80％が家族農場），その存続が農業や農村における持続的発展の鍵となっている．例えば，家族農場は農村コミュニティや伝統的な生活文化を維持するだけでなく，保水休閑を含む輪作や複合経営を伝統的な耕作システムとして実践することにより，環境保全型の食料生産を行っている（写真10.6）．このように，家族農場が自然環境や社会・経済環境の持続性に貢献するものとして再評価されると，食料生産における生産主義的な姿とポスト生産主義的な姿との葛藤が大きな問題となってオーストラリアを悩

ませている.

　食料生産の目的がグローバル化に対応して最大の経済利潤を得るためであれば，オーストラリアは生産主義的なシステムを発展させていくことになる．しかし，食料生産における生産主義的なシステムの展開により環境負荷が増大し，干魃や塩類化などによる食料減産が深刻になっている．そのため，環境負荷を最小にする食料生産が必要になり，家族農場を担い手とするポスト生産主義的なシステムも見直されている．　　［菊地俊夫］

写真10.6　オーストラリアのバロッサバレーにおける環境保全型の食料生産農場（2007年2月）

引用文献

菊地俊夫（1990）：ニュージーランドの農業地域，商業的牧畜業の分化．農業地域システム研究会編：世界の農業地域システム．pp. 186–201．大明堂．

Moran, W. (1974): Systems of agriculture regional patterns and locational influences. In Johnston, R. J. Ed.: *Society and environment in New Zealand*. Whitcombe and Tombs.

Pritchard, B. and McManus, P. (2000): *Land of discontent: The dynamics of change in rural and regional Australia*. New South Wales University Press.

Watters, R. F. (1965): *Land and society in New Zealand*. Reed.

11 オーストラリアの都市域の拡大と地域構造の変化

オーストラリアと聞いて，都市的なイメージをもつ人は少ないかもしれない．なだらかに続く丘陵地で羊や牛たちがのんびりと草を食んでいる光景（写真）は，多くの人がオーストラリアに典型的なものとしてもつイメージだろう．また，鉱産資源とともに，牛肉や小麦などの1次産品の輸出に依存する国というのも，オーストラリアの典型的なイメージであろう．

しかし，実際には，シドニーやメルボルンなどの大都市をかかえ，都市人口率は約90%に達する．オーストラリアはかなり都市的な側面の強い国でもある．

オーストラリアの農村風景（1994年11月）

11.1 オーストラリアの都市

オーストラリア最大の都市は人口439万を数えるシドニーである（表11.1）．現在のシドニー中心部のやや南に位置するボタニー湾にキャプテン・クックが上陸したのは1770年である．その後，初代総督となったアーサー・フィリップの一団がシドニーに上陸してイギリスによる領有を宣言したのは1788年のことである．シドニーは，名実ともに，オーストラリアで最も古い都市である．その後，シドニーはニューサウスウェールズ植民地の首都として発展を続けた．特に，1990年代後半以降に，世界的にグローバリゼーションが進行した際には，アジア・太平洋地域の金融センターとして多くの外国金融機関や多国籍企業の本社が集積し，世界都市としてのシドニーは大きく発展して今日に至っている（Connell, 2000）．

一方，人口400万を擁し，オーストラリア第2の都市であるメルボルンの歴史は，イギリスによるニューサウスウェールズ植民地の領有宣言から47年遅れた1835年に最初のヨーロッパ人が上陸したことに始まる．開拓当初は郊外農村において小麦栽培や牧羊が行われ，メルボルンはそれら農産物の集散地として，またヨーロッパへの積み出し基地として栄えた．メルボルンの性格を変えたのは，1851年に有力な金鉱脈がメルボルンの近郊で発見されたことである．これを契機にメルボルンは大きく発展していった．まさに，一攫千金で大きな財を成した者も多く，彼らは競うようにメルボルンの都心部に彫刻を施した重厚なファサードをもつ建物をつくりだした．これらの建物は現在のメルボルンでもよく保存されている．その後もメルボルンは，イギリスとアイルランドを中心とするヨーロッパ系の移民の主な上陸拠点となり，1901年にオーストラリア全土が連邦国家を樹立する頃にはシドニーと首都争奪戦を繰り広げるほどの都市へ成長した．

表11.1 オーストラリアの都市別人口（2011年）（オーストラリア統計局の資料より作成）

順位	都市	人口
1	シドニー GCCSA	4,391,674
2	メルボルン GCCSA	3,999,981
3	ブリスベン GCCSA	2,065,998
4	パース GCCSA	1,728,865
5	アデレード GCCSA	1,225,235
6	ゴールドコースト	557,823
7	ニューカッスル	398,770
8	キャンベラ	391,643
9	セントラルコースト	304,755
10	サンシャインコースト	270,771
	その他	6,172,204
	全国	21,507,719

GCCSAとは，オーストラリア統計局が定義する大都市圏（Greater Capital City Statistical Area）の範囲．

今日のシドニーには世界都市として多くの外国金融機関や多国籍企業の本社が集積する一方（写真11.1），メルボルンは金融以外の分野，すなわち文化，芸術，教育，新興産業など（コンピュータ関連，不動産投資など）が集積している（Tsutsumi and O'Connor, 2006）．今日，「オーストラリアの代表的な都市は」と聞かれたら，大半の人がシドニーと答えるだろうが，現実にはオーストラリアを代表する世界的イベントの多くはシドニーではなくメルボルンで開催されている．南半球初のメルボルン夏季オリンピック（1956年），テニスの全豪オープン，F1グランプリ，競馬のメルボルンカップなどである．このように，シドニーとメルボルンは，良きライバルとして，常に互いの存在を意識しながらオーストラリアの成長を牽引してきたといえるだろう．

2大都市に加えて，ブリスベン，パース，アデレードの各都市の成長も著しい．観光地として名高いゴールドコーストは，5大都市に次ぐ人口6位の都市であり，首都キャンベラは人口約39万で国内8位である．タスマニア州の州都であるホバートの人口は20万で12位，日本人観光客も多く訪れるケアンズは人口13万で15位，北部準州の中心都市ダーウィンの人口は11万で16位である．

表11.1に示すように，オーストラリア全土の人口は2011年の国勢調査によれば約2150万である．しかし，オーストラリアがまだ白豪主義を堅持していた1969年には人口は1226万，グローバリゼーションによる都市再開発ラッシュが訪れる前の1989年には1681万にすぎなかった．1969年からの40年余りで人口は約1.8倍に，また，1989年からのわずか20年余りで500万も増えた人口の多くは上位の5大都市圏に居住している．こうしたオーストラリア全体の人口の急激な増加に大きく寄与してきたのは移民である．すなわち，毎年25万程度増え続ける人口の約半分は移民1世代目の増加による直接的な人口増加であり，残りの半分を占める自然増加においても，オーストラリアで生まれた移民2世代・3世代の増加といった間接的な影響も大きい．1950年代頃までは，オーストラリアへの移民の出身地の大多数はイギリスとアイルランドであったが，それらは1960年代頃から急減しており，代わって東ヨーロッパや南ヨーロッパ諸国からの移民の顕著な増加がみられた．こうしたヨーロッパ系移民の出身国の多様化は，アングロ・ケルトおよび英語を共通語とするオーストラリアの文化的基盤を大きく揺るがし，結果的にはオーストラリアは多文化社会へと舵を切っていった（堤，2013）．

人口の急増は，各大都市圏の範囲を急速に拡大させた．シドニーの拡大過程を示した図11.1によれば，1880年よりも前に市街地化していたのはシドニー湾の南側のごく限られた地域と，シドニー湾の最奥部にあたるパラマッタ周辺にすぎず，その後，鉄道沿線や主要道路に沿って市街地の拡大はみられたが，1959年頃までの市街地は，都心を含む東西20 km，南北10 km程度の範囲に限られていた．ところが，1960年以降に，市街地は急速に拡大した．シドニー湾の南側ではイーストヒルズやキャンベルタウン，カムデンなどへ都市化が進んだほか，シドニー湾の北側ではパームビーチやホーンズビー，ウィンザーなどへと市街地が拡大した．しかし，シドニー湾の南北いずれの方向も，都心から30 km以遠の大半は国立公園となっているため，それ以遠の市街地拡大はみられない．一方，都心の西側ではブルーマウンテン国立公園近くまで市街地が細長く延びていった．シドニーの都心部から直線距離で約70 km離れたカトゥーンバは，シドニーの都心部と鉄道

写真11.1 シドニー都心部のアフター5（2010年9月）

で結ばれており，都心への通勤者も暮らしている．
　一方，オーストラリア第2の都市であるメルボルンの外延的拡大を示した図11.2によれば，1880年以前の市街地は，都心から半径10 km程度の狭い範囲と，ポートフィリップ湾沿いのフラ

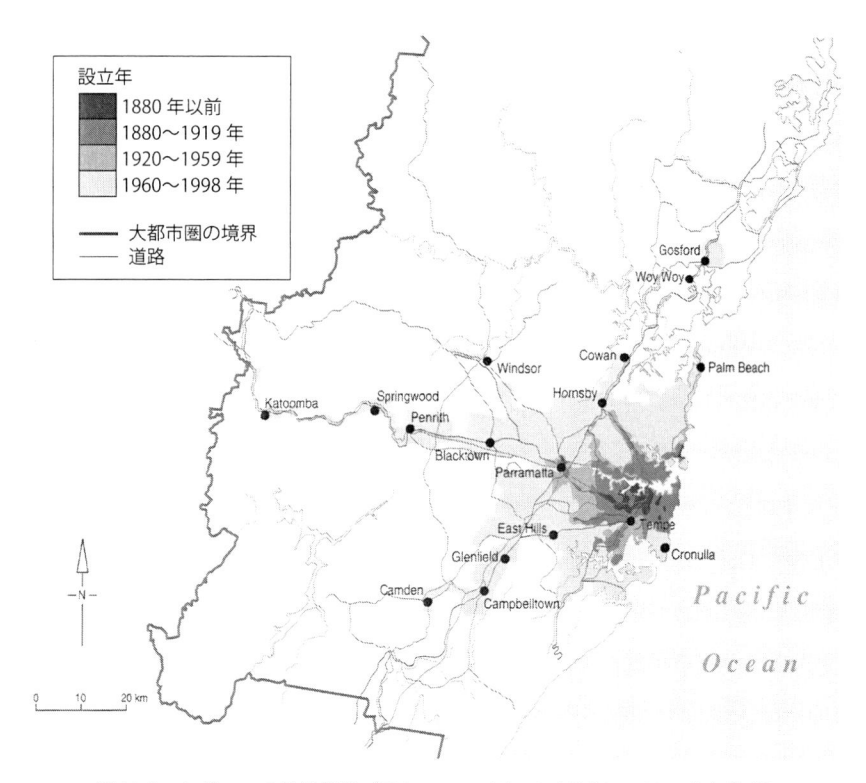

図 11.1　シドニーの発達過程（Heinemann Atlas 3rd Edition, 2000 より作成）

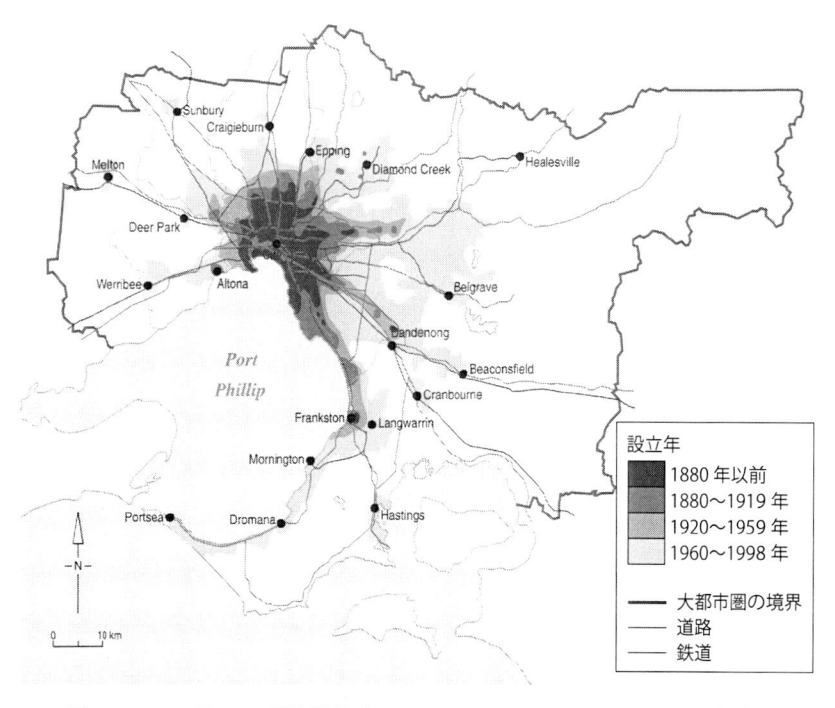

図 11.2　メルボルンの発達過程（Heinemann Atlas 3rd Edition, 2000 より作成）

11.1　オーストラリアの都市　　131

ンクストンの周辺に限られていた．その後，1919年にかけて拡大した範囲は，主要な道路と鉄道に沿って放射状に展開した．特に都心から南東方向に約40 km離れたフランクストン方面にかけての沿岸部の開発が時期的に早く，距離的にも遠くまで及んでいた．シドニーと同様にメルボルンにおいても1960年以降の市街地の拡大は著しい．大都市圏全体でみれば，都心の西部よりも南東方向へ大きく拡大した．都心の北東約50 kmに位置するヒールズビルの辺りを流れるヤラ川は，メルボルンの大都市圏の東側を大きく蛇行しながら流れ，流域には豊かな森が広がる．ヒールズビルはグレートディバイディング山脈の中にあり，ユーカリの豊かな森には，有袋類の研究を目的とする動植物保護区が設定されている．また，1960年代以降に都市化が及んだ都心の東南東約35 kmのベルグレイヴや都心の南東約45 kmのビーコンズフィールドなども森やブドウ畑などの豊かな緑に囲まれた住宅地として人気が高い．これらの地区からメルボルンの都心部へと通勤する場合，片道1時間半以上かかるが，都市近郊の豊かな森はメルボルン市民から親しまれている．

11.2　シドニー大都市圏の拡大と多民族化の進展——アジアへの玄関口と世界都市としての発展

ここでは，移民の急増が大都市圏の構造変容にどのような影響を与えたかを考察するため，オーストラリア最大の都市であるシドニーを取り上げ，近年のオーストラリア社会においてプレゼンス（存在感）がいっそう大きくなりつつある中国系（ベトナムなどのインドシナ系移民を含む）とインド系移民の居住地の分布に着目した．国勢調査の質問項目には，自身や両親（あるいは片方の親）の「出身国」を示す項目があるが，オーストラリア生まれである移民の2世代目以降の居住地分布を直接示すデータの収集は困難である．使用言語も指標にはなり得るが，シドニー大都市圏の場合，2011年の総人口の約62％は英語のみしか話さない．残りの約40％弱は，家庭では英語以外の言語を使用しており，多いのはアラビア語（総人口の4.0％），広東語（同3.0％），標準中国語（3.0％）の順となっており，アジア・太平洋地域の中心都市としてアジア諸国とのつながりの強い様子がうかがえる．しかし，英語を使うことに障害の少ないインド系移民を特定することは，このデータでは困難である．そこで，移民の文化的背景を示す指標として，信仰する宗教に関するデータに着目した．またその際，海外生まれか否かについての属性をクロス集計したデータを取得した．

シドニーを例に，仏教の信仰者の分布を示したものが図11.3である．仏教には中国のみならずタイやベトナム系を含め広くアジア諸国からの移民が数多く含まれることは承知の上で，仏教の信仰者の分布を概観した．全体的にはシドニー湾の南側に仏教信仰者の分布の集中域が確認でき，なかでもシドニーのCBD（中心業務地区，図中★）から5 km圏内とCBDから西南西方向に30 km程度の郊外にあたるカブラマッタまで集中域がみられる（写真11.2）．図11.3中に薄いグレー色で示されるものは海外生まれの割合であることから，CBDやシドニー湾北部の郊外に海外出身者の割合が高く，分布の集中するシドニー湾南部にはオーストラリア出身の仏教徒が比較的多いことが指摘できる．

同様に，シドニーを例に，ヒンドゥー教の信仰者の分布を示したものが図11.4である．シドニー大都市圏におけるヒンドゥー教信仰者については，仏教の信仰者の分布とは特徴が異なることがわかる．もちろん，インド系移民であってもシーク教をはじめヒンドゥー教以外の信仰者も数多く存在すること，また，インド系以外にもヒンドゥー教の信仰者は存在することは承知の上で，ここでは便宜上，ヒンドゥー教の信仰者の分布からインド系のエスニックコミュニティの特徴を概観した．シドニー大都市圏におけるヒンドゥー教信仰者については，シドニー湾の南側でCBDの西側約10 km以遠にあたるストラスフィールドやパラマッタの周辺にまとまった分布が確認できる．これらの地区一帯は，シドニー大都市圏内でも工場の集積度の高い地区である．また，図11.4中に薄いグレーで示されるものは海外生まれの割合

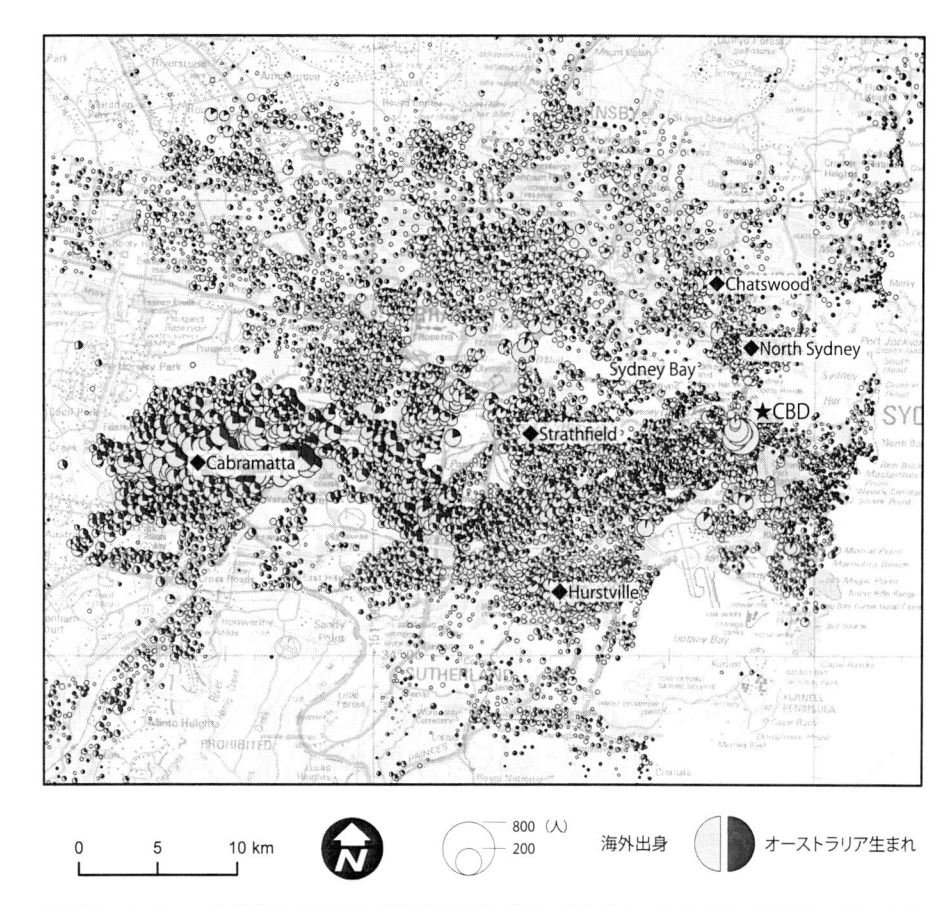

図 11.3 シドニー大都市圏における仏教徒の分布（2011 年）（オーストラリア統計局のデータより作成）

写真 11.2 シドニー郊外のベトナムタウン，カブラマッタ（2006 年 11 月）

であることから，ヒンドゥー教の信仰者の多い地区は，海外出身者の割合も同時に高いことが読み取れる．シドニー湾の北側にも海外出身，オーストラリア生まれ両方のヒンドゥー教の信仰者が確認できるが，図中のシンボルは相対的に小さく，まとまった分布とはいいがたい．これらのことから，近年のシドニーではインド系の海外出身者（移民 1 世代）が工場などの雇用の多い地区に集中することにより，インド系移民のプレゼンスが増大している．

また，図 11.3 と図 11.4 を対比してみると，仏教とヒンドゥー教の各信仰者の分布域はあまり重ならず，民族別に住み分けている状況が読み取れる．特に，多くがアジア諸国からの移民と考えられる仏教信仰者が CBD やシドニー湾北部の郊外に集中する傾向があることは，シドニー大都市圏の性格を考察する上でも大変興味深い事実である．これらの地域は高所得者の分布域とほぼ重なる．これは，ヒンドゥー教の信仰者が産業地区にまとまって分布する傾向があることとは対照的である．

11.3 メルボルン大都市圏の拡大と多民族化の進展——郊外開発とモータリゼーション

メルボルンは，イギリスの植民地時代から移民

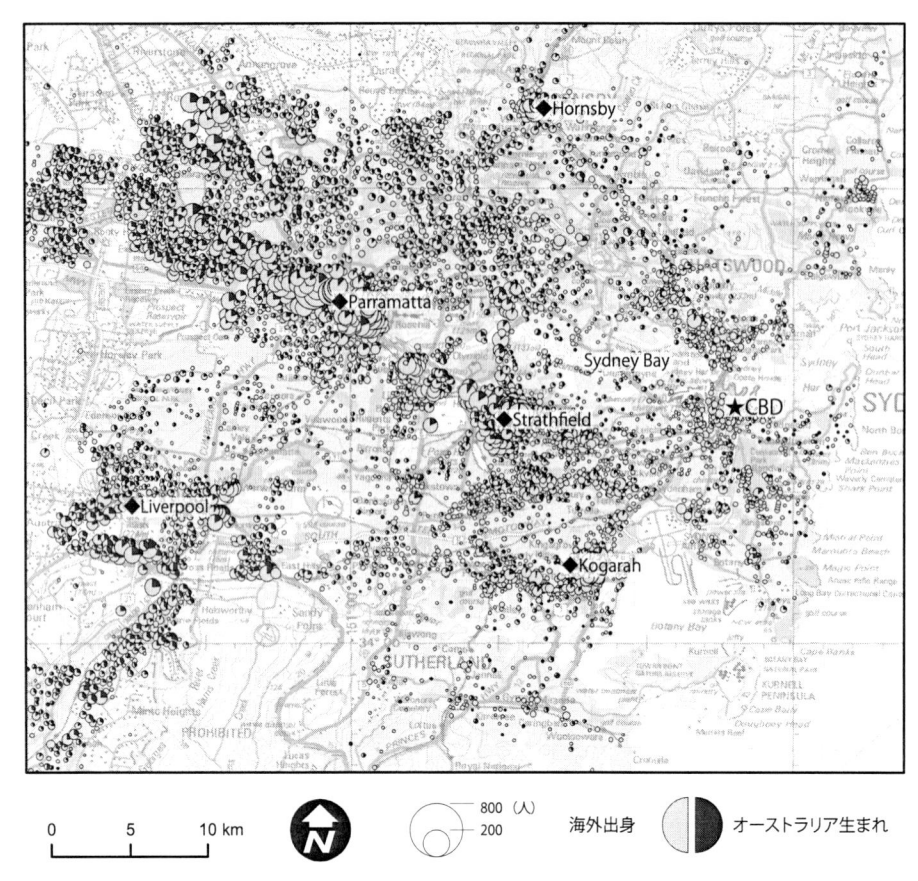

図 11.4　シドニー大都市圏におけるヒンドゥー教徒の分布（2011年）（オーストラリア統計局のデータより作成）

の上陸拠点となってきた都市であり，ヨーロッパ各国からの移民がもちこんだ多様な文化が共存する特徴がある（写真 11.3，11.4）．シドニーと同様に，メルボルンにおいても，2011年の総人口の約66％は英語しか話さない．英語以外の言語をみれば，最も多いのはギリシア語（同2.84％），次いで僅差でイタリア語（同2.82％），標準中国語（同2.5％），ベトナム語（同2.1％）の順となっており，メルボルンにおける移民の出身国は，南欧系もアジア系もともに多い特徴がみてとれる．また，鉄道網の発達もメルボルンの特徴の1つである．19世紀半ばの開拓当初から鉄道輸送

写真 11.3　メルボルン都心部における高層ビル（2007年8月）

写真 11.4　メルボルン都心周辺部における再開発地区（サウスバンク）（2007年8月）

が発達し，さらに移民の定住化が進むにつれて，郊外の住宅地へと網の目のようにトラム路線が張り巡らされた．メルボルンのトラム網は1906年の開通当初から，都心と10〜15km郊外とを結ぶ複数の路線が走っており，これは当時からすでに現代のLRT（ライトレールトランジット，市街地における路面電車の利便性と郊外の専用軌道における高速性を合わせもつ交通システム）的な発想があったという点で賞賛に値する（Tsutsumi and O'Connor, 2011）．

メルボルンよりも人口規模や経済規模の大きいシドニーでは，都市発展とともにトラム網は姿を消したが，メルボルンではほとんどのトラム路線が今なお残っている（写真11.5）．Fujii et al. (2006) によれば，メルボルン大都市圏において最大の雇用をもつメルボルン都心（Melbourne（C）-Inner）SLAへの通勤者の53.2％が公共交通を利用しており，自家用車で都心へ通勤する者は全就業者の29.7％である（2001年）．この状況は，2006年の国勢調査においてもほぼ同様であり，メルボルン都心への通勤者の約50％は公共交通を利用している（ABS, 2008）．このように，統計数値を見る限り，メルボルンは公共交通優位の都市である．そこで，都心通勤者を対象として，より詳細に利用交通手段別の通勤流動を地図化してみた（図11.5, 11.6）．

都心通勤者のうち，公共交通のみの利用者の分布を示した図11.5によれば，都心（CBD）から郊外に放射状に伸びる主要鉄道路線に沿って，30kmあるいはそれ以遠からの通勤者の存在が顕著に確認できる．都心の各駅への所要時間は，約30km郊外で約1時間である．鉄道路線から数km離れた郊外では，公共交通のみでの通勤者はまれである．一方，自家用車および，自家用車と公共交通を組み合わせたパークアンドライドの利用者の分布を示した図11.6によれば，自家用車利用者の集中域（CBDから10〜15km圏内）の外側で，かつ図11.5で公共交通機関のみの利用者があまりみられなかった鉄道路線と路線の中間地点に広く分布する様子がみてとれる．

大都市圏内の高所得者の分布を示した図11.7によれば，利用交通手段別の通勤流動は，大都市圏内の社会属性に強く規定されている様子がみてとれる．週給2000AUドル以上の世帯（全世帯の20.7％）は，北東から南東にかけての15km圏内に集中している．さらに，豊かな森林が続く東部の丘陵地や，眺望の良い南東部の海岸地区では都心から20kmを越えた地区も好まれる傾向にある．高所得者の分布は，大学卒業以上の高学歴世帯および企業の管理職に就いている世帯の分布ともほぼ一致する．これらの地区にも，近年ではアジア諸国の出身者が急増している（堤・オコナー，2008）．自宅では英語以外の母国語を話すものの，高学歴で企業の管理職に就き，英語で仕事をこなす海外生まれの高所得者も珍しくない．

11.4 地域構造の変化と多文化社会

本章でみてきたように，徒歩またはトラムなどの公共交通による移動が中心だった1960年頃までと，急速に進展したモータリゼーションによって著しい郊外化がみられた1960年代以降とを比べると，オーストラリアの大都市圏は性格が一変したといえる．

新たに拓かれた郊外には大規模な工場や倉庫が相次いで進出し，また，道路網も多く整備された．オーストラリア経済の拡大にともない労働力不足が深刻化し，それと同時に海外（特にアジア諸国）からの移民が急増した．モータリゼーションにより外延的に拡大した郊外は，公共交通体系の観点からみれば相対的に条件の悪い地区であったが，職住近接で割安感のある新たな郊外住宅地

写真11.5 郊外の専用軌道を走るメルボルンのトラム（2005年4月）

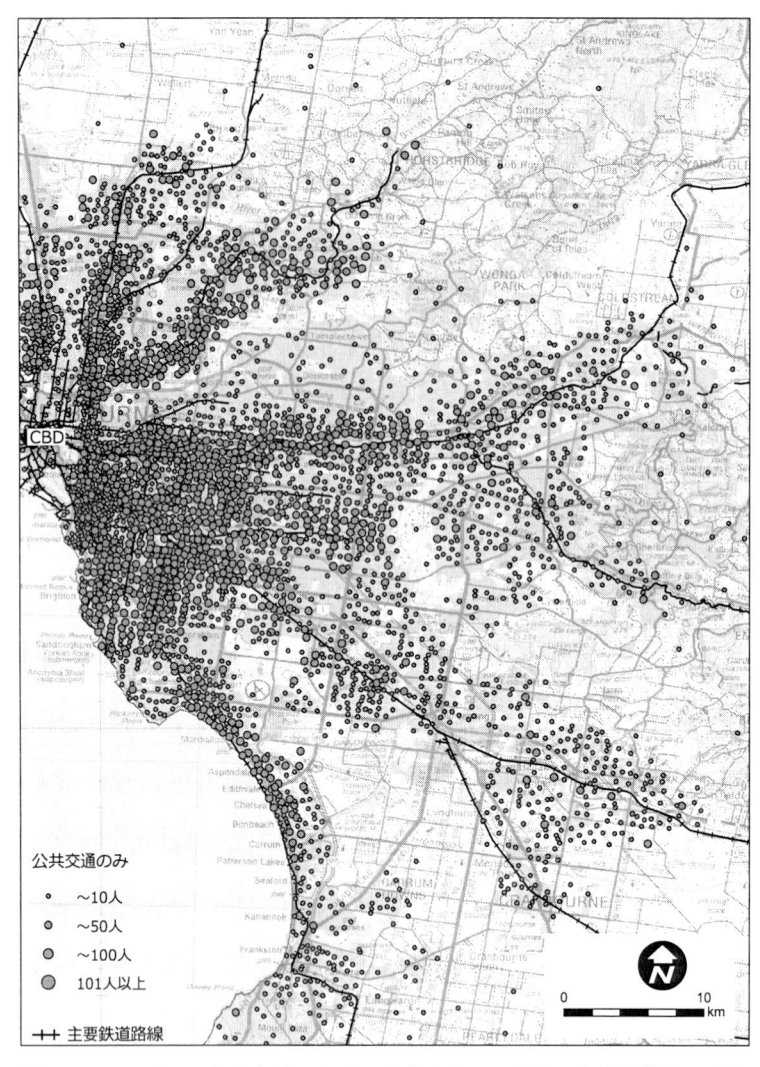

図 11.5 メルボルン大都市圏における公共交通のみ利用の都心通勤者の分布
（2006 年）（オーストラリア統計局のデータより作成）

は，多様な国々からの移民の受け皿となっていった．本章の冒頭で述べたように，1969 年からの 40 年余りで約 1.8 倍に，また，1989 年からのわずか 20 年余りで 500 万も増えた人口の多くが大都市圏の郊外に居住したことにより，大都市圏の構造が大きく変容したといえる．

11.5 多文化社会の今後

これまでみてきたように，オーストラリアでは 1970 年代前半に白豪主義が撤廃されて以来，多くの移民を，特にアジア諸国から中心に受け入れるようになった．移民の出身国がヨーロッパのみならずアジアを含めて多様化したことは，急速な人口増加に大きく寄与することとなった上，オーストラリアという国が地球上の地理的位置に相応して，名実ともにアジア・太平洋地域の国家となったプロセスととらえることができるだろう．

このようなエスニックあるいは文化的多様性がオーストラリア社会で顕在化する一方，オーストラリアでは規制緩和および市場主導路線の経済社会改革を行うネオリベラリズムの潮流にも飲み込まれてきた．この過程で，それまでの社会民主主義あるいは福祉国家重視の考え方に代わって，自由主義を重視し，小さな政府や個人主義といった経済合理主義的な思考様式がオーストラリア国民の間に広まっていった（塩原，2005）．これらの

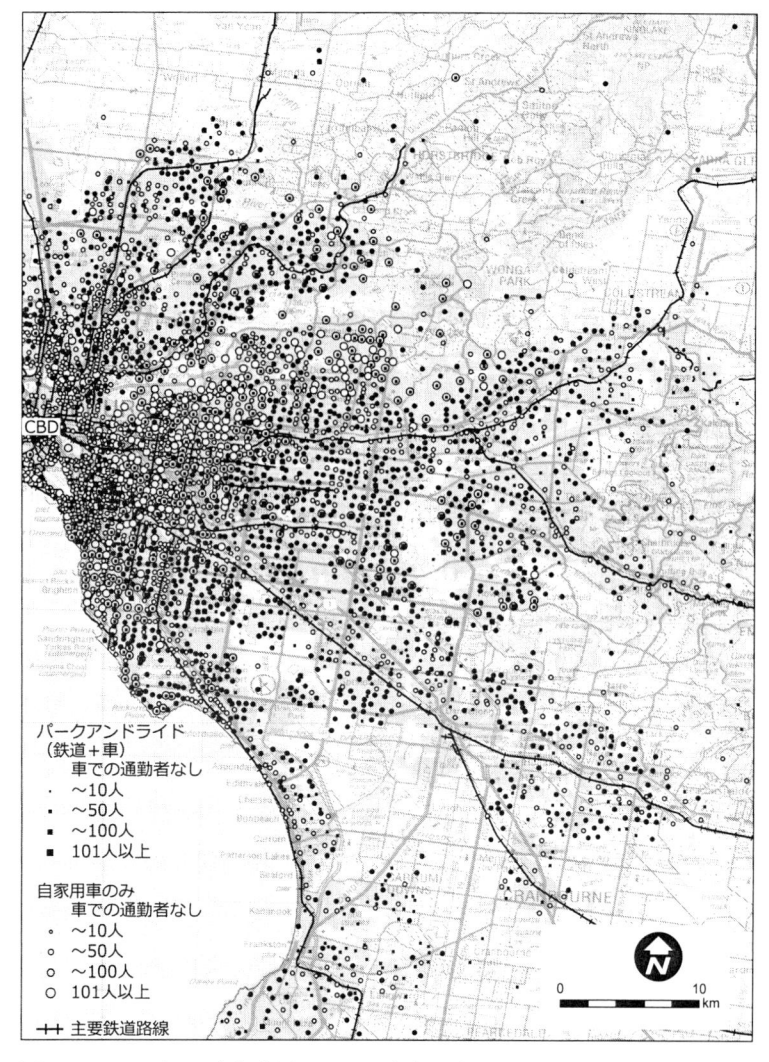

図11.6 メルボルン大都市圏における自家用車利用による都心通勤者の分布
（2006年）（オーストラリア統計局のデータより作成）

動きは，やがてエスニックマイノリティの排斥や社会的弱者への福祉切捨て政策，難民・亡命希望者への排他主義などに代表される社会問題の共通の根となっていった．

このように，オーストラリア社会は多文化主義の推進と抑制という，相反する2つの理念に挟まれながら進展していることも事実である．急速なアジア化の進展は，オーストラリア社会にさまざまな軋轢を発生させている．2005年にシドニー郊外のクロヌラビーチで起きたアジア系移民にかかわる暴動や（吉田，2007），2009年にメルボルンで頻発したインド系留学生への暴行事件のように，これまで比較的治安がよいとされてきたオーストラリア社会は，アジア系移民の急増に直面して，今まさに岐路に立たされている．

[堤　純]

引用文献

塩原良和（2005）：ネオ・リベラリズム時代の多文化主義．三元社．

堤　純（2013）：シドニーとメルボルンにおける都市社会の多様性——地理情報システム（GIS）を用いた分析の可能性．オーストラリア研究，**26**：37-48．

堤　純・オコナー，K.（2008）：留学生の急増からみたメルボルン市の変容．人文地理，**60**：323-340．

吉田道代（2007）：オーストラリアの多文化主義と移民問題．漆原和子・藤塚吉浩・松山洋・大西宏治編：図説世界の地域問題．pp.32-33．ナカニシヤ出版．

図 11.7 メルボルン大都市圏における高所得世帯の分布（2006年）（オーストラリア統計局のデータより作成）

Connell, J. (2000): *Sydney. The emergence of a World City*. Oxford University Press.

Fujii, T. *et al.* (2006): A comparative study of metropolitan multi-nucleation: Suburban centres and commuter flows within the metropolitan areas of Atlanta, USA, and Melbourne, Australia. Applied GIS 2 (2). pp. 11.1-11.17. DOI: 10.2104/ag060011. (http://www.epress.monash.edu.au/ag/ag060011.pdf)

Heinemann (2000): *Heinemann Atlas 3rd Edition*. Reed International Books Australia.

Tsutsumi, J. and O'Connor, K. (2006): Time series analysis of the skyline and employment changes in the CBD of Melbourne. *Applied GIS*, **2** (2): 8.1-8.12. DOI: 10.2104/ag060008. (http://www.epress.monash.edu.au/ag/ag060008.pdf)

Tsutsumi, J. and O'Connor, K. (2011): International Students as an Influence on Residential Change: A Case Study of the City of Melbourne. *Geographical Review of Japan Series B*, **84** (1): 16-26. (https://www.jstage.jst.go.jp/article/geogrevjapanb/84/1/84_1_16/_article)

===== コラム8　森に囲まれた暮らし——豊かなサバービア =====

　オーストラリア大陸の東海岸に沿って，北はクイーンズランド北部のヨーク半島から南のヴィクトリアにかけて，「オーストラリアの背骨」に当たるグレートディバイディング山脈が約3000 kmにわたって連なっている．この山脈の南西端は，一般的にはメルボルンの北東から南東の丘陵地帯であるエルタム～ワランダイト～ベルグレイヴを結ぶ線の辺りだといわれている．また，地質的には，グレートディバイディング山脈と同じ山脈の一部だったと思われる山塊がメルボルンの西側，奇岩を連ねた景勝地として有名なグランピアンズの辺りまで連なっている．

　大陸の約3分の2が荒涼とした砂漠であるオーストラリアでは，豊かな森と土壌は，ヨーロッパから移住した開拓移民達の目にもいち早くとまり，森とともに暮らす生活様式が根づいていった．メルボルンの都心の西北西約50 kmに位置するバッカス・マーシュの一帯は，今日ではメルボルンへの野菜供給基地として機能するほか，週末にはドライブのついでに道端にならぶ野菜や果物の露店に立ち寄る観光客でにぎわう．写真1は，メルボルンの南東約45 kmに位置するビーコンズフィールドの日曜市の様子である．近郊の農家が地元で収穫した新鮮な野菜をファーマーズマーケットで販売したり，その傍らで，古着や日用品，手芸・工芸品などが所狭しとならぶフリーマーケットが開催されたりしており，メルボルン市民の週末の憩いの場となっている．また，メルボルンの東約35 kmに位置するダンデノン丘陵は，車で約1時間程度の距離にあり，天気の良い時にはメルボルンからその山なみをみることができる．ここでは，「ヨーロッパの模倣」をつくりだすべく，ユーカリの原生林の中にカシ，ニレ，ポプラなどが植樹された．それらの植生はその後の年月のなかで原植生と併存し，現在の豊富な樹種の森を形成していった．今日では森林の保護や景観の保護に配慮がなされ，落ち着いた雰囲気のギャラリーやカフェが散在し，郊外の散策地としてメルボルン市民や観光客の人気が高い．

　メルボルン大都市圏に暮らしながら，森を慈しみ文化をこよなく愛するといった価値観を共有する上で中心的な役割を果たすのは，郊外に暮らす中産階級である．サバービアという言葉だけをみれば，画一的で個性のないというネガティブな捉え方もある一方で，メルボルンの暮らしにアクセントをつけ足している担い手こそが，ミドルクラス・サバービアであるといっても過言ではないだろう．　　　　　　［堤　　純］

写真1　自家製野菜の販売などでにぎわう日曜市（2009年5月）

写真2　ダンデノンの森の中で餌付けを楽しむメルボルン市民（2009年7月）
森の中に開設された散策路で，野生の鳥に餌を与える．散策路の近くには自由に使えるバーベキュー用のコンロとベンチなども置かれており，飲食料品を持ち寄って家族や友人らとともにバーベキューを楽しむ様子があちこちでみられる．

12 観光による自然環境への影響とその対策

オーストラリア，グレートバリアリーフ内にあるグリーン島の桟橋（2012年2月）

地域固有の自然や文化はその貴重性ゆえ地域の資源でもある．それゆえ，資源は観光の対象となるが，例えば，観光客による動植物の物理的破壊などの危険にさらされる．これらの危険に対処し，資源を維持していくにはどのような手法があるのであろうか．本章ではオーストラリアで実施されている資源の管理手法を事例に，資源の観光利用法について紹介する．取り上げるのはグレートバリアリーフ，フレーザー島，エアーズロックである．いずれもオーストラリアで著名な観光地となっている地域であり，資源と観光，管理の手法について学ぶところは多い．

12.1 オーストラリアの自然環境の特色

オーストラリアはオーストラリア大陸に位置する国家である．当たり前だと思われるだろうが，1つの大陸をまるまる1つの国が治めているというのは，世界をみてもオーストラリア以外にはない．本章では，そんなオーストラリアを例に，自然環境と観光の関係の一端を紹介したい．

オーストラリア大陸の面積は約760万 km² ととても広大だ．一方，年間平均降水量は約 530 mm と世界平均に比べて顕著に少ない．日本の年間平均降水量が約 1700 mm であるから，その少なさがおわかりいただけるであろう．オーストラリアの降水量が少ない原因は，大陸自体が中緯度高圧帯という晴れの多い地域に位置していることなどが大きい．また，大陸内部の降水量の分布をみてみると大陸の地形が大きく関与していることがわかる．図 12.1 をみると降水量の最も低い場所はオーストラリアの中心，地名でいえば，アリススプリングスの周辺にある．そして，アリススプリングスから離れるにつれて降水量は増えていく．

オーストラリア大陸の東側には南北に連なる長い山脈が存在する．名前をグレートディバイディング山脈といい，この山脈が東海岸に雨をもたら

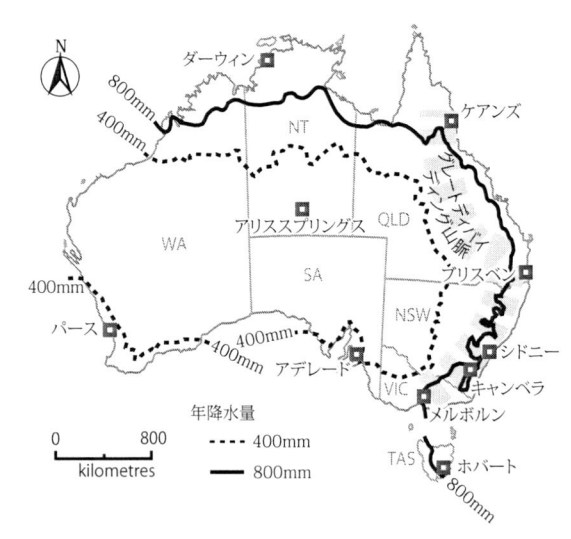

図 12.1 オーストラリアにおける年間平均降水量の地域別差異

している．太平洋からオーストラリア大陸東海岸に向けては，一年を通して強い東風が吹いている．海から運ばれた風（空気）は水分を多く含んでおり，そのまま大陸東のグレートディバイディング山脈にぶつかる．そして，その風は上昇気流となり，オーストラリアの東海岸沿岸部に雨を降らせるのである．一方，雨を降らせて乾いた空気だけが大陸の中心部へと向かい，中心部の降水量は少なくなる．

上記の理由により，オーストラリア東海岸の年

間平均降水量は1,000 mm以上と比較的多くなる．降水量が多いと，そこには河川が流れる．植物も繁茂し，やがては森林となる．また，農作物もよく育つことから，人々の居住も進む．ゆえに，オーストラリアでは人口が東海岸沿岸部に集中している．オーストラリアで最も著名な都市であろうシドニーや，人口第3の都市ブリスベン，リゾート地区として有名なゴールドコースト，ダイビングのメッカのケアンズなど，東海岸に多くの都市や街が存在している．

降水量の多いオーストラリアの森林地域は固有動植物の宝庫でもある．オーストラリア大陸はゴンドワナ大陸から分裂後，一度も他の大陸とつながったことのない大陸であり，固有の動植物が多い．オーストラリアの動物のうち，約90%は固有種といわれている．オーストラリア固有種として名高いのがコアラだろう（写真12.1）．コアラはお腹に袋をもつ有袋類で，子育てを行う哺乳類の一種である．その愛くるしい姿からオーストラリアだけではなく，日本各地の動物園でもみられる人気の動物だ．なお，近年テレビなどで，森林火災によるコアラの生息数の減少が報じられているのを目にするが，これは彼らがオーストラリアの森林地区に生息していることを示している．他にも代表的な有袋類としてカンガルーやウォンバット，単孔類のカモノハシ，世界最大級の現生鳥類エミューなどのユニークな動物がオーストラリアにだけ生息している．また，オーストラリア大陸には植物にも固有種が多い．例えば，バンクシアという種の植物であったり，ユーカリもオーストラリアを原産とする樹種であったりする．

オーストラリアは海に囲まれていることから，海洋に生息する動物や魚類も豊富である．代表的な海洋動物ではクジラ，イルカなどがあげられる．クジラはホエールウォッチングという形で観光の対象となっており，東海岸では特に中部から南部で南極から北上するクジラをみることができる．また，ダイビングスポットも多く，豊富な魚類がみられる．東海岸北部の海洋一帯は，グレートバリアリーフという世界最大のサンゴ礁群が存在し，熱帯魚やサメ，ウミガメなどが多く生息している．加えて，海洋と河川には水生爬虫類のワニ（海水ワニ・淡水ワニ）も生息している．

最後に，自然だけでなくオーストラリアの文化の面にも若干触れておきたい．1つの国家で広大な大陸をもつオーストラリアには，現在多様な人種の人々が居住している．なかでも最も古くからこの大陸で生活していたのがアボリジニという先住民族である．彼らは現在でも大陸各地に居住しており，それは先述した降水量の少ない地域などにも及んでいる．彼らの自然観やブーメランなどの狩猟道具，ブッシュ・タッカーと呼ばれる食文化なども固有のものであり，彼らの価値観や使用方法も観光対象として各地で見学，体感することができる．

12.2　オーストラリアの観光

すでにみてきたように，オーストラリアは世界のなかでも独特の自然環境をもっている．そのため，それらを活かした産業が盛んとなっている．例えば，広大な敷地を活かした農業や林業，また豊富な地下資源を活かした鉱業なども盛んである．本節では観光業に注目する．2010年のオーストラリアにおける観光GDPは約350億AUドルと推定され，オーストラリアのGDPの2.5%を占めており，51万人の雇用を創出しているという．12.1節でリゾート，ダイビング，コアラ，クジラ，グレートバリアリーフ，アボリジニの文化などについて触れたが，これらは全てオーストラリアの観光業にとってお金と雇用を生みだす重

写真12.1　コアラ（2009年2月）

要な資源なのである．本節ではそんなオーストラリアの観光についてみていくこととしたい．

表12.1は2012年におけるオーストラリアの外国人観光客数の国籍別順位表である．これをみると，観光客の多い国は，ニュージーランドやアメリカ合衆国などの新大陸の国々，そして中国や日本，シンガポールなどのアジアの国々であることがわかる．これらの国々は，太平洋を隔てて近隣に位置しており，なおかつ比較的経済的に恵まれている．観光という現象が「距離」と「経済」に大きく影響されるものであることがよく理解できる結果であろう．

それでは，オーストラリアに訪れた外国人観光客はオーストラリアのどの地域へ足を運んでいるのであろうか．図12.2から2つの特徴が読み取れる．まず，訪問先上位の多くはシドニー，メルボルン，ブリスベンなどの大都市となっている．これは，都市自体の魅力ももちろんであるが，おそらく海外からの航空便が離発着する空港が，これらの都市に存在していることが大きな要因と考えられる．言い方を変えれば，都市は自ずと外国人観光客にとって重要な観光地となってしまうといえよう．さて，他方の特徴は，都市部以外の訪問先観光地がグレートバリアリーフやエアーズロックなどの自然資源を観光対象とした場所になっていることである（図12.2）．特に，東海岸の北側のクイーンズランド州で多くなっている．外国人観光客のもつオーストラリア観光に対する価値観がこの図から読み取れるといえよう．

訪問先上位20か所はオーストラリア人の国内旅行についても示されている（図12.3）．それによると，外国人観光客と共通する部分と相反する部分がみられる．まず，国内観光客の訪問先上位にあがるのが，シドニーやメルボルンなどの大都市であるということが外国人観光客との共通点である．この要因は外国人観光客の時と同様に，空港の有無が大きい．国土の広いオーストラリアでは，移動に飛行機を利用することが多く，空港の重要性は他の交通機関と比べても高いのである．一方外国人観光客の訪問先として多かったクイーンズランド州の海岸部に，国内観光客はあまり訪れない．国内観光客に多く訪問されている地域は東海岸の南側とメルボルン周辺の地域である．これらの地域はサーフィンやスキーなどのスポーツ，およびワインのテイスティングといった能動的なアクティビティが行える場所である．このことから外国人観光客と国内観光客の観光志向が異なることが想定される．なお，厳密には，国内観光客（オーストラリア人）にとっての観光とは，本来の観光の意味以外にも，レクリエーションとしての意味をもつものであろう．しかし，観光と

表12.1 オーストラリアを訪れる外国人観光客（2012年）

国名	観光客数（人）
ニュージーランド	1,201,000
中国（台湾，香港，マカオを除く）	626,400
イギリス	593,600
アメリカ合衆国	478,900
日本	353,900
シンガポール	343,600
マレーシア	262,700
韓国	196,800
香港	176,600
インド	159,200

図12.2 外国人観光客の訪問先の上位20か所

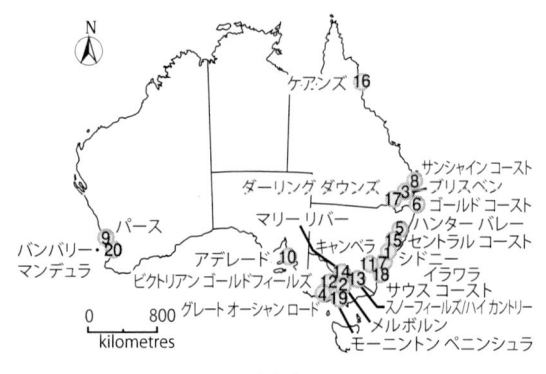

図12.3 オーストラリア国内旅行者の訪問先の上位20か所

レクリエーションを厳密に分けることは困難なので，本章では全て観光として扱っていることに留意してほしい．

オーストラリアにおける外国人観光客の受け入れと関連したビジネスの1つとして，エコツアービジネスがある．エコツアーとはさまざまな自然環境を適切に享受するための観光ツアーである．多くのツアーにはガイドが同伴し，自然環境の見方や知識などを伝えてくれる（写真12.2）．オーストラリアには611のエコツアー会社（オーストラリア全土を対象としたエコツーリズム認証団体（NPO）Ecotourism Australia に登録されている団体数（2012年時点））があり，それぞれ独自のツアーを商品として販売している．図12.4をみると，多くは東海岸，特にクイーンズランド州の沿岸部に立地している．これらの分布状況は図12.2の外国人観光客の訪問先上位20か所の分布と酷似している．つまり，オーストラリアのエコツアービジネスは外国人観光客の受け入れと何かしらの密接な関係があると想定される．外国人観光客の多くは公共交通機関に依存した行動をすることが多い．また，たとえレンタカーなどを借りて移動したとしても土地に不慣れなことが多く，エコツアーに参加した方が効率的ともいえる．一方，国内観光客の観光行動は，自家用車などを用いた個人旅行が主なものである．そのため，ツアーに参加することなく，現地へ行くことができる．もちろん，オーストラリア人がこれらのツアーに全く参加しないというわけではないが，その割合で

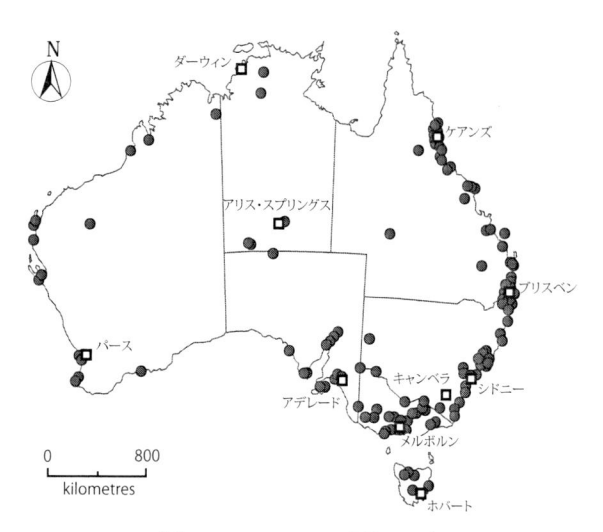

図12.4 エコツアー会社の分布

いえば外国人観光客に重きが置かれるのは自然なことといえる．ここにオーストラリアにおけるエコツアービジネスの特徴がある．

12.3 観光による自然環境への影響

12.3.1 観光による影響

その目的が物見遊山であれ，積極的な運動や活動であれ，観光は人間の移動があって生じる現象である．人間が訪れれば，その土地へは何かしらの影響が生じる．観光による影響というと，社会的にも学術的にも負の影響の方が注目されやすいが，正の効果もしっかり認識しておく必要があろう．正の効果で最も知られているのは地元の経済発展である．また，コミュニティの活性化といった社会的な効果も報告されている．一方，観光による負の影響として名高いのが観光の対象となる資源自体の劣化である．本節では自然環境を主な観光対象としているオーストラリアにおいて，3つの代表的な観光地を取り上げ，観光による自然環境への影響とその対応策を紹介する．

自然環境を観光資源とする観光地（以下，自然観光地）において，資源の劣化には大きく2つのタイプがある（表12.2）．まず，1つ目が観光客の過度な流入による混雑化である．自然観光地の多くでは，都市で味わえない自然の荘厳さや神秘さを味わえることが多いであろう．この荘厳さや神秘さというのは，その空間自体がより静かで，

写真12.2 エコツアーでのガイドによる説明（2012年2月）

表 12.2 自然観光地における自然資源の劣化

タイプ	具体的内容
観光客流入による影響	雑踏の影響（混雑化） 他観光客のマナーの影響 物理的な影響を視認する影響
自然環境自体への物理的な影響	動物の生息状況への影響 植物の生息状況への影響 土壌への影響 水環境への影響

誰にも邪魔されない空間であれば，より享受しやすくなる．ところが，そこに過度な量の観光客が訪れれば，物静かな空間性は失われてしまう．これが混雑化という影響である．もう一方は，自然環境自体への物理的な影響である．観光客が訪れれば，地面にはその分の体重（圧力）がかかる．多くの自然観光地では，必ずしも全ての歩道が舗装されていたり，木道が整備されていたりするわけではないから，地面の土が圧縮したり，削られたりする．それは土壌に対してだけではなく，植物や動物に対しても生じる．また，人間は動物であるから排泄も行う．それらも過度になると，自然環境はダメージを受ける．当たり前すぎると思われるかもしれないが，人間がある土地を訪れれば，自然環境に何かしらの物理的な影響を与えるということを理解しておく必要があろう．

12.3.2 グレートバリアリーフにおける対応策

自然観光地の事例として本項で取り上げるのは，オーストラリアの東海岸北部に展開するグレートバリアリーフ（以下 GBR）である．海洋公園の面積はサンゴ礁海域として世界最大の 34 万 km^2 に及び，海域には 2900 のサンゴ礁と島々が含まれる．自然資源としての特徴は何といってもサンゴ礁の海域にあり，それらを取り巻く海洋生物の豊富さは世界的にも貴重なものである．実際に，ダイビングはもちろん，簡単なシュノーケリングをするだけでも多くの魚やウミガメなどをみることができる．2012 年には延べ約 680 万人の観光客が GBR を訪れたといわれている．また，うち約 25% が外国人観光客であり，世界有数の国際的な自然観光地といえる．

世界中のサンゴ礁を脅かしているのは，地球温暖化，陸域からの土壌・農薬・排水の流出，漁船からの排水などといわれている．GBR でもこれらの影響が危惧されているが，GBR 特有のサンゴ礁への負荷は，観光客の利用による物理的なサンゴ礁へのダメージと，ダイビング船からの排水が特に問題視されている．ダイビングのメッカである GBR には毎年多くのダイバーが訪れる．シュノーケリングなども手軽にできることから，観光客によるサンゴ礁の踏みつけなどが生じている．また，ダイビングを行うためにはダイビング船が必要であるから，これらの船からの影響も懸念されている．

この問題に対し，実施されている対応策の代表的なものがゾーニングである．ゾーニングとは，ある一定の範囲をいくつかのエリアに分け，そのエリアごとに管理のルールを定めるという管理の一手法である．GBR では，最も制限が厳しいものから最も緩いものまで，その海域が 8 つのエリアによって区分されている（図 12.5）．最も自由に利用できるのは「一般利用地区」と呼ばれる範囲で，事前に許可さえ取れば，漁業や観光ツアーを行うことができるエリアである．その他，「生息環境保護地区」，「保全地区」，「緩衝地区」，「科学研究地区」，「海洋・国立公園地区」と制限の段階があり，原則立ち入ることのできない「保存地区」が最も段階の高いエリアとなる．このようなエリア別の段階的な管理が，GBR における観光の負の影響を一部分にとどめるための中心的な対応策である．

12.3.3 フレーザー島における対応策

次に，GBR の南に位置するフレーザー島の事例を紹介する．フレーザー島は GBR の南端からさらに南に約 100 km 進んだところに位置する世界最大の砂の島である．その面積は 1840 km^2 と，大阪府とほぼ同じ大きさである．その広大な島全体は砂の堆積によってできたものであり，さらに砂地にはユーカリなどの雨林がおいしげるという世界的にも珍しい島となっている．年間約 40 万人の観光客が訪れており，エコツアーでも有名な島である．

フレーザー島は古くは林業や鉱業が盛んだった島であった．そのため，当時はこれらの産業によ

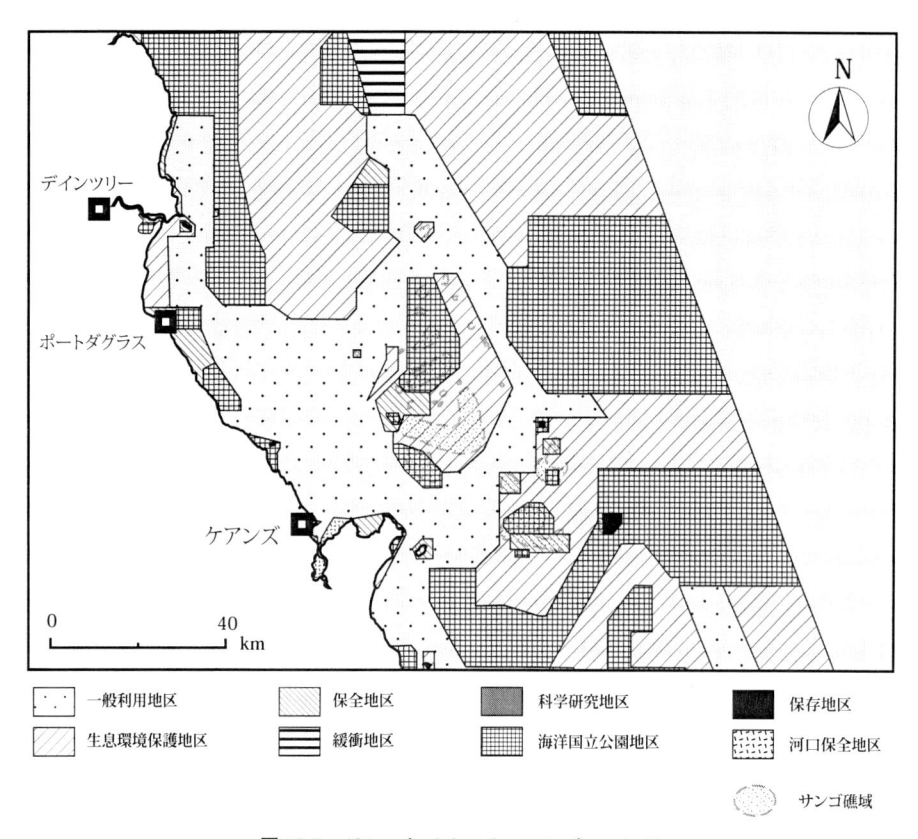

図 12.5　グレートバリアリーフのゾーニング

凡例：一般利用地区／保全地区／科学研究地区／保存地区／生息環境保護地区／緩衝地区／海洋国立公園地区／河口保全地区／サンゴ礁域

って自然環境の荒廃が大きく進展していた．1994年に島内での林業と鉱業が禁止された後は，原則観光目的でしか利用できない島となり，過度な自然環境の荒廃は抑制されている．しかしながら，今度は観光利用が環境へ負の影響を与えていると指摘されるようになった．懸念視されている環境への負荷は，観光客の遊泳による湖の水質汚染と，観光客の移動に使用される4輪駆動車（以下4WD車）によるトラック（土壌）の侵食である．いずれの問題も林業や鉱業が盛んであった時代に比べれば軽度なものだと考えられるが，これらの環境負荷に対する策が長く講じられなければ，手遅れになる可能性も指摘されている．

　フレーザー島においても，観光利用への対策としてゾーニングが行われ，段階的な利用エリアが設定されている．加えて，フレーザー島では観光客の移動手段が他の自然観光地と比べて特徴的である．本島は砂の島であるから，トラック（露地の道路）にも砂地が露出している．そのため，ここを走ることができるのは4WD車のみである．したがって，観光客はレンタカーの利用か，ツアー用の4WD車（バス）に限定されることになる（写真12.3）．4WD車自体は観光による環境負荷の根源にもなっているが，これを逆手に取って，これらの限定された移動手段の利用者に対する教育さえ上手に行うことができれば，車による自然環境への直接的な影響を和らげることができるという考え方ができる．実際に，各レンタカー会社が自然環境への影響を最小にとどめる運転方法

写真 12.3　砂浜に乗り入れる4WD車（2009年2月）

を，車を貸し出す際に必ずレクチャーしている．この事例では問題の因果関係が明確であるため，今後も島の状況にあわせて対応を行えるという利点がある．

12.3.4 エアーズロックにおける対応策

最後の事例として，これまでとは自然環境の性質が異なるエアーズロックの事例を紹介する．エアーズロック（現地語でウルル）は，オーストラリアの中心部に位置する巨大な一枚岩である．その姿は誰もが写真などで一度はみたことがあるであろう．エアーズロックは長年の侵食によってつくられた（残った）一枚岩（残丘）であるが，この岩をみるために多くの観光客がやってくる．エアーズロックを含むウルル・カタジュタ国立公園は年間約 40 万の観光客が訪れ，かつその半分以上が外国人観光客という国際的な自然観光地である．

ここでの観光による負の影響は，主に自然景観への影響と文化への影響の 2 つである．自然景観への影響とは自然環境そのものというよりはエアーズロック周辺の景観に対する影響という方が正確である．観光開発が進むと，エアーズロックの周辺に数々の宿泊施設や飲食施設が立地する恐れが出てくる．例えば，エジプトのピラミッドのすぐ近くにあるファーストフードのお店などをイメージしていただけるとわかりやすい．壮大な自然環境が観光資源として著名になってくると，周辺の観光開発が進むのは常である．一方，文化への影響とは，アボリジニ文化に対する負の影響のことをさす．エアーズロック観光の目的の 1 つにエアーズロックに登るという行為がある．しかし，エアーズロックはアボリジニ（アナング族）にとっての聖地である．その聖地に不特定多数の人々が登るという行為が問題になっている．日本人にとっては，山や岩へ登る行為と信仰という行為がうまく切り離されているので，理解しにくいかもしれないが，例えば何かしらの仏教宗派の総本山のお堂に不特定多数の人々が登るという行為を想像していただければ，直感的に問題だと感じるであろう．

その知名度からいえば，エアーズロックにはたいへん多くの観光客が訪れるはずである．しかし，ウルル・カタジュタ国立公園に訪れる観光客数は何十万という単位であり，知名度でいえば同等と思われる GBR の 10 分の 1 程度である．実は，12.2 節で観光と「距離」の関係を述べたように，距離が長い，つまり僻地に位置する観光地では，その地理的条件のため，観光客の絶対数がその知名度のレベルに比べて少なくなる傾向がある．したがって，エアーズロックはその立地条件によって，特別な対応策をとることなく観光客数を自ずと制限できているという状況にある．もちろん，本国立公園でもゾーニングや散策道・登山道の閉鎖などの処置を適宜行うことで，開発の抑制や観光行動の制限を行い，自然景観への影響を抑え，アボリジニの人々への配慮も行っている．

以上，観光による負の影響とその対応策について特徴的な部分のみであるが紹介した．観光によって経済的な利潤や社会的な発展が見込めることもあるが，同時に自然環境自体への影響も生じてしまう．自然観光地を運営していく上では，観光による正負の影響を把握，予測し，バランスよく管理していくことが求められているといえる．

12.4 負の影響を最小限にとどめる試み

本章ではオーストラリアの 3 つの自然観光地を取り上げ，それぞれの土地における観光による自然環境への負荷と対応策について紹介してきた．本節では，これまで紹介した対応策の特徴を今一度まとめてみたい．前節で紹介した自然観光地はいずれも世界遺産に登録されており，世界的にも貴重な資源を有している．そのため，いずれの観光地でも資源の保全・保護の策として意識的に，または無意識的に「観光への制限」が実施されていた（表 12.3）．以下，これら 3 つの特徴それぞれについて整理する．

いずれの観光地でも実施されていたのが，「観光活動の空間的な制限」であった．より具体的にいえばゾーニングである．ゾーニングはオーストラリアだけでなく，世界の多くの場所でみられる対応策であり，日本でも屋久島や小笠原などの多くの自然観光地で利用されている．本章で取り上

表 12.3 自然観光地に設けられる制限

制限タイプ	具体例
観光活動の空間的な制限	ゾーニング
観光客の数量的な制限	入場制限
観光客の移動手段の制限	交通手段の限定

げた GBR の事例では，8 つの区分をその用途とともに詳細に決め，かつそれが広大な範囲に及んでいた．ゾーニングは自然保護において有効な概念であり，また手段であるが，実際の作業において最も重要となる事項は，ゾーニングを設定する作業それ自体である．何を基準にゾーンを区分するのか，またそれぞれの土地は誰のものであるのかなどによって，エリアの区分の仕方や利用意図が大きく変わってしまう．そのため，自然観光地そのものに対する普遍的な価値判断が重要となってくる．

ゾーニングによってエリアの使用ルールを決めるなかで，観光利用が可能な場所，つまり観光客の立ち入りが可能なエリアが設定される．仮にそれを観光エリアと命名すると，次に，その観光エリアへの観光客の立ち入りを無制限にしてよいのかという議題が生じるであろう．観光客の立ち入りを無制限にすれば，場所によっては自然環境の破壊が深刻となり，ゾーンの内部の自然資源そのもの，もしくは周辺環境や雰囲気の魅力を失う可能性がある．観光客の立ち入りによる負の影響というのは，往々にしてゾーニングで対応する事項よりもミクロな空間範囲で生じることが多い．そのため，観光客を直接的に制限する策として「観光客の数量的制限」が行われることもある．ただし，世界の自然観光地において，この「観光客の数量的制限」を直接的に実施している事例は少ない．その理由は，観光客の立ち入りと自然資源に与える負の影響の関係性が科学的にはまだ裏づけられていないこと，また制限による観光収入の減少を危惧する声があるためと考えられている．そこで実際には，人数（数値）制限は設けずに，観光地全体として就業可能な観光業者の限定，滞在施設の限定，入場料の徴収などの間接的な方法をとることで，実質的な人数の制限を行っている観光地が多い．12.3 節で紹介したエアーズロックの事例では，僻地であるゆえ，間接的に観光客の数量が制限されている状況にある．

空間的な制限と数量的な制限に加えて，「観光客の移動手段の制限」も行われることが多い．例えば，前節の事例では，フレーザー島内の移動手段は 4WD 車に限られている．そのため，観光客，特に国際観光客の多くはツアーなどに参加する形で移動しなければならない．また，GBR での移動手段は船となり，状況は同じである．観光には移動がつきものである．移動しない観光はないのであるから，その移動手段を限定し，ある時には規制を加えれば，自然環境への負荷を管理できるメリットがある．しかし，フレーザー島の事例も GBR の事例も，移動手段の制限は自然発生的なものである．言い換えれば，場所の自然条件自体によるものであり，管理側が意図的に制限したものではない．したがって，仮にすでに多くの移動手段が選択肢として存在する状況であれば，制限を加えることは困難かもしれない．

上記 3 つの制限に加えて，自然資源への負の影響を軽減させる重要な策を 1 つ述べておきたい．これまでに制限という考えによって負の影響を抑える策を紹介してきたが，制限をかける以外にも対応策は存在する．その代表格が現地におけるインタープリテーションである．インタープリテーションとは日本語でいえば「解説」である．ただし，解説というと堅苦しく，また解説とも微妙に意味合いが異なるのでインタープリテーションという言葉が使われている．特に，観光は実際に現地へ足を運び，資源と対峙した感覚を味わう行為である．そのため，的確なインタープリテーションがあれば，その感覚はより深く印象に残る可能性がある．ひいては，その感覚が観光客 1 人 1 人の意識改革につながり，ゆくゆくは資源の保護にも繋がるという考え方ができる．インタープリテーションには，ガイドなどによる直接的なものや案内板などによる間接的なものがあるが（写真 12.4），どちらにしても重要であるのは，押しつけがましい情報の提供にならずに，知的好奇心をくすぐるような情報を提供することである．その試行錯誤は多くの自然観光地で行われており，こ

ういった活動も将来的な資源の保護・保全には重要なものといえる．

　最後に，本章で事例として取り上げた自然観光地がたったの3か所のみであることを付記しておきたい．オーストラリアの広大な範囲や多様な自然環境を考えれば，おそらく他にも多くの特徴的な対応策の事例があるであろう．それらはぜひ実際に現地で体感してもらいたい．

[有馬貴之]

写真 12.4 案内板を使用したインタープリテーション（2012年2月）

コラム9　ツバルにおける地球温暖化の影響

　東南アジアからオセアニアにかけて生じている深刻な環境問題の1つに，地球温暖化による海面上昇がある．20世紀には地球の平均気温が約0.6〜0.7℃上昇し（IPCC, 2007），世界各地で海面上昇がみられた．アメリカ合衆国沿岸の場合，19世紀中頃から20世紀末にかけての海面上昇は約0.1〜0.2 mであった（Walker, 1992）．オセアニアにあるサンゴ礁の島々や，デルタ・湿地帯に多くの人口を抱える東南アジアの国々にとって，海面上昇はこれまで，浸水や海岸侵食を引き起こす重大な問題であった．

　IPCC（2007）によれば，21世紀の気温上昇に関して「経済重視か，環境重視か」，および「グローバルか，地域主義か」の組み合わせによっていくつかのシナリオが考えられている．21世紀末には約1.8〜3.6℃という気温の上昇が予想されており，これに関連して1980〜1999年を基準とした時の2090〜2099年の世界の平均海面が0.18〜0.59 m上昇するという推定もなされている．サンゴ礁の島々はもともと標高数mという低い土地であるため，さらなる海面上昇は，浸水や海岸侵食だけでなく，土地そのものが水没してしまう危険性を意味している．

　ツバルは「地球温暖化で最初に沈む国」といわれている．ツバルは，南西太平洋にある9つのサンゴ礁からなる面積26 km^{2}の島国であるが，2000年代に入ると，干満の差が激しい大潮の頃，満潮が近づくとあちこちで浸水が起こり，土地が水没するようになってきた（写真1）．これは，地下水に混入した海水が，海面上昇にともなって湧きだすためである．浸水もさることながら，地下水に海水が混入しているということは，これが飲料水や農業用水として不適切なことを意味している．もともと土壌が肥沃なところではないだけに，地球温暖化にともなう海面上昇がツバルの人々の生活に与える影響は非常に大きい．

　若林（2007）によれば，ツバル政府は，島での居住が不可能になることを想定して，2000年以降，オーストラリアやニュージーランドにツバル人の受け入れを要請したという．オーストラリアには受け入れを拒否されたが，ニュージーランドは毎年上限を設定して受け入れに合意した．これは，毎年ツバル人に労働ビザを発給し，実質的な永住権を与えるものである．また，ツバル政府には温室効果ガス排出国や排出企業を対象に，損害賠償請求を起こす動きもあるという．2010年には，ツバルからの留学生が日本国内で，自国が海面下に沈む危機を訴えたイベントを開催した．

　このような動きは隣国キリバスでもみられる．そして，私たちがこのような環境問題を解決するためには，地球温暖化に対する世界的な取り組みが必要である．すなわち，温室効果ガス排出量の削減やエネルギー消費の節約など，身近でできる取り組みも必要になる．

[松山　洋]

若林良和（2007）：地球温暖化の被害を受けるツバル．漆原和子・藤塚吉浩・松山　洋・大西宏治編：図説・世界の地域問題．pp. 30-31．ナカニシヤ出版．
IPCC (2007): *Climate change 2007: The physical science basis. Contribution of working group I to the fourth assessment report of the Intergovernmental Panel on Climate Change.* Cambridge University Press.
Walker, H. J. (1992): Sea level change: Environmental and socio-economic impacts. *Geojournal*, **26**: 511-520.

写真1　ツバルの子ども（2008年3月，ウェブサイト「ツバル写真館」提供）

13 東南アジアとオセアニアの比較地誌

東南アジアの拠点都市マレーシアのクアラルンプル（2012年4月）

地誌学の1つの方法に比較地誌がある．比較地誌は2つの地域を取り上げ，それらの地域を構成する要素や要素間の相互関係における類似性や対照性の視点から考察を加え，それぞれの地域の性格を明らかにする方法である．本章では，自然環境，歴史・文化環境，社会環境，および経済環境の項目にも基づいて，それぞれの地域の特徴をまとめて比較し，項目別に類似性と対照性を明らかにした．比較地誌において重要なことは，対象となった地域の類似性や対照性を引き出す要因を内的なものと外的なものに分けて考察することである．

13.1 東南アジアとオセアニアにおける比較地誌の視点

「地」の諸相を「誌す」ことを「学ぶ」地誌学には，大きく分けて3つの方法がある．第1は，地理的な位置や自然，歴史・文化，人口，産業・経済，社会などの項目にしたがって，地域の様子を丹念に記録する方法で，静態地誌と呼ばれるものである．静態地誌は項目にしたがって丹念に記録するため，地域を網羅的に記載することができ，地域を知る資料として重要な役割を果たしている．しかし，静態地誌の方法は総花的であり，個々の項目が並列的に扱われるため，地域の特徴をみいだしにくくし，地域を構成する諸要素（自然や歴史・文化，および社会や産業・経済など）の関連性の理解が難しくなっている（図13.1）．

静態地誌の欠点を解決するために考案されたのが，第2の方法となる動態地誌である．動態地誌は，地域において特徴的な現象や事象（あるいは，興味ある現象や事象）に焦点を当て，その現象・事象に基づいて地域を構成する諸要素を記載して説明するものである．例えば，オーストラリアを動態地誌として扱う場合，興味ある現象として観光を選択すると，観光資源としてのオーストラリアの自然やアボリジニ文化，観光市場としてのオーストラリアの人口分布，オーストラリアの産業経済における観光産業の位置づけ，そして観光による世界各国との結びつきなどが説明され，それらを通じてオーストラリアの性格が議論される．このように，動態地誌は特定の現象を抽出して，それと関連づけて地域の構成要素を体系的に説明することができるという長所がある．しかし，動態地誌は地域を構成する要素を網羅的に説明することができないという短所をもっている．

地誌の方法として，静態地誌を選ぶのか，動態地誌を選ぶのかは，どのような地域スケールで，地域の何を記載するのかにもよる．例えば，州・大陸規模のマクロスケールで地域の様相を記載す

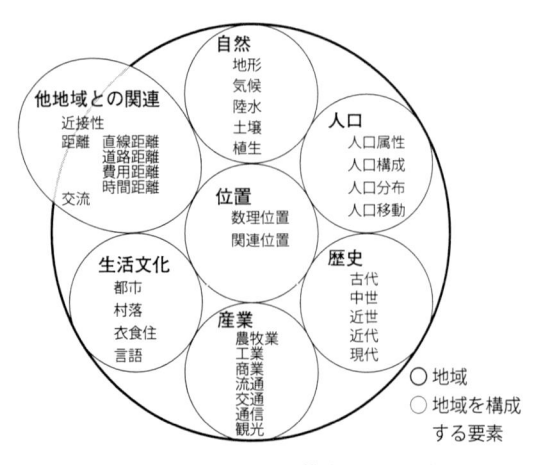

図13.1 地域と地域を構成する諸要素

る場合は，さまざまな項目に基づいて地域の構成要素を網羅的に記録する静態地誌の方法が適している．それは，静態地誌が地域を大観できるためであり，地域のさまざまな情報を資料として残せるためである．他方，市町村規模や集落規模の場合，地域の網羅的な情報も重要であるが，地域の特徴的な要素が他の要素とどのように関連して存在しているかが伝えるべき重要な情報になる．ミクロスケールで地域のさまざまな情報や要素を網羅的に議論することは，対象となる地域の特徴をわかりづらいものにしてしまう．そのため，ミクロスケールでは地域の構成要素の相互関連性を議論する動態地誌が地域の性格を理解するのに適している．また，国や地方のようなメソスケールでは，何を地域の情報として伝えるかによって，静態地誌ないし動態地誌が選択される．

地誌学のもう1つの方法は，比較地誌である．比較地誌は2つの地域を取り上げ，それらの地域を構成する要素や要素間の相互関係における類似性や対照性の視点から考察を加え，それぞれの地域の性格を明らかにする方法である．地域を比較する枠組みは静態地誌であっても，動態地誌であってもかまわない．重要なことは2つの地域を項目やそれらの広がり（空間スケール）など同じ尺度で比較することである．特に，比較する地域の空間スケールは重要である．州・大陸規模での地域比較であれば，東南アジアやオセアニア，あるいはオーストラリア大陸という空間スケールでの比較が望ましく，東南アジアとニュージーランド（国のスケール）の地域比較は望ましいものでない．

本章では，州・大陸スケールで東南アジアとオセアニアの比較地誌を行い，東南アジア・オセアニアの地誌のまとめとする．本書では，自然環境，歴史・文化環境，社会環境，および経済環境の項目にも基づいて，それぞれの地域の特徴をまとめて比較し，項目別に類似性と対照性を明らかにした．比較地誌において重要なことは，単に比較して類似性や対照性をみいだすことではない．比較した地域において，類似性や対照性を引き出す要因を内的なものと外的なものに分けて考察す

ることが，比較地誌においては重要になる．そして，最終的には，比較地誌を通じて，東南アジアやオセアニアの地域の性格がより明確に示されることがゴールとなる．

以下に，比較地誌の手順をまとめた．
①比較対象となる地域を選定する（空間スケールなどに考慮して選定する）
②比較する項目を選定する（自然環境，歴史・文化環境，社会環境，経済環境など）
③項目にしたがって，それぞれの地域との特徴を整理し，まとめる
④項目別にまとめた特徴から，比較する地域の類似性や対照性をまとめる
⑤それぞれの項目における類似性や対照性を生みだす内的要因と外的要因を考察する
⑥類似性や対照性，およびそれらを生み出す諸要因から対象地域の地域的性格を明らかにする

13.2 自然環境からみた東南アジアとオセアニアの比較地誌

13.2.1 東南アジアの地理的特徴

東南アジアは大陸部（ミャンマー，タイ，ラオス，カンボジア，ベトナム）と島嶼部（マレーシア，シンガポール，インドネシア，ブルネイ，フィリピン）からなり，それぞれ自然環境の様相は異なる．土地基盤に関してみると，大陸部はプレート境界から離れているため，地殻変動が少ない．多くの土地では，メコン川やメナム川，チャオプラヤ川などの大河川により地形が形成されている．大河川の侵食により上流の山地の土砂が削られ，運搬作用により土砂が下流に運ばれ，下流域で土砂が堆積し，広大な沖積平野や三角州，および湿地地帯が形成されている．このような沖積地が東南アジアの大陸部の人びとの生活と経済活動の舞台となり，水稲の栽培地となった．そして，東南アジアの巨大な人口を支えてきたものも，沖積地に展開した労働集約的な水稲作であった．それに対して，島嶼部はジャワ海溝やフィリピン海溝などプレート境界付近に位置するため，新期造山運動などの地殻変動によって土地が形成されてきた．そのため，火山活動や地震が頻発し，それらの災害によって壊滅的な被害を受ける

ことも少なくなかった．新期造山帯による土地基盤は，急峻な山地と狭小な沖積地で特徴づけられ，水稲作よりも山地斜面を利用したプランテーション農業（茶やバナナ，ゴムやアブラヤシなどの栽培）が比較的盛んである．したがって，東南アジアの島嶼部では，集落が低地に立地しているが，プランテーション農業の発達や熱帯気候を回避する意味で山地斜面の高原にも多く立地している．

13.2.2 オセアニアの地理的特徴

オセアニアも大陸部（オーストラリア）と島嶼部（オーストラリア以外の島国）から成り立つが，オセアニアの陸地面積の約86％はオーストラリアが占めており，オセアニアの土地は大陸部が大部分である．しかし，オセアニアの島々の排他的経済水域（資源など沿岸国の主権的権利が認められている範囲）は太平洋の約20％を占めており，エネルギーや鉱物資源の輸送路にとって重要な海域になっている．オセアニアの大陸部と島嶼部は東南アジア同様に，自然環境の様相は異なる．オセアニアの大陸部は安定陸塊で形成され，地形の多くは古い基盤岩石が侵食してつくられている．オーストラリア大陸東部には古期造山帯のグレートディバイディング山脈が南北に走っているが，大陸全体は平均高度340mと低平で，標高500m以下の土地が大陸の87％を占めている．このような低平な地形は気温の日較差による岩石の風化と流水や風の侵食により形成されているため，地表面の肥沃な土壌は侵食され，ヨーロッパ人が入植した当初は痩せた土地での農牧業を強いられ，それが入植者にアンラッキーカントリーと言わせた元凶でもあった．東南アジアの大陸部と大きく異なる点は，大河川の発達があまりみられず，河川による沖積地の形成が少ないことである．オセアニアの島嶼部は，東南アジアの島嶼部と同様に，プレート境界付近に位置し，新期造山運動によって多くの土地が形成されている．そのため，火山活動や地震が多く，それらによる災害も多い．新期造山運動によって形成された土地は山地性で沖積地は狭く，ポケット状の海岸平野が沖積地として形成されている．これらの沖積地では，ニュージーランドのように大規模な農牧業が発達しているところもあるが，多くは自給的な小規模農業が立地しているにすぎない．

13.2.3 自然環境の比較

東南アジアとオセアニアの気候は大きく異なる．東南アジアの気候はモンスーン（季節風）の影響を強く受ける．雨季（5〜10月）には，インド洋から南西のモンスーンが吹き，海からの湿った空気が山地・山脈にぶつかって雨を降らせる．乾季（11〜4月）には陸地から海に向かって，北東の乾いたモンスーンが吹き，降水をもたらすことは少ない．また，赤道付近では年間を通じて，気候が高温多雨となり，高木の常緑広葉樹からなる熱帯雨林が発達する．全体的には，1年を通じて大量の雨が降り，それが東南アジアの大河川を涵養し，多くの水田を湛水させる．さらに，高温多雨な気候は森林を発達させるだけでなく，作物栽培にとっても良好な環境をつくりだしている．特に，高温多雨な気候は水稲作の栽培環境として最適であり，東南アジアにおける水稲作の発展を決定づけている．

他方，オセアニアの気候環境は島嶼部と大陸部で大きく異なる．概して，島嶼部は海洋性気候であり，海の影響と偏西風の影響を受けて，適度な気温（熱帯であっても風があり，過ごしやすい）と適度な降水に恵まれている．そのため，島嶼部では，狩猟採集や漁撈，および自給的な小規模農業によって食料が得られるため，人びとの居住が早くからみられた．しかし，オーストラリア大陸は島嶼部や東南アジアと大きく様相を異にしており，基本的に乾いた大地として性格づけることができる．乾燥地が大陸中央部に広がり，農耕の限界である年降水量250mm以下の地域が大陸全体の53％を占めている．このような乾燥地は人間の居住に適しておらず，人間の利用も制限されているため，人口密度は1km^{2}当たり0.03人未満とかなり低い．オーストラリア大陸で人びとが居住する主な場所は，年降水量800mm以上の湿潤地域であり，人口の約90％が集中している．特に，大陸の東海岸や南東海岸，および南西海岸の温帯地域に人口が偏在しており，それは気候環境

表 13.1　東南アジアとオセアニアの自然環境に関する比較地誌

	東南アジア	オセアニア
類似性	・大陸部と島嶼部により構成 ・大陸部：プレート境界から離れているため，地殻変動は少なく，安定した陸塊 ・島嶼部：プレート付近に位置し，新期造山運動などの地殻変動が多い	
対照性	・北半球と赤道直下の地理的位置 ・大河川（侵食，運搬，堆積）による地形形成 ・広大な沖積地の発達 ・モンスーンによる高温多雨気候 ・広大な湿潤地域	・南半球の地理的位置 ・侵食による地形形成 ・低平な山地 ・海洋性気候と少雨乾燥気候 ・広大な乾燥地（人口の偏在性） ・限られた湿潤地域 ・広い海域

が大きな要因になっている．

13.2.4　比較地誌による分析

東南アジアとオセアニアの自然環境を比較地誌として分析すると，いくつかの類似性と対照性が識別できる（表 13.1）．地殻変動の少ない大陸部の土地と，地殻変動のある島嶼部の土地は類似した性格であったが，大陸部における大河川によってつくられる地形と侵食によりつくられる地形は対照的な性格としてとらえることができた．このような対照的な性格は，東南アジアとオセアニア（オーストラリア大陸）の雨の降り方の違いを反映している．つまり，多雨の東南アジアは降水によって大河川が涵養され，その大河川によって下流域に沖積地が発達し，そこでは人びとの居住や水稲作が多く立地した．それに対して，少雨ないし乾燥気候で性格づけられるオーストラリア大陸では，降水によって人びとの居住や農牧業が制限されるため，人口分布や農業地域の偏在性がみられるようになった．

13.3　歴史・文化環境からみた東南アジアとオセアニアの比較地誌

歴史・文化環境の項目で東南アジアとオセアニアを比較すると，2つの大きな違いがあることがわかる．1つ目は歴史性の違いであり，2つ目は歴史に基づく文化の違いである．歴史性の違いに関しては，東南アジアは古代から現在まで何らかの形で世界史の舞台に登場してきたが，オセアニアが世界史の舞台に本格的に登場するのは約 300 年前からである．つまり，長い歴史の流れをもつ東南アジアと，比較的新しい歴史のオセアニアとでは，その歴史的性格に大きな違いがみられる．

東南アジアは古代から海を介して，あるいは航海を通じてインド文明や中国文明，さらにはイスラム文明と接触し，高い水準の知識や技術を受容し，それらを自分たちのものとして土着化させてきた．例えば，4 世紀以降のインドとの交流は，東南アジアに多様な物資や財をもたらしただけでなく，文字や宗教（バラモン教や上座部仏教など）や社会制度などをもたらし，民族国家の建設や生活文化の向上に貢献してきた．また，中国とインド，および中近東とヨーロッパを結ぶ航路の要衝に位置する東南アジアは，交易の中継地として栄え，さまざまな物資が往来した．東南アジアにマレーシアやインドネシアのようなイスラム国家があるのも，東南アジアが中近東からの物資を交易するイスラム商人の中継地であったことを物語っている．このように，多様な文化を柔軟に受け入れ土着化させてきた姿勢は，大航海時代以降のヨーロッパ文化の受容にも反映されている．ヨーロッパ人は香辛料などの交易品の調達やキリスト教の布教などで東南アジアを訪れるようになり，次第に東南アジアの経済や社会，および政治を支配し，植民地化するようになった．そして，ヨーロッパの言語や宗教，および生活文化が東南アジアに大きな影響を及ぼすようになった．ヨーロッパ文化のなかでも，大航海時代からしばらくは，ポルトガルやスペイン，およびオランダが影響を及ぼしていたが，ヨーロッパでの産業革命後はイギリスやフランスが影響を及ぼすようになった．結果的には，現代の東南アジアの都市景観や人びとの生活文化などにヨーロッパ文化の影響が少なからず残されており，それは英語が多くの民

族の共通の言語として重要な役割を果たしていることからもわかる．

　一方，オセアニアでは，大陸部ではイギリス文化の，島嶼部ではイギリス文化とフランス文化の影響が強く，それは言語や宗教，および教育や社会制度にまで及んでいる．このように，ヨーロッパ文化の影響が今日まで何らかの形で残されていることは，東南アジアとの類似点でもある．またオセアニアでは，オーストラリアの白豪主義に代表されるように，ヨーロッパ人の植民や移住が優遇され，多くの地域でヨーロッパ人とマオリ人やアボリジニなどの先住民との対立がみられた．このような対立の根底にはヨーロッパ文化と先住民の文化の違いがあった．例えばニュージーランドでは，牧歌的な農村社会の建設を目指すイギリス人が，人間活動に適するように自然を改変することを当然と考える価値観から，森林を伐採して牧草地に変えていった．それに対して，先住民のマオリ人は主に自然から狩猟採集によって食料を得ていたため，自然と調和しながら生活するという価値観から森林の保全に努めてきた．それらの価値観の違いはイギリス人とマオリ人の戦争にまで発展し，最終的にはイギリス人の価値観でニュージーランドの土地開発が行われた．しかし，マオリ文化の存在意義はイギリス人にも理解されるようになり，ニュージーランドにおけるイギリス文化とマオリ文化の共存にもつながった．このように，ヨーロッパ文化と先住民文化は対立するが，両方の文化が共存する方法が多くの地域で植民地支配の終わる第2次世界大戦以降に模索されるようになった．

　以上に述べたように，東南アジアとオセアニアの歴史・文化環境には大きな違いがあるが，現在では多文化社会の形成という類似性もある（表13.2）．東南アジアではインドや中国，およびイスラム文化とのかかわりによって，さまざまな文化が共存する多文化社会が形成されてきた．例えば，マレーシアの民族構成はマレー系住民とインド系住民，および中国系住民の3つに分けられ，多民族国家や多文化社会の様相がみられる．このような多文化社会はさまざまな民族紛争の原因にもなり，深刻な社会問題となることも少なくない．それぞれの民族や文化が共存する多文化社会の構築は，歴史（特定の文化の支配・被支配の関係）や社会・経済（経済的格差や社会組織の強弱）を反映して難しい．他方，オセアニアの多文化社会はオーストラリアを特徴づけるものにもなっている．オーストラリアは白豪主義によってヨーロッパ人以外の入植・植民を事実上，拒んできた．しかし，宗主国であるイギリスがEEC（現在のEU）に加盟したことにより，イギリスやヨーロッパとの結びつきが弱体化するようになった．イギリスやヨーロッパに代わって，重要な地域となるのが東アジアや東南アジアであり，それらの地域との結びつきを強め，人やモノ，および金や情報の流れを大きくするためにオーストラリアは白豪主義から多文化社会に大転換した．その結果，オーストラリアには東南アジアから中国やインド，および東南アジア固有の文化が流入するようになり，多文化社会が瞬く間に形成された．オーストラリアの多文化社会はサラダボウル型として特徴づけられ，流入したそれぞれ文化は個々の形を残し，それぞれの存在意義を発揮しながら，国としてのまとまりある性格形成に努めている．

[菊地俊夫]

表13.2　東南アジアとオセアニアの歴史・文化環境に関する比較地誌

	東南アジア	オセアニア
類似性	・イギリスとフランスによる土地支配，植民とそれぞれの文化の移植 ・多文化社会	
対照性	・長い歴史の流れ（古代から現代まで） ・海を介したインド文化，中国文化，イスラム文化との交流 ・ヨーロッパ文化（イギリス，フランス文化以外）との交流 ・異文化の理解と土着化	・比較的新しい歴史の流れ（近代以降） ・公海を通じたイギリス，フランス文化との交流 ・異文化との対立と同化

13.4 社会環境からみた東南アジアとオセアニアの比較地誌

ここでは，民族構成や階級構造などの狭義の社会環境に加えて，国家政体や国家間関係まで含めて広義に社会環境として扱いたい．

東南アジアとオセアニアとの間での社会環境の違い（表13.3）の基底的部分は，建国に至るプロセスに横たわっている．東南アジア諸国はタイを除けば全ての地域が欧米諸国の植民地支配を経験した後に，現地の民族によって独立を達成している．これに対して，オーストラリアおよびニュージーランドもまたイギリスの植民地であったとはいえ，イギリスからの移民者による新国家の建設であったところに決定的な違いがある．このような国家形成のスタート地点における決定的違いは，その後の国家運営を大きく左右することになった．

オーストラリアおよびニュージーランドは，アボリジニやマオリ人といったマイノリティの存在に一定の配慮をしながらも「白人の国」として安定的な国家運営を手に入れようとした．そのことは前述したように白豪主義として非ヨーロッパ人の移民が制限されていたことにも象徴されている．一方で東南アジア諸国の独立後の国家運営は厳しい道のりであったといわなければならない．オーストラリアおよびニュージーランドも，徹底した白人中心の社会を構築しつつ，アボリジニやマオリ人を尊重せざるを得なかったという点で大きな民族問題があったというべきであるが，独立後の東南アジア諸国の場合には，非常に顕著な民族多様性が存在していたという点で国家運営上の課題を抱えていた．

フィリピンであればタガログ族，インドネシアであればジャワ人であるといった支配的民族が存在しているとはいえ，国境線の内側にはさまざまなアイデンティティを有する民族集団が内包されていた．国境線というものが植民地支配の分割線であるという偶発性によって引かれているだけに，実際の民族分布と国境線が乖離をきたしている地域や，政府権力による統治が十分に行き届かないフロンティア的な地域を残すことになった．支配的民族の地域から，教師や行政官，警察官をそういった地域に送り込んで国民統合を押し進めてきたが，国民統合を強要しようとすればマイノリティが自らのアイデンティティに目覚めて反発を強めるため，非常に敏感に統治を進めざるを得なかった．例えば，フィリピンの場合，イスラム教徒の多く居住するミンダナオ島西部では，ムスリム・ミンダナオ自治地域（ARMM）を設定するなどの配慮を行ったが，そうした配慮が今度は，キリスト教徒でもイスラム教徒でもない民族をいっそうのマイノリティに押しやってしまうというジレンマに苦しんできた（貝沼ほか，2009）．

このような民族多様性は，宗教的なマジョリティとマイノリティとも重なっているとともに，経済的地位とも重なり合っているために状況はいっ

表13.3 東南アジアとオセアニアの社会環境に関する比較地誌

	東南アジア	オセアニア
基底	・列強による植民地支配からの独立	・イギリス人によるディアスポラ国家
国家体制	・開発主義国家	・福祉主義国家
政治	・立憲君主制と共和国に分かれるが，両者を通じて，開発独裁体制をしいた国が多い	・国王の存在する立憲君主制．実質的には共和制．欧米流の民主主義が築かれてきた
社会	・華人＋支配的民族＋少数派民族という構成になっている国が多い ・多くの国で華人が経済的に支配的立場にある	・イギリス系の白人が社会の主要部を占め，先住民は抑圧されてきた
国際関係	・冷戦大戦下では，西側陣営寄りの国，東側陣営寄りの国，いずれにも属さない第三諸国路線をとる国に分かれた	・イギリス連邦加盟の親英・親米国が多い
域内の国家間協調	・東南アジア諸国連合（ASEAN）（1967年に5か国より発足，1999年までに10か国） ・AFTAの発効によって域内経済の一体化が進む	・古くから軍事，労働市場，資金流動などで一体化が進んでいる

そう複雑であった．東南アジアのほぼ全般を通じて，中国系の住民は，都市やプランテーション農園で流通業に携わり，その経済的地位の高さから，多くの場合，都市の高級邸宅街に居住している．旧イギリス系の植民地では華人のみならず，インド系の住民も数多く流入し，インド人自体も，プランテーション農園での労働に従事した南部出身のタミル族と，比較的富裕層の多い北部のアーリア系のインド人という2大グループからなる．マレーシアでは，経済的に優位に立っていた華人，それに次ぐインド人に対して，本来，多数派であるはずのマレー人が経済的に劣位におかれていた．この状況を打開するために1970年代からとられてきた政策がブミプトラ政策（マレー人優先政策）であるが，これによってキャリアアップの機会を失った華人が国外流出することで，結果として同国の将来を担うべき人的資源が失われているという指摘がある．

上記のようなオセアニアと東南アジアの間での民族構成上の根本的相違は，政治体制の違いにも結びついている．オーストラリアとニュージーランドでは，イギリス出身，もしくはその血をひく人口が圧倒的多数を占め，アボリジニとマオリ人の政治参加が制限された時期こそあったものの，英米流の民主主義・福祉主義の国家を標榜して英米水準の政治を押し進めていれば，大きな問題は生じなかった．そして，国際関係上はイギリス連邦に属して，精神的な支柱としてのイギリス王室が存在することが，国家運営上・国民統合上の大きな後ろ盾になった．これに対し，東南アジア諸国の多くは，国民一般の政治参加を著しく制限した．上記のように国民統合が難しい状況の中で，国家が国民からの信任を得るためには，経済発展，すなわち貧困からの脱却が必要であり，経済発展の軌道を勝ち取るためには，頻繁な政権交代ではなく，長期政権が不可欠であった．こういったところから出現してきたのが開発独裁体制であった．いうまでもなく，独裁体制は民主主義とは相入れないはずだが，国際政治上，アメリカ合衆国をはじめとする西側陣営を向いた外交を維持すれば，独裁体制も国際社会から半ば容認されたのである．もっとも，東南アジアの全ての国がそのような道筋のたどったわけではなく，インドシナ諸国では，東西冷戦に巻き込まれるとともに，一方では民族主義，非同盟主義も台頭して長い間にわたって混乱が続いた．

経済的エリートと政治的エリートが緊密に結びついた開発主義国家が最も成功を治めたのは日本や韓国とされており（青山ほか，2013），東南アジアの開発主義は長い間，必ずしも成功に至らなかったが，後述するように1990年代には外資を積極的に導入することによって，飛躍的な経済発展が実現した．

13.5　経済環境からみた東南アジアとオセアニアの比較地誌

東南アジアとオセアニアに共通する経済環境として（表13.4），シンガポールのような特例を別にすれば，特定の鉱産品輸出もしくは特定の農産

表13.4　東南アジアとオセアニアの経済環境に関する比較地誌

	東南アジア	オセアニア
類似性	・豊富な資源賦存と資源メジャーなどによる支配 ・主要経済セクターとしての企業的農牧業の卓越 ・特定の1次産品輸出に依存した経済構造 ・鉱業 ・農業と工業の結びつきの弱さ ・国内需要向けの産業が未発達	
対照性	・人口規模は大きいが階層間格差が大きい ・東アジア市場との近接性が高い ・賃金水準低い ・1990年代以降（シンガポールでは1970年代以降），輸出型製造業が発達 ・工程間国際分業が発達	・人口規模は小さいが市場は同質的 ・欧米および東アジア市場との近接性が低い ・賃金水準が高い ・輸出型製造業が未発達 ・工程間国際分業が未熟

品輸出に依存した，モノカルチャー的性格の強い経済構造を呈してきたこと，また，その主要輸出先は，旧宗主国を中心とする欧米諸国および日本であり続けてきたことが，まず指摘できよう．第2には，こうした1次産品に付加価値をもたらす前方側の産業が発展しなかったこと，第3には各国の国内市場に向けた国内製造業が未熟で多くの種類の資本財・消費財を輸入に依存せざるを得ない状況にあることであろう．

　資源埋蔵の偏在こそあれ，オセアニア（特にオーストラリア）と東南アジア（特にインドネシアとマレーシア）は共通して，重要資源を埋蔵して，また産出してきた．具体的にいえば，オーストラリアの石炭・鉄鉱石・天然ガス，マレーシア・インドネシアの石油・天然ガス・スズ鉱，ベトナムの石炭などである．これらの鉱産物はいうまでもなく重要な外貨獲得源であるが，1970年前後にマレーシアやインドネシアの石油産業が国有化された以外は，多くの場合，石油メジャー・資源メジャーや日本の総合商社に支配される構造にあった．これらの資源を加工してから輸出するという論理が働かないのは，自国内および近隣諸国の市場の狭隘性から生産効率が確保できないことと，加工品輸出には原材料として輸出するのよりも高い関税障壁が待ち受けているという制度的な要因も指摘できる．

　農産品に関してもほぼ同様なことがいえる．企業的牧畜ないし穀物農業が主か，プランテーション農業が主かという相違はあるが，また，東南アジアの一部では自給的農業を維持する地域も少なくないが，大観する限りにおいてオセアニアと東南アジアに共通して企業的な農牧業が卓越してきた．また，これらの大規模経営の農牧業の発達が必ずしも前方連関効果をともなわなかったこと，特定の農畜産物輸出への依存がリスクをともなっていることでも共通している．例えば，ニュージーランド産の羊毛を原料にして毛織物工業が発展するといったようなことがあれば成熟した地域経済になろうが，このような関連産業を誘発する効果は，フィリピンにおけるココナッツオイル工場などごく限られた例を除けば，認められなかっ

た．マレーシアにおいて地元産の天然ゴムを利用して衛生用品の生産が行われ世界最大の輸出国になる（朝日新聞2013年9月15日付，朝刊）などという動きもごく最近のことである．フィリピンのナタデココ工場は1990年代に農産加工産業として期待されて設備投資が進んだが，日本での消費ブームはあまりに一過的であり，フィリピン農家は消費需要の浮沈のリスクを背負わされただけの結果となった．

　鉱産品にせよ，農林産品にせよ，またそれらの加工品にせよ，市場価格の高い時期には高い利益が確保できるが，国際的な市況が悪化した時には，特定産品への依存が強い地域経済ほど大きな影響を被ることになる．これがモノカルチャー経済といわれる状況である．

　以上では類似性を指摘してきたが，工業化という点では，比較的明瞭な対照性が存在する．まず，製造業を揺籃する国内市場という点はどうだろうか．仮に1970年当時の人口でみるとオーストラリアで約1300万，ニュージーランドで約280万，双方を合わせても1580万というのは，装置型の製造業が発展するには生産性が確保できない市場規模であった．しかし，それでも両国は国内における階層間格差が小さく，一定レベルでの比較的均質な購買力を消費者が身につけているために，自動車や家庭用電化製品の組立産業は部品輸入に依存した上で比較的早い時期から発展していた．一方，同じ時期の東南アジアでは，インドネシアで1.1億という人口を擁したほか，フィリピンやタイで3600万前後の人口であった（図13.2）．当時，すでに工業化が始動していた韓国の同年の人口は3144万であって，インドネシア，フィリピン，タイの3ヵ国に関していえば，輸入代替工業化を達成するだけの国内市場規模を有していたといえる．実際，これらの3国では1950年代の後半以降，開発独裁体制の下で輸入代替工業化戦略に着手し，家庭用電化製品を中心にノックダウン型の生産が行われるようになる．しかし，これらの国で，以後，工業化は停滞してしまう．なぜならば，人口規模が大きくとも，階層間格差が大きいため，耐久消費財を購入できる人口

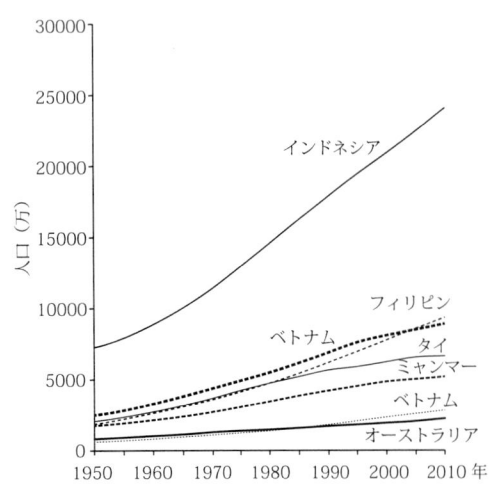

図 13.2 オーストラリアおよび東南アジア主要国の人口推移
(UN, World Population Prospects, The 2012 Revision より作成)

が事実上限定されていたためである．

一方で輸出指向工業化という点ではどうだろうか．国内における市場の狭隘性が工業化の進展を妨げているとすれば，それを克服するためには，輸出市場を開拓することであるが，それが軌道に乗ったのは1990年代以降の東南アジアであった．日本・韓国・台湾の通貨高やコスト上昇を受けて，これらの諸国（地域）からの製造業直接投資が活発化して，東南アジア諸国は新たな工業化段階へと突入した．新たな工業化は，東南アジアの域内および対東アジア諸国との間の緊密な工程間分業をともなっており，「アジア新国際分業」とも表現されるようになった．これに対して，同じ時期のオーストラリアやニュージーランドでは新たな工業化を経験しなかった．こうした対照性は，大消費市場や既存の産業集積との距離関係にもよっていようが，大きくは賃金水準の差異に帰せられよう．

13.6 地誌から学ぶ東南アジアとオセアニアの地域的性格と将来像

13.1節の冒頭にも述べたように，比較地誌において重要なことは，単に比較して類似性や対照性をみいだすことではなく，比較した地域において，類似性や対照性を引きだす要因を内的なものと外的なものに分けて考察することである．本章では，このような方針から自然環境，歴史・文化環境，社会環境，および経済環境の項目に基づいて東南アジアとオセアニアを比較考察してきた．しかし，お読みいただくとわかるように，この作業にはいくつかの難しさがある．

その第1は，類似性を論じるにせよ対照性を論じるにせよ，2地域それぞれのなかにある例外をどこまで捨象して一般性を指摘したらよいのかということである．第2には，「類似性や対照性を引きだす要因」自体が類似性ないし対照性を帯びており説明対象になり得るということ，すなわち，ある時は原因であり，ある時は結果であって，往々にして原因と結果のスパイラルを描かざるを得ないということである．第3に，ここでは，自然環境，歴史・文化，社会，経済という項目立てを行ったものの，文化環境と社会環境，社会環境と経済環境を明確には切り分けられないということもあげられよう．第4には，類似性のあったものが差別化の方向に向かう，もしくは対照性のあったものが均質化の方向に向かうということもあり，時間軸の中での変化をいかに説明するかということも課題になる．このようにいくつかの局面で説明の難しさがあるとはいえ，一見して自明だろうとさえも思えてしまう比較考察の作業を経て，実は新鮮な発見が得られる場合もある．

15世紀頃からヨーロッパ人が世界に乗りだし始めた時には，東南アジアもオセアニアも，等しくヨーロッパ世界に対するフロンティア，すなわち周辺の大地であった．ところが，温帯気候区のあるオセアニアにはヨーロッパ人は自ら入植し，熱帯・亜熱帯の気候区が大部分を占める東南アジアにはヨーロッパ人は自ら入植せずに諸資源の生産・流通を確保すべく植民地化を計った．このことがその後の歴史的経路に決定的な影響を与えることになり，本章で整理を試みたような，さまざまな対照性を描き出してきた．

一方で，この数十年間進行してきたボーダレス化のなかで，従来呈していた類似性と対照性のなかには大きく塗り替えられつつある要素も少なくなく，そもそも，東南アジアとオセアニア，さらには東アジアが少なくとも経済的には一体化しつ

つあるという傾向も読み取れる．アジア・オセアニア域内のボーダレス化の第1段階は，1960年代後半のASEANの発足であり，また，1973年のイギリスのヨーロッパ経済共同体（EEC）加盟である．これらによって，東南アジア諸国は求心性を強め，オーストラリアとニュージーランドは東アジアとの結びつきを深めた．第2段階は，1990年代からのASEAN自由貿易地域（AFTA）の枠組みの形成とASEANの拡大，その後のASEANと対オーストラリア・ニュージーランド間，対中間，対韓間，対日間，対印間での相次ぐ経済連携協定（EPA）の締結である．今日，東南アジアを中心に，人口規模ではEUやNAFTAを凌ぐ巨大経済圏が形成されており，そのなかで，東南アジア・オセアニア域内の地理的経済秩序は目下再編の途上にある．産業の地域的再配置，観光客の流動，都市群システムや都市の内部構造の動向にせよ，伝統的農村の行方にせよ，再編の現実をさまざまな空間スケールでつぶさに分析していくことは，地誌的研究の重要課題である．

［小田宏信］

引用文献

青山裕子ほか著，小田宏信ほか訳（2013）：経済地理学キーコンセプト．古今書院．

貝沼恵美・小田宏信・森島 済（2009）：変動するフィリピン——経済開発と国土空間形成．二宮書店．

さらなる学習のための参考図書

事典類

京都大学東南アジア研究センター 編（1997）：事典東南アジア——風土・生態・環境．弘文堂．
桃木至朗ほか 編（2008）：新版 東南アジアを知る事典．平凡社．
加藤めぐみほか 監修（2010）：新版 オセアニアを知る事典．平凡社．
ニュージーランド学会 編（2007）：ニュージーランド百科事典．春風社．

自然環境と人間

秋道智彌・市川昌広 編（2008）：東南アジアの森に何が起こっているか——熱帯雨林とモンスーン林からの報告．人文書院．
市川昌広・生方史数・内藤大輔 編（2010）：熱帯アジアの人々と森林管理制度——現場からのガバナンス論．人文書院．
漆原和子・藤塚吉浩・松山 洋・大西宏治 編著（2007）：図説・世界の地域問題．ナカニシヤ出版．
川名英之（2012）：アジア・オセアニア（世界の環境問題 第8巻）．緑風出版．
国際環境NGO FoE Japan・地球・人間環境フォーラム 編（2008）：フェアウッド——森林を破壊しない木材調達．日本林業調査会．
児玉 茂（1997）：多雨林と火山——インドネシアの自然と人々．古今書院．
谷口真人・金子慎治・吉越昭久 編（2011）：アジアの都市と水環境．古今書院．
田渕 洋・松波淳也 編（2002）：東南アジアの環境変化．法政大学出版局．
田村俊和・島田周平・門村 浩・海津正倫（1995）：湿潤熱帯環境．朝倉書店．
鶴見良行（1982）：バナナと日本人——フィリピン農園と食卓のあいだ．岩波書店．
永野善子・関 良基・葉山アツコ（2009）：フィリピンの環境とコミュニティ．明石書店．
新田 勲（1982）：熱帯の気象．東京堂出版．
春山成子（2004）：ベトナム北部の自然と農業——紅河デルタの自然災害とその対策．古今書院．
深山直子（2012）：現代マオリと「先住民運動」——土地・海・都市そして環境．風響社．
宮城豊彦・藤本 潔・安食和宏（2003）：マングローブ——なりたち・人びと・みらい．古今書院．
村井吉孝（1988）：エビと日本人．岩波書店．
米倉伸之（2000）：環太平洋の自然史．古今書院．
依光良三 編（2003）：破壊から再生へ——アジアの森から．日本経済評論社．

ツーリズム

朝水宗彦（2003）：オーストラリアの観光と食文化（観光文化地理学研究双書）．学文社．
イーグルズ, P. F. J.・ヘインズ, C. D.・マックール, S. F. 著，小林英俊 訳（2005）：自然保護とサステイナブル・ツーリズム——実践的ガイドライン．平凡社．
小林寛子（2002）：エコツーリズムってなに——フレーザー島からはじまった挑戦．河出書房新社．
寺坂昭信・伊東 理 編（2013）図説 アジア・オセアニアの都市と観光．古今書院．
徳久球雄（1995）：環太平洋地域における国際観光．嵯峨野書院．
ピアス, D. 著，内藤嘉昭 訳（2001）：現代観光地理学（明石ライブラリー）．明石書店．
ビートン, S. 著，小林英俊 訳（2002）：エコツーリズム教本——先進国オーストラリアに学ぶ実践ガイド．平凡社．

東南アジア：総論

池端雪浦（1999）：東南アジア史2（島嶼部）．山川出版社．
石井米雄・桜井由躬雄（1999）：東南アジア史1（大陸部）．山川出版社．
岩田慶治 編（1972）：南アジア（世界地誌ゼミナール2）．原書房．
桐山 昇・根本 敬・栗原浩英（2003）：東南アジアの歴史——人・物・文化の交流史．有斐閣．
白石 隆（2000）：海の帝国——アジアをどう考えるか．中央公論新社．
春山成子・藤巻正己・野間晴雄 編（2009）：東南アジア（朝倉世界地理講座3）．朝倉書店．
藤巻正己・瀬川真平 編（2009）：現代東南アジア入門．古今書院．
桃木至朗（2008）：海域アジア史研究入門．岩波書店．

東南アジア：民族・文化・社会

青山和佳（2006）：貧困の民族誌——フィリピン・ダバオ市のサマの生活．東京大学出版会．
秋道智彌 編（2007）：図録 メコンの世界——歴史と生態．弘文堂．
アンダーソン，B. 著，白石 隆・白石さや 訳（2007）：定本想像の共同体——ナショナリズムの起源と流行．書籍工房早山．
泉田英雄（2006）：海域アジアの華人街——移民と植民による都市形成．学芸出版社．
関 恒樹（2007）：海域世界の民族誌——フィリピン島嶼部における移動・生業・アイデンティティ．世界思想社．
山下清海（2002）：東南アジア華人社会と中国僑郷——華人・チャイナタウンの人文地理学的考察．古今書院．

東南アジア：政治・経済

岩崎育夫（2000）：現代アジア政治経済学入門．東洋経済新報社．
大泉啓一郎（2011）：消費するアジア——新興国市場の可能性と不安．中央公論新社．
大塚啓二郎・黒崎 卓 編（2003）：教育と経済発展——途上国における貧困削減に向けて．東洋経済新報社．
貝沼恵美・小田宏信・森島 済（2009）：変動するフィリピン——経済開発と国土空間形成．二宮書店．
片山 裕・大西 裕（2010）：アジアの政治経済・入門 新版．有斐閣．
川田敦相（2011）：メコン広域経済圏．勁草書房．
北原 淳・西口清勝・藤田和子・米倉昭夫（2000）：東南アジアの経済．世界思想社．
木畑洋一 編（1999）：グローバリゼーション下の苦闘——21世紀世界像の探求．大月書店．
小林英夫（2001）戦後アジアと日本企業．岩波書店．
澤田康幸・園部哲史 編（2006）：市場と経済発展——途上国における貧困削減に向けて．東洋経済新報社．
滝田賢治 編著（2005）：グローバル化とアジアの現実．中央大学出版部．
橋本雄一（2014）：東南アジアの経済発展と世界金融危機．古今書院．
みずほ総合研究所（2013）：図解 ASEAN の実力を読み解く—— ASEAN を理解するのに役立つ46のテーマ．東洋経済新報社．
宮本謙介（2003）：概説インドネシア経済史．有斐閣．
森 壮也 編（2010）：途上国障害者の貧困削減——かれらはどう生計を営んでいるのか．岩波書店．

東南アジア：都市

生田真人（2001）：マレーシアの都市開発——歴史的アプローチ．古今書院．
生田真人（2011）：東南アジアの大都市圏——拡大する地域統合．古今書院．
岩崎育夫（2013）：物語 シンガポールの歴史．中央公論新社．
大阪市立大学経済研究所 監修（1998～2002）：アジアの大都市 全5巻（バンコク，ジャカルタ，クアラルンプール・シンガポール，マニラ）．日本評論社．
中西 徹（1991）：スラムの経済学——フィリピンにおける都市インフォーマル部門．東京大学出版会．

東南アジア：農業・農村

斎藤照子 (2008)：東南アジアの農村社会（世界史リブレット）．山川出版社．
夏秋啓子・板垣啓四郎 編 (2004)：離陸した東南アジア農業．農林統計協会．
横山 智・落合雪野 (2008)：ラオス農山村地域研究．めこん．

オセアニア：総論

河合利光 (2002)：オセアニアの現在――持続と変容の民族誌．人文書院．
熊谷圭知・片山一道 編 (2010)：オセアニア（朝倉世界地理講座 15）．朝倉書店．
須藤健一 編 (2012)：グローカリゼーションとオセアニアの人類学．風響社．
丹羽典生・石森大知 編 (2013)：現代オセアニアの紛争――脱植民地以降のフィールドから．昭和堂．
山本真鳥 編 (2000)：オセアニア史．山川出版社．
由比浜省吾 編 (1991)：新訂 オセアニア（世界地誌ゼミナール 8）．原書房．

オセアニア：オーストラリア

阿部和俊 編 (2010)：都市の景観地理――イギリス・北アメリカ・オーストラリア編．古今書院．
エバンス，R．ウエスト，A. 著，内藤嘉昭 訳 (2011)：オーストラリア建国物語．明石書店．
越智道雄 (2010)：オーストラリアを知るための 58 章 第 3 版．明石書店．
上橋菜穂子 (2010)：隣のアボリジニ――小さな町に暮らす先住民（ちくま文庫）．筑摩書房．
川野 寛 (2009)：オーストラリアの取説―― 30 のキーワードで読み解く．リント．
小山修三・石毛直道 編 (2004)：世界の食文化――オーストラリア・ニュージーランド．農山漁村文化協会．
杉尾邦江 (2007)：景観都市の創出――英国植民地オーストラリア，ニュージーランドの公園緑．ビオシティ．
関根政美ほか (1988)：概説オーストラリア史．有斐閣．
竹田いさみ (2000)：物語オーストラリアの歴史．中央公論新社．
竹田いさみ・永野隆行・森 健 編 (2007) オーストラリア入門 第 2 版．東京大学出版会．
田中豊裕 (2011)：豪州読本――オーストラリアをまるごと読む．大学教育出版．
藤川隆男 (2004)：オーストラリアの歴史――多文化社会の歴史の可能性を探る．有斐閣．
藤川隆男 (2007)：猫に紅茶を――生活に刻まれたオーストラリアの歴史．大阪大学出版会．

オセアニア：ニュージーランド

青柳まちこ 編 (2008)：ニュージーランドを知るための 63 章．明石書店．
荒木和秋 (2003)：世界を制覇するニュージーランド酪農――日本酪農は国際競争に生き残れるか．デーリィマン社．
井田仁康 (1996)：ラブリーニュージーランド．二宮書店．
伊藤泰信 (2007)：先住民の知識人類学――ニュージーランド＝マオリの知と社会に関するエスノグラフィ．世界思想社．
植村善博 (2004)：図説 ニュージーランド・アメリカ比較地誌．ナカニシヤ出版．
菊地俊夫 (1998)：グリーンーンパラダイスの光景――農業先進国ニュージーランドの牧歌的風土．開成出版．
小松隆二 (1996)：ニュージーランド社会誌．論創社．
高橋康昌 (1996)：斜光のニュージーランド．東宛社．
日本ニュージーランド学会 編 (1998)：ニュージーランド入門．慶應義塾大学出版会．

オセアニア：島嶼部

印東道子 編 (2005)：ミクロネシアを知るための 58 章．明石書店．
遠藤 央ほか 編 (2009)：オセアニア学．京都大学出版会．
須藤健一 (2009)：オセアニアの人類学――海外移住・民主化・伝統の政治．風響社．
吉岡政德・石森大知 編 (2010)：南太平洋を知るための 58 章――メラネシア ポリネシア．明石書店．

付録　統計資料

国名	面積 (千km²)	人口 (千人) 2013	人口密度 (千人/km²) 2013	独立★	旧宗主国＊	主な宗教◇	国民 総所得 (億ドル) 2011	1人あたり 国民総所得 (ドル) 2011	輸出額 (百万ドル) 2011	輸入額 (百万ドル) 2011
〈東南アジア〉	13084	657099	50.2							
インドネシア共和国	1911	249866	130.8	1945	オランダ	イ，キ，ヒ	7127	2940	200587	176881
カンボジア王国	181	15135	83.6	1953	フランス	仏，イ	117	820	6950	9300
シンガポール共和国	0.71	5412	7579.5	1965	イギリス	仏，イ，キ，道，ヒ	2226	42930	409503	365770
タイ王国	513	67011	130.6			仏，イ	3083	4440	226412	228845
東ティモール民主共和国	15	1133	75.9	2002	インドネシア	キ	31	2730	13	319
フィリピン共和国	300	98394	328.0	1946	アメリカ	キ，イ	2097	2210	48316(10)	64097(10)
ブルネイ＝ダルサラーム国	5.77	418	72.5	1984	イギリス	イ，仏，キ	125	31800	9172	3365
ベトナム社会主義共和国	349	91680	262.4	1945	フランス	仏，キ，カ	1111	1270	96906	104041
マレーシア	331	29717	89.8	1957	イギリス	イ，仏，キ，ヒ	2530	8770	228086	187473
ミャンマー連邦共和国	677	53259	78.7	1948	イギリス	仏，キ，イ	553	1144	9238	9019
ラオス人民民主共和国	237	6770	28.6	1953	フランス	仏	71	1130	2400	2650
〈オセアニア〉	8564	38304	4.5							
オーストラリア連邦	7692	23343	3.0		イギリス	キ	11114	49790	271697	243700
キリバス共和国	0.73	102	141.0	1979	イギリス	キ	2	2030	21	113
クック諸島	0.24	21	87.4	1965	ニュージーランド	キ	3	13478	3	110
サモア独立国	2.84	190	67.0	1962	ニュージーランド	キ	6	3160	17	319
ソロモン諸島	29	561	19.4	1978	イギリス	キ	6	1110	411	472
ツバル	0.026	10	379.8	1978	イギリス	キ	1	4950	0(07)	16(07)
トンガ王国	0.75	105	141.0	1970	イギリス	キ	4	3820	11	160
ナウル共和国	0.021	10	478.6	1968	イギリス	キ	1	6746	5(05)	34(05)
ニュージーランド	270	4506	16.7		イギリス	キ	1273	29140	37484	37346
バヌアツ共和国	12	253	20.7	1980	英・仏	キ	7	2730	67	305
パプアニューギニア独立国	463	7321	15.8	1975	オーストラリア	キ，伝	104	1480	6908	4887
パラオ共和国	0.46	21	45.6	1994	アメリカ	キ	1	6510	7	124
フィジー共和国	18	881	48.2	1970	イギリス	キ，ヒ，イ	32	3720	813(10)	1809(10)
マーシャル諸島共和国	0.18	53	290.8	1986	アメリカ	キ	2	3910	9(00)	55(00)
ミクロネシア連邦	0.70	104	147.5	1986	アメリカ	キ	3	2860	16(07)	143(07)
〈その他〉										
日本国	378	126394	334.4			神，仏，キ	57395	44900	822564	854098
大韓民国	100	49263	492.5	1948	日本	仏，キ，儒	10390	20870	556602	524366
中華人民共和国	9597	1385567	144.4			仏，イ，キ	66432	4940	1899180	1742850
インド	3287	1252140	380.9	1947	イギリス	ヒ，イ，キ，シ	17662	1420	302892	464507
アメリカ合衆国	9629	320051	33.2			キ	151482	48620	1480410	2265890
イギリス	242	63136	260.4			キ	23704	37780	479510	640214
フランス共和国	◆641	◆66508	◆103.8			キ，イ，ユ	27757	42420	☆583996	☆709761
ブラジル連邦共和国	8515	200362	23.5			キ	21077	10720	256040	236946

( )の数字は統計の調査年次を表す．★1943年以降の独立年のみ掲載．＊および旧構成国．◆海外領を含む．☆モナコを含む．
◇イ：イスラム教，キ：キリスト教，ヒ：ヒンドゥー教，仏：仏教，道：道教，カ：カオダイ，儒：儒教，伝：伝統的信仰，神：神道，シ：シク教，ユ：ユダヤ教．

1人あたり貿易額（ドル）2011	日本の輸出額（億円）2012	日本の輸入額（億円）2012	識字率 2011 男（％）	識字率 2011 女（％）	エネルギー消費量 1人あたり（石油換算kg）2009	CO_2 排出量（百万 t-CO_2）2010	国際観光客数（千人）2011	通貨単位	為替レート（1米ドル）2013.7	国名
1511	16187	25764	95.6	90.1	549	433.7	7650	ルピア	9445.00	インドネシア共和国
1074	187	323	82.8 (09)	65.9 (09)	107	4.2	2882	リエル	4062.00	カンボジア王国
143258	18594	6995	98.0 (10)	93.8 (10)	4344	13.5	10390	シンガポール・ドル	1.28	シンガポール共和国
6794	34889	18857	95.6 (03)	91.5 (03)	1254	295.1	19230	バーツ	31.29	タイ王国
293	7.4	74	63.6 (10)	53.0 (10)	56	0.2	51	米ドル	1.00	東ティモール民主共和国
1142 (10)	9458	7455	95.0 (08)	95.8 (08)	232	81.5	3917	ペソ	43.38	フィリピン共和国
31298	150	4779	97.0	93.9	8776	9.2	242	ブルネイ・ドル	1.28	ブルネイ＝ダルサラーム国
2192	8573	12034	95.4	91.4	465	150.1	6014	ドン	21238.00	ベトナム社会主義共和国
13984	14127	26213	95.4 (10)	90.7 (10)	2477	216.6	24714	リンギ	3.19	マレーシア
343	1004	536	95.1	90.4	98	9.0	391	チャット	978.05	ミャンマー連邦共和国
746	110	99	82.5 (03)	63.2 (03)	109	1.9	1786	キープ（キップ）	7761.95	ラオス人民民主共和国
22080	14708	45036	…	…	5929	372.8	5875	オーストラリア・ドル	1.10	オーストラリア連邦
1309	34	9.7	…	…	185	0.1	5	オーストラリア・ドル	1.10	キリバス共和国
5478	1.2	16	…	…	1167	0.1	100 (10)	ニュージーランド・ドル	1.30	クック諸島
1765	12	0.3	99.0	98.6	326	0.2	121	サモア・タラ	2.37	サモア独立国
1573	16	5.9			122	0.2	23	ソロモン・ドル	7.28	ソロモン諸島
1464 (07)	13	10					1	オーストラリア・ドル	1.10	ツバル
1624	3.7	1.3	99.0 (06)	99.1 (06)	561	0.2	46	パ・アンガ	1.83	トンガ王国
2760 (05)	0.4	2.7			4738	0.1	380 (05)	オーストラリア・ドル	1.10	ナウル共和国
16608	1564	2417	…	…	3257	31.5	2572	ニュージーランド・ドル	1.30	ニュージーランド
1472	60	46	84.9	81.6	172	0.1	94	バツ	99.47	バヌアツ共和国
1611	375	1028	65.4	59.4	179	3.1	165	キナ	2.15	パプアニューギニア独立国
6270	8.3	19	93.0 (01)	90.0 (01)	3479	0.2	109	米ドル	1.00	パラオ共和国
3047 (10)	29	84	95.5 (05)	91.9 (05)	358	1.3	675	フィジー・ドル	1.89	フィジー共和国
1255 (00)	1355	6.9	93.6 (03)	93.7 (03)	627	0.1	5	米ドル	1.00	マーシャル諸島共和国
1431 (07)	18	11	91.0 (01)	88.0 (01)	…	0.1	26 (08)	米ドル	1.00	ミクロネシア連邦
13265	…	…			3003	1169.8	6219	円	101.20	日本国
21943	49113	32337	…	…	3466	567.1	9795	ウォン	1142.50	大韓民国
2629	115091	150388	97.5 (10)	92.7 (10)	1431	8280.6	57581	人民元	6.13	中華人民共和国
613	8454	5585	75.2 (05)	50.8 (05)	439	2007.3	6309	ルピー	60.24	インド
11705	111884	60821	…	…	6486	5428.9	62711	米ドル	1.00	アメリカ合衆国
17735	10646	5825	…	…	3036	493.1	29306	ポンド	0.67	イギリス
☆19453	5336	10240	…	…	☆2778	☆361.0	81411	ユーロ	0.78	フランス共和国
2460	4730	9520	90.1 (10)	90.7 (10)	842	419.4	5433	レアル	2.25	ブラジル連邦共和国

『データブック オブ・ザ・ワールド Vol.26』（二宮書店編集部編，二宮書店，2014）をもとに作成.

索　　引

欧　文

AFTA　49, 52, 159
APEC　29
CIMMYT　56
EEC　29, 120
ENSO　12
EPA　159
EUTR　91
FAO　86
FLEGT　91
FSC　91
FTA　49
grain fed beef　125
grass fed beef　125
IMS-GT　52
IRRI　55, 92
IR品種　56
ITTO　86
LEI　91
LRT　135
MTCC　91
NAFTA　159
PEFC　91
P-Jパターン　16
RSPO　94
SIJORI　52, 83
SOI　12
VPA　91

ア　行

アウトリガーカヌー　105
アオテアロア　114
アグロフォレストリー　95
アジア経済（通貨）危機　74
亜熱帯高気圧　7
アバカ　35, 44
アブラヤシプランテーション　93
アボリジナル　104
アボリジニ　3, 97, 104, 106, 141, 154, 155
安定陸塊　3, 152
アンラッキーカントリー　27

イギリス　19, 23, 29, 117
異常気象　16
イスラム教徒　17
　——の分布　17
イスラム文化　17
1次産品　41, 115

違法伐採　89, 90, 94
移民　35, 37, 39, 130
移民制限法　99
インタープリテーション　147
インド人　30
インド文化　23
インフラ整備　26, 44, 60, 82, 94

ヴィエンチャン平野　54
ウェイクフィールドの植民理論　39
馬　99, 121
ウルル　3, 146

エアーズロック　3, 146
液化天然ガス　47
エコツーリズム　96, 143
エスニックコミュニティ　132
エスニックマイノリティ　137
エーヤワディーデルタ　54
エルニーニョ現象　8, 12, 16
塩分濃度　14

オージービーフ　125
　——のフードシステム　126
オーセンティシティ　112
オランダ　18
オランダ東インド会社　18
温室効果ガス　149
温帯　8

カ　行

海外就労　70
外貨獲得　70
改革開放政策　31
海岸侵食　14, 149
階級構造　155
外国資本　126
外国人観光客　142
海上貿易　24
開発主義　83
開発独裁体制　43, 64, 156
海面上昇　149
海面水温　5
海面水温偏差　9
海洋循環　9
海洋性気候　152
カウリ　100
価格弾力性　57
華僑　25, 26
拡大メコン圏　81

過耕作　127
火山　1
火山島　13
果樹園芸農業　120
過剰都市化　79, 82
華人　26, 31, 156
華人系企業　80
河川勾配　4
家族農場　23, 123, 124, 128
家畜単位　119
カナック　112
過放牧　127
ガマ（Gama, V. da）　33
からゆきさん　36
刈跡放牧　63
環境保護政策　58
環境保全型の食料生産　128
観光開発　80
観光関連産業　84
観光業　101, 141
乾燥地　152

ギアーツ（Geertz, C.）　53
季節風　6, 152
規模の経済　124
牛肉　118, 125
強制栽培制度　35
漁撈　58, 107
キリスト教　18, 23, 109
金鉱脈　41
金融センター　129

グアノ　38
クック（Cook, J.）　20, 40, 108, 129
苦力　26
グレーターチャオプラヤプロジェクト　54
グレートディバイディング山脈　3, 22, 98, 132, 139, 140
グレートバリアリーフ　13, 144
　——のゾーニング　145
グローバリゼーション　129
グローバル化　54, 115

ケアンズグループ　115, 123
経済回廊　84
経済環境　156
経済共同体　85
経済水準　65
経済地理　48
経済統合　84

経済特区　82
経済のグローバル化　65
経済連携　52
契約栽培　60
契約農場　126
ケシ　60

コアラ　141
交易活動　17
紅河デルタ　54
公共交通　135, 136
工業団地　79, 83
鉱山　41
鉱産物　157
港市国家　34
高所得者　133
香辛料　17
降水量　8
交通混雑　81
港湾都市　18
古期造山帯　3, 152
国際稲研究所　55
国際市場　115
国際労働移動　70, 81
国民統合　43, 76
ココヤシ　110
コショウ　17, 34
弧状列島　2
コハンガ・レオ　114
コーヒー　35
雇用機会　83
コラート高原　54, 55
ゴールドラッシュ　27, 28, 40, 98, 116
混合農業　126
混播牧草　118

サ 行

サイクロン　7
サゴヤシ　112
ザコンバウ（Cakobau）　109
サトウキビ　30, 35, 71, 109
サバービア　139
サラダボウル　28, 154
三角州　4
山岳氷河　7
産業用材　88
サンゴ礁　12, 29

鹿　99, 120
市場経済システム　82
地震　1
自然環境　140, 151
自然資源利用　63
自然草地　117
失業者　28
湿潤地域　126
自動車産業　42, 49, 74
島社会　31
霜降り牛肉　126

朱印船　25
自由移民　22
褶曲　1
住宅不足　28
自由貿易協定　49
集約的な商業的牧畜業　122
集約的農業　54, 101
就労機会　68
首都圏　77
狩猟　58, 106
ショウガ　60
商業的牧畜業　121
少数民族　59
小農の自給経済　30
小農複合経営　23
常畑　59
商品作物　53, 60
職住近接　135
植民地　75, 110, 133, 155
食用昆虫　63
飼料用トウモロコシ　60
新華僑　31
新期造山帯　1, 152
人口移動　77
人工草地面積　116
人種差別禁止法　99
侵食速度　4
浸水　149
信託統治　102
薪炭材　87
森林管理協議会　91
森林破壊　58
森林面積　86, 87, 116

水温異常　12
水田漁撈　63
スカーピバーン　77
スクォッター　39
スコット（Scott, J.）　53
ステープル理論　38
スハルト（Soeharto, H. M.）　43, 48
スペイン　18, 33, 71, 103

生業　59
生業転換　59
生業複合　63
政治生態学　89
政治腐敗　89
静態地誌　150
生物多様性　57, 94
世界自然遺産　96
石油産業　48, 157
石貨　102

草地改良　120
草地農業　115
ゾーニング　144
粗放的な商業的牧畜業　122

タ 行

大河川　54, 151
大気–海洋相互作用　9
大気大循環　16
大規模農場　23, 125
大規模フィードロット　125
大航海時代　75, 153
大鑽井盆地　98
対照性　151
ダイビング　144
対流活動　8
ダーウィン（Darwin, C. R.）　29
タウファアファウ（Tāufa'āhau）　109
タウンハウス　28
多国籍企業　80, 129
タスマニア　20, 21
タスマン（Tasman, A. J.）　20, 108
ダバオ　35, 37
多文化社会　154
多文化主義　99
タムノップ　55
断層　1
炭田　3, 41, 46

地域開発プロジェクト　44
地域構造　76, 82, 83
地域政策　83
地球温暖化　149
地球環境問題　58
地誌学　150
地方エリート　70
チャイナタウン　32
チャオプラヤデルタ　54
チャンパ　25
中緯度偏西風帯　8
中継貿易　18, 25
中国　25, 32
中国人移民制限法　29
中国文化　23
沖積地　151

ツバル　149

鄭和　25, 26
鉄山　3, 47
鉄道開発　46
鉄道網　134
天水田　55, 63

東西対立　75
動態地誌　150
トウモロコシ・小麦改良センター　56
都市インフォーマルセクター　68
都市開発　80
都市人口　76
都市問題　75
土地開発　27

ナ 行

ナツメグ 18
ナマコ 22, 110, 112
南方振動 12

ニアー・オセアニア 104
ニッケル 47
日本 103
日本商人 25
日本人移民 35
日本人観光客 130
日本人経営農園 36, 37
乳製品 116, 120
認証制度 91

ヌルクセ (Nurkse, R.) 43

ネオリベラリズム 136
熱帯 16
熱帯雨林 7, 96, 152
熱帯収束帯 4

農業の資本主義化 59
農耕 107
農場経営 23
農地開発 91
農地面積 86

ハ 行

パークアンドライド 135
白化現象 13
白豪主義 29, 32, 99, 111, 130, 136, 154, 155
パケハ 100, 101
パストラリズム 122
バタビア 34, 38, 108
パラオ 102
バラモン教 23, 24
半乾燥地域 125

肥育経営 120
火入れ 106
比較地誌 151, 158
ビサヤ 71
羊 22, 39, 98-100, 116, 129
貧困 53, 67
貧困層 78
ヒンドゥー教 23, 24, 132

ファンディーメンスランド 21
フォーディズム 42

仏教 132
仏教徒 133
ブミプトラ政策 26, 156
フランス 18
プランテーション 33, 35, 36, 66, 86, 91, 93, 109, 152, 156
フリンダース (Flinders, M.) 21
フレーザー島 144
プレート 1, 2
プレートテクトニクス 1
文化的多様性 136

ベトナム戦争 75
偏西風 18, 152

貿易風 4
ボーキサイト 47
牧羊業 22, 39, 98, 100, 116, 129
ポジティブリスト制度 62
ポスト生産主義 127, 128
ボタニー湾 129
ホットスポット 3
ポプキン (Popkin, S. L.) 53
ポリカルチャー 57
ポリネシア 30, 104, 106, 107
ポルトガル 18, 33
ボーローグ (Borlaug, N. E.) 56

マ 行

マイノリティ 155
マオリ 99, 100, 101, 114, 154, 155
マオリ語幼稚園 114
マグマ 3
マゼラン (Magellan, F.) 18, 33, 75, 101, 107
マラエ 114
マルコス (Marcos, F. E.) 43
マングローブ 14

ミクロネシア 104
緑の革命 44, 54, 56, 92
——の弊害 92
南太平洋収束帯 12
ミルカー 118
民間活力 64
民族構成 27, 155
民族多様性 155

メイトシップ 22
メコンデルタ 54
メラネシア 104, 106
メラネシア・ピジン 110
メリノ種 22, 40

木材生産量 87
モータリゼーション 135
モノカルチャー 30, 41, 57, 67, 157
モーラルエコノミー 53
モンスーン 6, 152

ヤ 行

山羊 120
焼畑 58, 63
ヤンツ (Jansz, W.) 20, 38
有袋類 132, 141
輸出加工区 44
輸出指向型産業 122
輸出指向工業化 43, 44, 49, 69, 158
輸入代替工業化 43, 64, 79
羊肉 118, 122
羊毛 118, 121, 122
余剰労働力 67

ラ 行

ライトレールトランジット 135
酪農 101
ラッキーカントリー 99
ラニーニャ現象 9, 12, 13
ラピタ遺跡 104
——の分布 106
ラピタ土器 104
ラピタ文化複合 105

リモート・オセアニア 104
リンガフランカ教育政策 69
輪作 128

類似性 151
流刑植民地 21, 110

冷凍船 40, 115
レガスピ (Legazpi, M. L.) 35, 107
歴史・文化環境 153

老華僑 31
労働集約化 122
労働力不足 135
労働力輸出 70
ロムニー種 40

ワ 行

ワイタンギ条約 100, 101
ワイルドライフ・ツーリズム 96

編集者略歴

菊地俊夫
1955年　栃木県に生まれる
1983年　筑波大学大学院地球科学研究科博士課程修了
現　在　首都大学東京大学院都市環境科学研究科教授
　　　　理学博士

小田宏信
1966年　東京都に生まれる
1995年　筑波大学大学院地球科学研究科博士課程単位取得退学
現　在　成蹊大学経済学部教授
　　　　博士（理学）

世界地誌シリーズ7

東南アジア・オセアニア　　　　定価はカバーに表示

2014年6月20日　初版第1刷
2020年11月25日　　第2刷

編集者　菊　地　俊　夫
　　　　小　田　宏　信
発行者　朝　倉　誠　造
発行所　株式会社　朝倉書店
　　　　東京都新宿区新小川町 6-29
　　　　郵便番号　162-8707
　　　　電　話　03(3260)0141
　　　　F A X　03(3260)0180
　　　　http://www.asakura.co.jp

〈検印省略〉

© 2014〈無断複写・転載を禁ず〉　　シナノ印刷・渡辺製本

ISBN 978-4-254-16927-0　C 3325　　Printed in Japan

JCOPY　〈出版者著作権管理機構　委託出版物〉

本書の無断複写は著作権法上での例外を除き禁じられています。複写される場合は、そのつど事前に、出版者著作権管理機構（電話 03-5244-5088, FAX 03-5244-5089, e-mail: info@jcopy.or.jp）の許諾を得てください。

好評の事典・辞典・ハンドブック

火山の事典（第2版）　　　下鶴大輔ほか 編　B5判 592頁

津波の事典　　　首藤伸夫ほか 編　A5判 368頁

気象ハンドブック（第3版）　　　新田　尚ほか 編　B5判 1032頁

恐竜イラスト百科事典　　　小畠郁生 監訳　A4判 260頁

古生物学事典（第2版）　　　日本古生物学会 編　B5判 584頁

地理情報技術ハンドブック　　　高阪宏行 著　A5判 512頁

地理情報科学事典　　　地理情報システム学会 編　A5判 548頁

微生物の事典　　　渡邉　信ほか 編　B5判 752頁

植物の百科事典　　　石井龍一ほか 編　B5判 560頁

生物の事典　　　石原勝敏ほか 編　B5判 560頁

環境緑化の事典　　　日本緑化工学会 編　B5判 496頁

環境化学の事典　　　指宿堯嗣ほか 編　A5判 468頁

野生動物保護の事典　　　野生生物保護学会 編　B5判 792頁

昆虫学大事典　　　三橋　淳 編　B5判 1220頁

植物栄養・肥料の事典　　　植物栄養・肥料の事典編集委員会 編　A5判 720頁

農芸化学の事典　　　鈴木昭憲ほか 編　B5判 904頁

木の大百科［解説編］・［写真編］　　　平井信二 著　B5判 1208頁

果実の事典　　　杉浦　明ほか 編　A5判 636頁

きのこハンドブック　　　衣川堅二郎ほか 編　A5判 472頁

森林の百科　　　鈴木和夫ほか 編　A5判 756頁

水産大百科事典　　　水産総合研究センター 編　B5判 808頁

価格・概要等は小社ホームページをご覧ください．